THE BOOKS

green

EDITED BY MISHIMASHA

365人の本屋さんが
中高生に心から推す「この一冊」

ミシマ社 編

目 次

はじめに

「一冊」が人生を変える——。

ある作家さんと雑談をしていたときです。突然、彼は私に迫るように言ってきました。

「一冊の本が人生を変えるんですよ。現に俺がそうだった。高校生の途中までまともに一冊も本を読んだことがなく、スポーツばかりしていた。そんな俺に、あるとき部活の先輩が、『これ、読んでみな』と、一冊の本を渡してくれた。そんなふうに人にすすめられたのは初めてだったので、とりあえず読もう、という軽い気持ちで寮の部屋に戻って読みだした。そしたら、止まらなくなった。気づけば、朝になっていた。それ以来、貪《むさぼ》るようにして本を読むようになった。本当にあの一冊が俺の人生を変えたんです」

そう語ったあと、彼はつづけて私に言った。

「どうして出版社の人たちはもっと中高生たちに本のすごさを教えないんです？　ホンモノに出会ったとき、多感な彼ら・彼女らは変わるんですから。無理にでも読ませるくらいじゃないと、この仕事をしていて無責任ですよ」

たしかに……。と私は思いました。

大人たちの本気の言葉は必ず伝わるのだから。

「本離れ」「活字離れ」と嘆く前に、出版にかかわる私たちが必死になって動かなければいけないことがある。それも山ほどある。その一つが中高生たちへ「この一冊」を全身全霊で紹介することであることは間違いないでしょう。そしてそれは、「原点回帰」を掲げ、「一冊入魂」の出版活動をつづけるミシマ社の使命であるようにも感じました。

これが本書『THE BOOKS green』の企画動機です。

幸い、私たちの周りには、素敵な書店員さんがいっぱいいます。本を愛してやまないプロ中のプロです。そんな、365店舗の365人の方々が心から推す、「この一冊＋その次に読むことをオススメする一冊」とは？

集まってきた選書とコメントを読ませてもらい、自信をもって申し上げます。
本書をぱらぱらと読めば、きっと、中高生にかぎらず、誰もが、読書の喜びに触れることになるだろう。そして、こう思われるにちがいない、と。世の中にこんなに面白い本がこんなにあったんだ！　書店員さん、教えてくれてありがとう！
ブックガイドとしてはもちろん、ぜひ楽しんで「読んで」いただければ、これほどうれしいことはありません。書店員さんのコメント、ひとつひとつが実に面白いです。
同時に、本屋さんに通う喜びを味わっていただければと思います。前著『THE BOOKS』（2012年刊）とは違う365店のお店にご登場いただいておりますので、『THE BOOKS』と合わせて書店巡りを楽しんでください。

本という世界が、若い人たちのなかで血液のように流れつづけていくことを願って。

2015年3月　ミシマ社代表 三島邦弘

本書の編集方針

▷一日一冊本を読むとしたら……こんな365冊はいかがでしょう？選ばれた365冊はすべて違う本です（前作『THE BOOKS』で選ばれた365冊とも違う本です）。

▷どの本も、書店員さん直筆の手書きキャッチコピーとともに紹介しております。

▷「ページ左上」の日付は、その日に読むといいかも、という一案です。あくまでも一案ですので、お好きな日にお好きな本を読まれるのが、一番のおすすめです。

▷その「一冊」の「次」に読むのをおすすめする本も選んでもらいました。この「次の一冊」は、メインの365冊と重なっていることもあります。

▷「ページ左下」には、選書くださった書店員さんのお名前とその本屋さんの情報（書店名、住所、電話番号）を掲載しております。巻末には、「365書店MAP」もあります。

▷「ページ右下」には、Memoスペースをつくりました。その本を読んだ日付や、そのお店を訪れた日付、ひとこと読書感想など、ご自由に書き込んでご活用ください。

▷「ページ一番下」には、ミシマ社メンバーからの「担当ひとこと」コメントをそえました。＊わ：渡辺佑一、ほ：星野友里、ひ：平田薫、あ：新居未希、い：池畑索季、と：鳥居貴彦

▷各月の扉に、その月に並べた本の特徴を記しています。ただし、あくまでご参考まで。ジャンルに関係なく、面白い本は面白い、というのが本書編集の思いです。

と、いろいろ申しましたが、本書の楽しみ方、読み方は、まったくの自由です。読んで、触れて、書いて……みなさまの意の向くままに、ご活用いただければこれほどうれしいことはありません。

1月

1年の初読書はハズレなしの名作で

January

Date Jan. 1　No. 001　Page 008

『人生に、寅さんを。
──『男はつらいよ』名言集』

松竹 国内ライセンス室／キネマ旬報社（編）

キネマ旬報社｜2008年｜88ページ
定価：1200円（税別）
ISBN：9784873763071｜装丁：ドリームデザイン

ああ会いたいなあ、
寅おじさんに。

とかく悩み多き中高生のみなさまにおきましては、親や先生には恥ずかしくて聞くに聞けないこともたくさんあることと思います。こんなとき、常識はずれでお金がなくて女性にふられてばかりかもしれないけれど、面白くてやさしくて、それから後ろ姿がなんだか涼しげなおじさんがいてくれたなら……！　そんな若者たちに「フーテンの寅」こと車寅次郎おじさんの名言集をお薦《すす》めします。そしてできたらどれでもいいから『男はつらいよ』のDVDを見てほしいと思います。「人間は何のために生きているのか？」という問いに、この人ほど明快に答えてくれた人を、僕はほかに知らないのです。

次の一冊　『オン・ザ・ロード』ジャック・ケルアック（著）、青山南（訳）／河出文庫　年をとってから読むのは「しんどい」という意味でも、10代のうちに読まなければならない一冊。

リブロecute日暮里店
吉富圭さん選

〒116-0013
東京都荒川区西日暮里2-19
JR東日本 日暮里駅構内
TEL 03-5850-2080

Memo

JR日暮里駅改札内の小さな小さな本屋だが、行くたびに気になる本が見つかる。わ

No. 002

『デパートを発明した夫婦』
鹿島茂

講談社現代新書｜1991年｜238ページ｜定価:760円(税別)
ISBN:9784061490765｜装丁:中島英樹

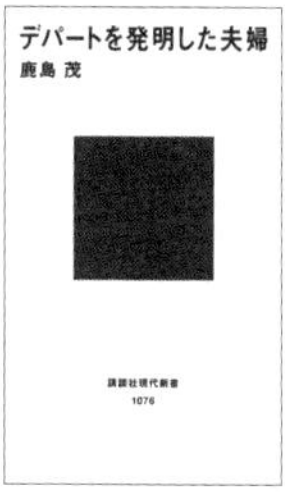

**将来、
自分のお店を持ちたい人
必読です！**

良くも悪くもなぜこのような大量消費時代になったのか。その理由の一つはデパートの発明により、人々に欲望のスイッチが入ったこと。発明者ブシコーは、それまでの薄暗い店舗で必要に迫られてするという嫌々ながらの買い物を一変させ、めくるめくアイディアで購買願望を喚起するスペクタクル空間を創りだした。それは消費者に上質な生活を提案し、消費者を教育する装置というべきものだった。現代にも脈々とつながるこの革命的な仕組みについて著者は言う。「極言をしてしまえば、デパートを発明したこのブシコーこそが資本主義を発明した者なのである」と。

次の一冊
『恋愛と贅沢と資本主義』ヴェルナー・ゾンバルト（著）、金森誠也《しげなり》（訳）／講談社学術文庫
「恋愛と贅沢」がいかに資本主義を動かしていったのかをお楽しみください。

春光堂書店
宮川大輔さん 選

〒400-0032
山梨県甲府市中央1-4-4
TEL 055-233-2334

Memo

宮川さんが繰り出す町を元気にする取り組みに人が集まる。本屋って、面白い。

Date
Jan. 3

No. **003**

『風が強く吹いている』
三浦しをん

新潮文庫｜2009年｜670ページ｜定価：840円（税別）
ISBN：9784101167589｜装丁：新潮社装幀室

飛び出せ青春！
仲間のために。自分のために。

私には二人の息子がおります。中学高校と別々の学校に通っておりましたが、ともに陸上部に入っていました。そしてもう一つ共通していたのが、この『風が強く吹いている』が大好きで、何度も読んでいたことでした。そんな二人にすすめられて私もこの作品に出会いました。生きる喜び、大切な仲間と出会った喜び、大きな目標に向かって突き進む勇気をもらえるすばらしい作品です。若い人たちが、立ちはだかる大きな壁に出会ったとき、その壁を越えるために背中を押してくれる作品だと思います。

次の一冊　『「原因」と「結果」の法則』ジェームズ・アレン（著）、坂本貢一（訳）／サンマーク出版
問題が発生したとき、そこには必ず原因があります。壁を乗り越えるときに思い出してもらいたい一冊です。

宮脇書店大阪柏原店
萩原浩司さん選

〒582-0003
大阪府柏原市堂島町2-20
TEL 072-971-8461

Memo

パワフルな萩原店長は、柏原市はもちろん関西全体を盛り上げる立役者！と

『[新版]指輪物語(1)
旅の仲間(上1)』

**J.R.R.トールキン(著)、
瀬田貞二、田中明子(訳)**

評論社文庫｜1992年｜252ページ｜定価:700円(税別)
ISBN:9784566023628｜装丁:川島進(スタジオ・ギブ)

30年以上たった今でも
初めて読んだ日の
ドキドキがよみがえる

読み始めは、「何これ?」と思うはず。でも、この試練を乗り越えた人にだけ、20世紀で一番面白くて豊かな物語の扉が開かれるのです。読み進むにつれ、自分が彼らの旅の仲間の一人のように感じ、物語の終わりが近づいたとき、読み終わるのが寂しくて、何だか悔しくて。14歳の私は泣きながら頁をめくりました。彼らの旅は教えてくれます。生まれてこなければよかった命なんてない、生きていても仕方のない人なんかいない。誰の人生にも意味があると。生きる力をくれるのは美味しい食事と、ユーモアがちょっぴり。そして、友だちがひとり。(全10巻)

次の一冊　『[新版] シルマリルの物語』J.R.R.トールキン (著)、田中明子 (訳) ／評論社　中つ国の住人になったあなたは、『指輪物語』の中で言及されるもっと古い物語を知りたくなっているはず!

**有隣堂アトレ目黒店
織田律子さん選**

〒141-0021
東京都品川区上大崎2-16-9
アトレ目黒1 5F
TEL 03-3442-1231

Memo

目黒駅に直結で便利。有隣堂さんらしさに溢れた「くつろぎの知的空間」。わ

『失われた時を求めて(1) 第一篇 スワン家の方へ(1)』

マルセル・プルースト(著)、鈴木道彦(訳)

集英社文庫｜2006年｜495ページ｜定価:900円(税別)
ISBN:9784087610208｜装丁:木村裕治

世界には、二種類の人間が存在する。
『失われた時を求めて』を
"読んだ人間"と"そうでない人間"だ。

昨今、あらすじ本が流行っていますが、あらすじだけ読んで何の意味があるのでしょうか。この歴史的大著を要約するなんて、ヤボってもんです（モンティ・パイソンじゃないんだから）。とはいえ、簡単に読める代物でもない。そこで大切なのが、計画を立てること。集英社文庫版（鈴木道彦訳）は、全13巻、1冊平均500ページ。50ページ毎日読めば半年で、月1冊を目標に15ページ以上毎日読むと13カ月で読み終えます。とにかく、雨の日も風の日も毎日読み続けること。もし、読み終わることができたら、この読書体験はけっして"失われることのない時間"となるでしょう。

次の一冊　『東京大学で世界文学を学ぶ』辻原登著／集英社文庫
世界文学の扉をさあ、開こう！

双子のライオン堂
竹田信弥さん選

〒113-0001
東京都文京区白山1-3-6
TEL 070-6407-7740

Memo

作家や専門家の本棚を再現するというコンセプトの「選書」専門の本屋さん。

『こころ［改版］』
夏目漱石

岩波文庫｜1989年｜300ページ｜定価:600円(税別)
ISBN:9784003101117

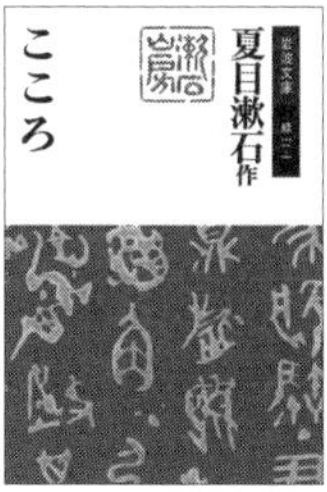

「10年に1度」の名作!!

読書とは与えられる物語をただ受け入れて消費するものではなく、主体的にそのテキストを解釈して初めて読書体験といえるのだ、ということを私は高校生のときにこの作品を通して国語の授業で学んだ。長く読み継がれる作品というのは一読して面白い、ということは案外少なく、むしろ変な話のほうが多い気がするのだが、『こころ』も例外ではない。まったく面白くなく嫌な後味だけが残る。しかし、10年後、さらに10年後という具合に何度か読みかえすと、きっと違った読書体験ができる。最初の感想とはきっと違ったものになっている。それが読書の楽しみであり、そうなるのが名作であり、故に初読は早いほうがいいと思います。

次の一冊　『舞姫［改版］』森鷗外著／新潮文庫　これも変な話だが、鷗外とエリスのその後も知ったうえでの再読は心に響く!

喜久屋書店心斎橋店
辻中健二さん(選)

〒542-0081
大阪府大阪市中央区南船場3-4-12
東急ハンズ心斎橋店B1F
TEL 06-4963-8558

Memo

地下に広がる心斎橋エリア最大級の売り場は、どきどきさせてくれます。(と)

『クレーの絵本』

パウル・クレー（絵）、谷川俊太郎（詩）

講談社｜1995年｜62ページ｜定価：1500円（税別）
ISBN：9784062078245｜装丁：丹羽朋子

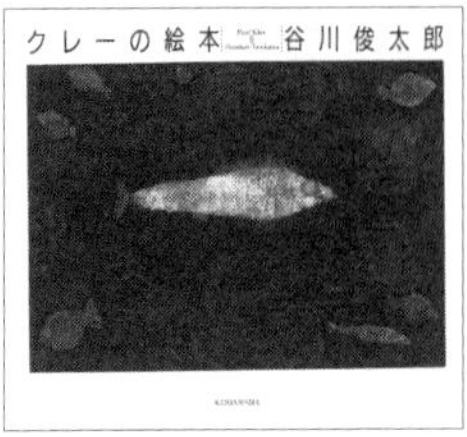

ずっと 手元に置いておきたい本。

不思議な本で、普通なら読んだとき、そのストーリーにのめり込んでしまうものですが、この本は読んだ後に「貴方《あなた》はこの考え方をどうとらえますか？」と聞かれているような気持ちになります。聞かれたことに自分なりに考えを出すのですが、毎回少しずつ違ってきたりして、自分の考え方が変わったことを実感させてくれます。それが不思議と心地いい感覚で、歳をとったり自分の立場が変わったときにまた読みたいと思わせてくれます。

次の一冊　『皇国の守護者（1）反逆の戦場』佐藤大輔著／中公文庫
あの有名な「十二国記」シリーズを好きな方にオススメです。

堀廣旭堂《ほりこうきよくどう》
乳深真子さん選

〒567-0883
大阪府茨木市大手町4-19
TEL 072-622-2039

Memo

あの川端康成も通ったという、百年以上の歴史をもつ本屋さんです。と

『自分のアタマで考えよう
——知識にだまされない思考の技術』

ちきりん

ダイヤモンド社｜2011年｜247ページ｜定価：1400円（税別）
ISBN：9784478017036｜装丁：萩原弦一郎

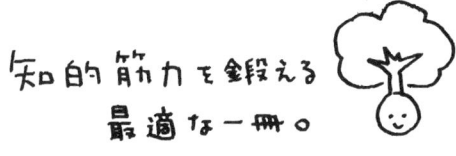

知的筋力を鍛える
最適な一冊。

考えることが好きでたまりません。何かが見えてくるとワクワクします。ギアがはね上がり、思考の翼が駆けまわり、夜も眠れなくなることもしばしばです。思考とは「未来に通用する論理の到達点」。インプット（読書）を重ねることで良質なアウトプット（思考）を展開できます。たくさん本を読みましょう。この本をインプットしておくと「どうやって考えればいいの？」と困ったときに必ず役に立ちます。若い人に早いうちに読んでおいてもらいたい本です。

次の一冊　『二十歳の原点』高野悦子著／新潮文庫
真摯《しんし》に生きようと思います。

文教堂淀屋橋店
片桐明さん選

〒541-0042
大阪府大阪市中央区今橋4-1-1
淀屋橋odona2F
TEL 06-4707-3355

Memo

片桐店長は、本のことはもちろん釣りのこともなんでも教えてくれます！と

『無伴奏ソナタ[新訳版]』

オースン・スコット・カード(著)、
金子浩、金子司、山田和子(訳)

ハヤカワ文庫 | 2014年 | 430ページ | 定価:1000円(税別)
ISBN:9784150119409 | 装丁:ハヤカワ・デザイン

若いうちに読んだSFは
いつまでも　わすれない

学生の頃の読書体験は後々の読書生活を大きく左右する。その意味で現実から距離を置くSFはなおさら強い印象を残す。オースン・スコット・カードの作品は、近い将来起こり得そうな設定ではけっしてないが、それでもリアリティをもった人物描写でさまざまなことを読者に考えさせる。少し難解であれば若いうちに通読した後、10年後、20年後にまた読み返してほしい。本作は短編集であり、バラエティに富んでいるが、やはり表題作の「無伴奏ソナタ」をどう読むかだろう。今、良書を読まずして「再読の機会」を失うのは非常に残念なことだ。

次の一冊
『宮本武蔵（1)』吉川英治著／吉川英治歴史時代文庫（講談社）
こちらも時間をあけて読みかえすたび、理解が深くなる作品です。

ジュンク堂書店高槻店
清水英治さん選

〒569-0804
大阪府高槻市紺屋町1-1
グリーンプラザたかつき1号館 3F
TEL 072-686-5300

Memo

不思議なテナントビルの上階。上がると笑顔のスタッフさんが迎えてくれます。

『ソロモンの偽証(1) 第1部 事件(上)』

宮部みゆき

新潮文庫｜2014年｜515ページ｜定価:750円(税別)
ISBN:9784101369358｜装丁:新潮社装幀室

これを読破できたら、しばらくは
どんなに厚い本でも怖くない。と思う。

10代で読んでいたら、猛烈な反感と強烈な共感でグラグラに揺さぶられていたであろう物語。厚いけれど、あっという間に読めてしまいます。事件の舞台は中学校。真相を藪《やぶ》の中へと追い立てて複雑怪奇に変えていく事件の関係者たち。彼らのままならない事情を炙《あぶ》り出す著者の筆致は、読み手のかゆいところにも、触れられたくないところにも手が届いてしまうリアリティで、切れ味鋭いです。登場人物の正と負の面が赤裸々《せきらら》に綴《つづ》られるがために、読者は自分の中にあるエゴを知覚せずにはいられない。それに気づかないふりをする10代の頃なら、なおのこと。宮部さん、容赦《ようしゃ》ないのです。(全6巻)

次の一冊 『それをお金で買いますか―― 市場主義の限界』マイケル・サンデル(著)、鬼澤忍(訳)／早川書房
哲学と倫理がからみあう設問に頭をフル回転させて回答してください。

有隣堂ルミネ横浜店
立石正人さん 選

〒220-0011
神奈川県横浜市西区高島2-16-1
ルミネ横浜6F
TEL 045-453-0811

Memo

個性的なPOPで従業員のイチオシを紹介。スタッフさんが元気で明るい。わ

『青春を山に賭けて［新装版］』

植村直己《なおみ》

文春文庫｜2008年｜297ページ｜定価:590円(税別)
ISBN:9784167178062｜装丁:文藝春秋デザイン部

ただ、アレを前進させる。

利巧《りこう》な大人たちが、こうすればいいんだよ、なんて教えてくれても言うことを聞かないのだ植村直己は。それってけっきょく、全部ビジネスの話でしょ？　とか言って、私たちを置きざりにして長い冒険の旅に出ていってしまう。植村直己のように長い旅に出ていって、そのまま一生帰ってこなくてもいいのかもしれないまだ若い人たちが、僕は時々うらやましいです。

次の一冊　『書きあぐねている人のための小説入門』保坂和志著／中公文庫
ビジネス書ふうのタイトルで擬装《ぎそう》した、そもそもの最初の何かを駆動《くどう》させる本。

100000tアローントコ
加地猛さん選

〒604-0925
京都府京都市中京区寺町御池上がる
上本能寺前町485 モーリスビル2F
TEL 090-9877-7384

Memo

古本とレコード、CDや古着……変なものをいっぱい詰め込んだ古本屋さん！と

『後宮小説』

酒見賢一

新潮文庫｜1993年｜303ページ｜定価：476円（税別）
ISBN：9784101281117｜装丁：新潮社装幀室

ただただ面白き本を欲しているならば、
酒見を読めばいい。

何を読んでいいかわからない、という声をよく聞く。そういう人は何を読んでも面白いと感じる可能性を秘めている、ということになる。ならば何も言わずに酒見賢一を読めばいい。ただし、すべての所用を片づけてからだ。きっと読了まで、この世界から抜け出せなくなるに違いないのだから。

次の一冊　『泣き虫弱虫諸葛孔明　第壱部』酒見賢一著／文春文庫
鬼才、酒見賢一版新三国志。読書の真の喜びが、ここに。

MARUZEN天文館店
松浦泰《やすし》さん選

〒892-0827
鹿児島県鹿児島市中町3-15
ヴィストラルビル内
TEL 099-239-1221

Memo

B3～6Fまで全9フロア。ジャンルごとにぎゅっとまとまった売り場が魅力的。

『幸せな王子』

**オスカー・ワイルド（原作）、
清川あさみ（絵）、
金原瑞人（訳）、今井智己（写真）**

リトルモア｜2006年｜59ページ｜定価：1600円（税別）
ISBN：9784898151662
アートディレクション＆デザイン：中島英樹

理屈では語れないもの。

もしも大切な人が、ほうっておけない他人のために、その目を、その皮膚《ひふ》を、その体を捧げてしまおうとしたら、やっぱりやめようよと引き留《と》める。理尽くめな世の中だから仕方がないし、私もきっと本能的に引き留める。けれど、じつは世の中にはまるっきり博愛な人がいて、そこに幸せが訪れるのなら私をあげますと身を捧げるのかもしれない……。この絵本に登場する王子とつばめは、そんな幸せの運び屋です。残酷な世界に響く、優しい言葉と哀しい言葉。その先に待つ結末。そのすべてが綺麗《きれい》で、アーティストの清川あさみさんがビーズと刺繍《ししゅう》で描く“オスカーワールド”にまたうっとり。大人にも読んでほしい文学絵本です。

次の一冊 『銀河鉄道の夜』宮沢賢治（著）、清川あさみ（絵）／リトルモア　言わずと知れた宮沢賢治未完の大作。素敵すぎる表紙がディスプレイに最適！

**エムズエクスポ盛岡店
菅野《かんの》樹さん** 選

〒020-0122
岩手県盛岡市みたけ三丁目36-1
TEL 019-648-7100

Memo

白い店内にズラリと並ぶ書棚が美しいです。ランキング棚が超充実！ り

『ぶらんこ乗り』

いしいしんじ

新潮文庫｜2004年｜269ページ｜定価：520円（税別）
ISBN：9784101069210｜装丁：新潮社装幀室

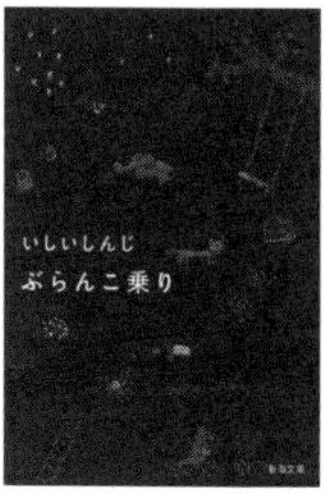

物語の中の ひそやかな真実

作家というのはホラ吹きで、どんな嘘でもついていいことになっている。嘘は、楽しかったり哀しかったり、美しかったり恐ろしかったり、する。私たちは、違う場所に連れていかれ、時を旅し、知らない人々に会う。でも、たとえそれがすっかり作り話でも、素晴らしい作家が書いた物語には、必ず真実が隠れている。いしいしんじは嘘の名人だけど、嘘でほんものの世界をつくりだす。本の頁をめくっているだけの読み手に、音楽を聴かせることだってできる。だから、その音楽にあわせて、口ずさみ、ものがたりたくなる。声を失った少年の物語を、ぜひ声に出しながら読んでください。

次の一冊 『八木重吉詩集』八木重吉著／現代詩文庫（思潮社）
「雨が降る」それだけのことに、こんなにも言葉の雨が降る。

橙書店
田尻久子さん 選

〒860-0803
熊本県熊本市中央区新市街6-22
TEL 096-355-1276

Memo

路地裏の不思議なお店、屋根裏にも本があります。カフェや雑貨も特別です。

『そして誰もいなくなった』

アガサ・クリスティー（著）、青木久恵（訳）

ハヤカワ文庫｜2010年｜387ページ｜定価：760円（税別）
ISBN：9784151310805｜装丁：真鍋博

一晩で
一気に読んで
下さい。

自分も高校時代に人にすすめられて、読んだ作品。それまではとくに、本（ミステリー）に興味があったわけではないが、話の展開、登場人物の心理描写にひきこまれ、そして、誰もいなくなった……。この本をきっかけに活字の面白さにはまり、今にいたっている。活字離れが進んでいる今、普段本を読まない人におすすめです。

次の一冊
『オリエント急行の殺人事件』アガサ・クリスティー（著）、山本やよい（訳）／ハヤカワ文庫
『オリエント急行の殺人事件』『アクロイド殺し』『そして誰もいなくなった』を入れて、クリスティー3部作。

あゆみBOOKS仙台青葉通り店
栗原浩一さん選

〒980-0811
宮城県仙台市青葉区一番町2-4-1
TEL 022-227-3101

Memo

アーケード街そばの路面店。仙台駅からも徒歩10分あまりと便利です。

『図書館の魔女（上）』

高田大介

講談社｜2013年｜652ページ｜定価：2400円（税別）
ISBN：9784062182027
装丁：ミルキィ・イソベ（ステュディオ・パラボリカ）

声を持たない少女
文字を知らない少年
二人だけの「ことば」

「魔女」と恐れられる少女が使うのは「言葉」のみ。魔法なき世界を描いたファンタジー小説。上下巻合わせると1400ページ。誰もが気安く手に取れる本ではないのかもしれません。それでも、おすすめの一冊を聞かれ真っ先に思い浮かんだのがこの作品です。一度開くとページをめくる手が止められない、時間も忘れ物語の世界に没頭してしまう。そんな体験ができるまさに「徹夜本」なのです。上下巻二冊そろえてから、休みの前の日に読み始めることをおすすめします。

次の一冊　『ヴォイド・シェイパ』森博嗣著／中公文庫
キリヒトを好きな人はきっとゼンも好き。そんな気がします。

ジュンク堂書店京都朝日会館店
堀陽介さん（選）

〒604-8005
京都府京都市中京区河原町通三条上る
恵美須町427 京都朝日会館3・4F
TEL 075-253-6460

Memo

落ち着いた店内には専門書がずらり。他店舗とはまた違った密度です。（あ）

『誰も知らない世界と日本のまちがい――自由と国家と資本主義』

松岡正剛《せいごう》

春秋社｜2007年｜467ページ｜定価：1800円（税別）
ISBN：9784393332719｜装丁：美柑和俊（Mikan-Design）

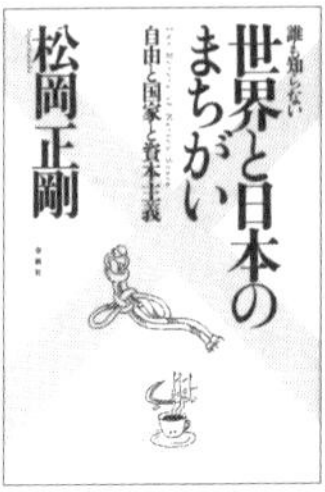

「歴史」は編集されている！

『THE BOOKS』第1弾に載っていた『17歳のための世界と日本の見方』の続編であり、内容は現在必要な近現代史の知識が見事に編集されています。学校の教科書だけでは理解できない、今世界で起きていることの原因である“近代史の「まちがい」”が連打されていて、世界情勢の見え方が読んだ後ではまるっきり変わります。一言で世界史といっても、その語り方の数だけ、複数の歴史があります。若いうちから本書に親しみ、世界の中の日本を理解すること。それが文字通り世界で通用する基礎的な素養を身につけるための苗代《なわしろ》になり、より自由な世界へ踏み出す第一歩となります。

次の一冊　『言語論――はねをもつことば』高橋秀元、渡部好美編著／きいろ堂書店
松岡正剛氏の友人が書いた、言語をめぐる冒険。

文教堂上白根店
下川実樹さん 選

〒241-0002
神奈川県横浜市旭区上白根719
TEL 045-952-5666

Memo

よこはま動物園ズーラシアのそばにある街の本屋さんです。わ

『ジョン万次郎漂流記』

井伏鱒二《いぶせますじ》

偕成社文庫｜1999年｜219ページ｜定価：700円（税別）
ISBN：9784036523900
カバーデザイン：工藤強勝、
イラスト：宮田武彦＋小久保弘子（着彩）

日本語にさえ、文盲であった15才の少年が
幕府の通訳官として、かの黒船ペリーに
対峙できる英語を、いかに修得したか。

母と五人の兄妹で赤貧《せきひん》ゆえ、学校にも行けぬまま働かねばならず、15歳の正月5日、鱸《すずき》漁に出てたちまち大嵐にあい漂流して13日後、岩ばかりの無人島に辿り着いた。食料は元より飲み水や火のない、心身とも過酷な生活に耐えて6月、遥か東の海上に豆粒くらいの一点が見えた。奇跡か神の助けか、後の彼の名にちなむジョン・ホーランド号であった。その後才能と努力で、文盲にもかかわらず英語を修得して、25歳でやっと帰国した。その2年後のペリー来航以来、鎖国日本の対外政策への貢献はあまりに大きかった。また、かの咸臨丸《かんりんまる》で勝海舟、福澤諭吉らの通訳官として同行した。

次の一冊
『沈黙』遠藤周作著／新潮文庫
なぜこの科学文明時代に人の心をとらえ神にすがるのか。さらに宗教対立で命を賭けた戦いまでするのか。

ジャパンブックス郡山店
西本功さん選

〒639-1013
奈良県大和郡山市朝日町1-9
にし茂とビル2F
TEL 0743-53-7001

Memo

主なお客さんは中高生。漫画や学参が充実しています。と

『草の花［改版］』

福永武彦

新潮文庫｜1956年｜318ページ｜定価：520円（税別）
ISBN：9784101115016｜装丁：新潮社装幀室

情景がうかぶ美しい文章
読んだ日は眠れませんでした

まず、文章がこのうえなく美しいです。藤木忍との愛とその妹千枝子への愛に破れ、汐《しお》見《み》茂《しげ》思《し》はその過去の回想を二冊のノートに残し、冬の日、サナトリウムで無《む》謀《ぼう》とも思える手術を受け、帰らぬ人となってしまいます。主人公の「私」が託されたノートには孤独を支えとし、純潔とした彼、それゆえに愛を成し遂げられなかった、孤独というものが重くテーマになっています。多感な思春期にぜひ読んで、孤独、魂、愛、死について悩んで考えてもらいたい。人生に影響を与える一冊であると思います。

次の一冊
『吉野弘詩集』吉野弘著／ハルキ文庫
悩んだとき、落ち込んだとき、この詩集にいつも救われます。

ジュンク堂書店滋賀草津店
山中真理さん選

〒525-0032
滋賀県草津市大路1-1-1
ガーデンシティ草津 B1F
TEL 077-569-5553

Memo

2014年11月にオープンしたばかり。地下に潜ると圧巻の世界が広がります！あ

『檸檬《レモン》タージュ――小出祐介詩集』

小出祐介

トーキングロック｜2010年｜204ページ｜定価：1200円（税別）
ISBN：9784903868059｜装丁：川名潤（prigraphics）

結局のところ、「青春」って何だろう？

人には言えない悩みがある。意味もなく不安になったりもする。「思春期」「中二病」、こうした言葉だけでは説明しきれない特別な時期を生きるあなたにぜひ一度手にとってもらいたい。若者を中心に人気を集めるロックバンド、Base Ball Bearのボーカル＆ギターである著者が綴る言葉の数々はきっと心に響いてくれると思います。「幸せ」とは何なのか？　「普通」でいることは良いことなのか？　それとも悪いことなのか？　答えを見つけるのはあなた自身。

次の一冊
『間の人――小出祐介詩集』小出祐介著／トーキングロック
ちょっと背伸びしたい人におすすめ。大人になると色々変わるんです。

ヴィレッジヴァンガード イオンモール羽生店
谷進也さん選

〒348-0039
埼玉県羽生市川崎2丁目228-3
イオンモール羽生SC3F
TEL 048-560-0017

Memo

北関東屈指の広さを誇る店舗！　アメ雑系の商品が充実しています。

『恋文の技術』

森見登美彦

ポプラ文庫｜2011年｜343ページ｜定価：620円（税別）
ISBN：9784591124215｜装丁：大久保伸子

キケン!!
抱腹絶倒のお手紙小説。

主人公の大学生、守田一郎が友人や先輩、妹へと宛てた手紙だけで物語は進む。京都からひとり能登《のと》の寂しい実験所へ飛ばされた男の叫び、お節介、挑発、恋文……。手紙のやり取りでなんでこんなに面白いのか、と心掴まれる「笑えるド阿呆《あほ》小説」。ダメ人間・一郎の文通内容は読者の期待を裏切らず、痛い方向へ向かい思わず笑ってしまう。電車内で読むには勇気が必要だ。僕は電車内で読んで笑ってむせてしまい、隣のお婆《ばあ》さんに心配された。この面白おかしさは映像では表現できない。読後はきっと、もっとこの愛すべき阿呆と仲間たちの手紙を読んでいたい！　と読書の幸せを感じる一冊。

次の一冊　『悪夢の観覧車』木下半太《はんた》著／幻冬舎文庫
この小さな文庫の中にオモシロ要素がパンパンに詰まっています！

ブックポート203鶴見店
鈴木英幸さん選
〒230-0051
神奈川県横浜市鶴見区鶴見中央3-6-25
TEL 045-505-0203

Memo

あ、これナンだ？　本って面白いかも！　という発見に満ちあふれた「本の港」。わ

『続 あしながおじさん』

ウェブスター（作）、北川悌二《ていじ》（訳）

偕成社文庫｜1985年｜440ページ｜定価：800円（税別）
ISBN：9784038506109
カバーデザイン：工藤強勝、イラスト：ジーン・ウェブスター

『Dear《拝啓》Enemy《敵様》』

昨日の『敵様』は今日も敵？

前作の『あしながおじさん』は超有名ですが、続編があることは知られていない気がします。ジュディの親友・サリーを覚えてますか？　大学卒業後になぜか孤児院の院長になってしまった彼女が書く手紙で物語は綴られます。なかでも「Dear Enemy（拝啓・敵様）」という宛名で書かれる、孤児院のかかりつけ医師とのやりとりがツボにハマッて何度も読み返しました。今ならわかります。自分がマックレイ医師のとんでもないツンデレっぷりに萌えていたことに！　他社からも出されていますが、偕成社版は著者本人のイラストも大きく、翻訳も読みやすいのでイチオシです。

次の一冊　『ツバメ号とアマゾン号（上）』アーサー・ランサム（作）、神宮輝夫（訳）／岩波少年文庫　小帆船がほしくなりますが、高すぎるので、私はカヌーを買いました。（全２巻）

よむよむ花小金井駅前店
福川麻子さん 選

〒187-0002
東京都小平市花小金井1-8-3
TEL 042-450-4600

Memo

スーパーマーケットの2Fに来てみたら、意外に充実していて嬉しい！な本屋。

『狐笛《こてき》のかなた』
上橋菜穂子

新潮文庫｜2006年｜392ページ｜定価：630円（税別）
ISBN：9784101302713｜装丁：新潮社装幀室

本の 世界に 恋をする

この本は、高校生の頃父にすすめられ読みました。読書経験の少ない私ですが、『狐笛のかなた』に出会い、本の世界に没頭する楽しさを初めて知りました。主人公は人の思いを感じ取る能力「聞き耳」の力を持つ小夜。もう一人は、霊力を持つ狐で、「使い魔」として生きる野火。彼らは、隣り合うふたつの国の、過去の因縁と呪いの渦《うず》に巻き込まれていきます。物語は、憎しみや恨みを漂わせつつも、対照的に小夜と野火の清らかさや、人と自然がともにあった昔の日本の美しい姿が描かれています。温かい気持ちが心の中に沁《し》みわたる一冊です。

次の一冊　『はるか遠く、彼方の君へ』安澄《あずみ》加奈著／ポプラ社
三人の高校生が源平合戦を駆け抜ける青春ファンタジーです。

中島書店高原通り店
中島美智子さん㊣

〒399-0703
長野県塩尻市広丘高出1494-6
TEL 0263-54-3968

Memo

昔ながらの落ち着いた、地元のお客さまに愛され続けている本屋さんです。ほ

『えーえんとくちから
——笹井宏之作品集』

笹井宏之

パルコ出版｜2011年｜157ページ｜定価：1600円（税別）
ISBN：9784891948405｜装丁：名久井直子

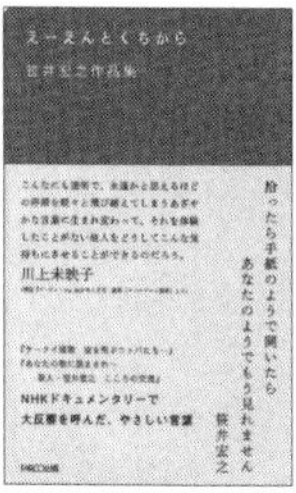

26歳という若さで亡くなられた歌人、笹井宏之さんの作品集です。「短歌」になじみのない若い人でも楽しめる、ユーモラスで不思議な歌が集まっています。ひとつひとつの言葉を味わいながら読んでもらいたい、そんな一冊です。

次の一冊

『ショートソング』 枡野浩一著／集英社文庫
作中に、笹井宏之さんの歌が引用されています。小説×短歌のコラボが楽しい一冊です。

くまざわ書店錦糸町店
石川亜希さん選

〒130-0013
東京都墨田区錦糸2-2-1
アルカキット錦糸町9F
TEL 03-5610-3034

Memo

錦糸町界隈では一番大きい。広い棚面積を活かしつつ細やかな品揃えが光る。わ

『[新版]いじめの中で生きるあなたへ』

小森美登里

WAVE出版｜2012年｜127ページ｜定価：1300円(税別)
ISBN：9784872905762｜装丁：中野一弘(ブエノ)

「優しい心が一番大切」

優しい心で接すると、満たされる心が生まれるのです！

中学校のときにいじめというより「いやがらせ」をされていた数カ月間、あのときの気持ちは数十年経った今でも覚えている。だから中学校の同級生は嫌い！　少なからず今でもこんな思いをしている人も多いはず。人はなぜ、気に入らないと攻撃的になったり、排除しようと考えるのだろうか？　大人になる前に「優しい心」を持つこと、どうしたら持てるの？　ということを教えてくれる本。心の内側にある答えを探しましょう。

次の一冊

『困ってるひと』大野更紗《さらさ》著／ポプラ文庫
この本を読むと少しぐらいの悩みなど忘れてしまうくらいエネルギーが湧いてきます。

岩瀬書店中合店
幕田八千代さん 選

〒960-8031
福島県福島市栄町5-1
中合福島店二番館6F
TEL 024-521-3022

Memo

専門書・医書充実。文具も舶来万年筆など高級筆記具まで豊富な品揃えを誇る。わ

『嫌われる勇気
——自己啓発の源流「アドラー」の教え』

岸見一郎、古賀史健《ふみたけ》

ダイヤモンド社｜2013年｜294ページ｜定価：1500円（税別）
ISBN：9784478025819｜装丁：吉岡秀典

未来のきみへの心の一冊。

「嫌われたくないから全ての人にいい顔をして、出来ない約束をし、取れない責任を引き受けて、嘘をつき続けた結果、周りからの信用を失い自分自身も苦しむことになる。周りがどうであるかではなく、あなたがどうであるかが大切です」（本文より抜粋）。シンプルだけど重い言葉です。この本にはそんな言葉がたくさん詰まっています。今はまだ「難しい」「理解できない」と思って、読むことを躊躇《ためら》うかもしれない。だけど数年後きっと本の中の言葉がわかるときがきます。自分の中にブレない気持ちをしっかり持っていればきっと大丈夫。自分で決めた道、後悔だけはしないように。

次の一冊　『空へ』HABU著／ピエ・ブックス
頑張りすぎたときにこの一冊「RELAX」。

文教堂札幌大通駅店
難波尚美さん選

〒060-0061
北海道札幌市中央区南1条西4丁目
日之出ビルB1・B2F
TEL 011-200-5655

Memo

地下鉄駅直結で大変便利。立ち食いそば「ひので」の香りに誘われて腹が減る。わ

『深夜プラス1』

ギャビン・ライアル（著）、菊池光（訳）

ハヤカワ・ミステリ文庫｜1976年｜443ページ
定価：840円（税別）｜ISBN：9784150710514
装丁：平野甲賀

「海外ミステリ？ハードボイルド？興味ない」
いいんだよ、これだけ読んどけば!!

まちがいなく海外ミステリの名作なんですが、設定からして元レジスタンスとか、現代の欧州が舞台なのに職業ガンマンとか、若い人にソッポ向かれる要素満載で、このまま書き続けていいのか不安になります。雑にあらすじをと思いましたが、ひたすら追っかけ合いが続くアクション物なのでストーリーで泣ける、驚くとかもありません。本書の魅力はただ一点。出てくる男どもが全員問答無用にかっこいい。ただそれだけです。読んだ人一様に、誰がかっこいい、こいつのこのシーンが泣けるといった話しかしません。主要キャラ全員次元大介みたいな、濃密で非情な男祭りに浸《ひた》れることだけは保証します。

次の一冊 『ティンカー、テイラー、ソルジャー、スパイ［新訳版］』ジョン・ル・カレ（著）、村上博基《ひろき》（訳）／ハヤカワ文庫　同じプロの世界でもこちらはスパイ物です。映画化されていますが、両方名作という稀有《けう》な逸品です。

**アカデミアくまざわ書店津田沼パルコ店
小海晋平さん** 選

〒274-0825
千葉県船橋市前原西2-18-1
津田沼パルコB館4F
TEL 047-403-3101

Memo

「アカデミア」は全国約200店舗を擁するくまざわ書店の大型店ブランド名称。

Date
Jan. 28

No. **028**

『折れた竜骨（上）』

米澤穂《ほ》信《のぶ》

創元推理文庫｜2013年｜290ページ｜定価：620円（税別）
ISBN：9784488451073
装丁：岩郷重力＋WONDER WORKZ。

何にも代えがたい物語がある

剣と魔法が支配する世界を舞台に推理の力で謎に挑む主人公たちを描いた異色ファンタジー＆ミステリー。一見、この世界では推理なんて役に立たないんじゃないかと思いがちだが、しっかりと論理的な思考で物事を解決していく主人公。特別な力がなくたって、思考という武器さえあれば誰にも負けはしない。そんなことを教えてくれている気がします。もっと若いときにこの作品に出会いたかった。今からこの作品に出会える人たちが本当に羨《うらや》ましい。他の媒体、ハードでは味わえない本物の冒険と興奮がここにあります。（全２巻）

次の一冊
『氷《ひょう》菓《か》』米澤穂信著／角川文庫（KADOKAWA）
とても読みやすい青春ミステリー。

うさぎや宇都宮テクノ店
福井優樹さん選

〒321-3226
栃木県宇都宮市ゆいの杜4-1-39
TEL 028-670-8771

Memo

宇都宮都市圏における新たな集積地にあってかゆいところに手が届く複合書店。わ

『チグリスとユーフラテス（上）』

新井素子

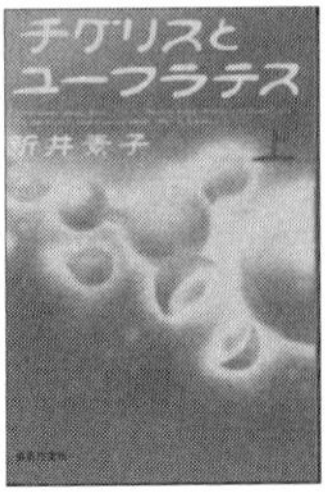

集英社文庫｜2002年｜474ページ｜定価：750円（税別）
ISBN：9784087474404｜装丁：鈴木成一デザイン室

「生きていく意味」を
真剣に考えていた
あの頃の私のバイブル

あの頃本屋で見つけた、当時夢中で読んでた新井素子さんの新刊。淡く美しい表紙、印象的なフォントとタイトル、超分厚いのにどこか丸みを帯びたデザイン。「コールド・スリープ」だの「最後の子供」だの、ドキドキする言葉の羅列《られつ》。めちゃくちゃ痛い出費だったけど、ワクワクしながら連れて帰ったあの日のこと、すぐに思い出せる気がする。これが答えだ！　って言われて、ほんとに？　っていちいち反抗していた思春期まっさかりに、ずしんときた一冊。学生時代に出会った、読後感をひきずる本たちのおかげで、私は今、本屋さんで働いている。（全２巻）

次の一冊　『タイム・リープ（上）――あしたはきのう』高畑京一郎著／電撃文庫（KADOKAWA）
SFってやっぱ面白い！（全２巻）

リブロ ウィング新橋店
奥川由紀子さん選

〒105-0004
東京都港区新橋２丁目東口地下街１号
ウィング新橋
TEL 03-5537-3671

Memo

今日の帰りもちょっと寄っていこうかな？　と思えるコンパクトで身近なお店。わ

『火星年代記［新版］』

**レイ・ブラッドベリ（著）、
小笠原豊樹（訳）**

ハヤカワ文庫｜2010年｜414ページ｜定価：940円（税別）
ISBN：9784150117641｜装丁：ハヤカワ・デザイン

**地球に歴史と物語があるように、
火星にも歴史と物語が存在する。**

中学生のときに、普段本を読む印象のなかった父が「これが自分の人生のベスト3だ」とプレゼントしてくれたうちの一冊がこの本でした。SFというジャンルになんとなく難しそうな感じをもっていたのですが、22個の短編からなるこの物語はとても読みやすく、さらに、時代を通してすべてが繋がっていた中での、ラスト一編のラスト一行で鳥肌が総立ちになりました。そこからSFというジャンルの面白さ、それがこの時代に書かれたということ、今読んでも色褪《あ》せないすごさ、自由さ、何よりも、文章を読んでこんなにも遠くへ行けること、に病みつきになりSF小説が大好きになりました。SF小説の入り口としては最高の一冊だと思います。ぜひ一緒に遠くまで行きましょう。

次の一冊　『星を継ぐもの』ジェームズ・P・ホーガン（著）、池央耿《ひろあき》（訳）／創元推理文庫　火星の次は月へ行ってみませんか？　そして、もっと遠くへ……。

**文教堂代々木上原駅店
富田結衣子さん選**

〒151-0066
東京都渋谷区西原3-8-5
アコルデ代々木上原1F
TEL 03-5738-2191

Memo

他テナントとのコラボなど積極的に企画。コミック売場が面白いのでご注目を。わ

『火の鳥(2) ——未来編』

手塚治虫

朝日新聞出版｜2009年｜284ページ｜定価：1000円(税別)
ISBN：9784022140234｜装丁：上田敬

悩みなんてふき飛んじゃう！神様の漫画

何もかもが上手くいかなくて、人生に迷い、絶望していた頃があった。中学だったか高校だったか忘れたけど、苦悩に苛《さいな》まれていたときに出会えたのが本書だ。まさにボクの人生を導いてくれた救いの本だと言ってもいい。壮大なスケールに圧倒され、自分の悩みの小ささに驚嘆した。目の前の霧が晴れるような、まるでハンマーで頭を殴られたかのような覚醒《かくせい》だった。一気に前向きで心地よい思考に変わった。この本がきっかけで本が好きになった。そして……本屋になっちゃった。人生に壁はつきもの。その壁をどう乗り越えていくのか？　ぜひ、若い頃に出会ってほしいと願う一冊。

次の一冊　『1歳から100歳の夢［愛蔵版］』日本ドリームプロジェクト編／いろは出版　人生の節目節目で、自分の夢と向き合ってください。夢はいつも君たちの傍にいます。

戸田書店掛川西郷店
高木久直さん 選

〒436-0342
静岡県掛川市上西郷508-1
TEL 0537-62-6777

Memo

売場作りのテーマは「子どもから大人までの読書推進活動」。楽しい本屋さん。わ

2月

受験で緊張した心を和ます本

February

『国語入試問題必勝法』

清水義範

講談社文庫｜1990年｜250ページ｜定価：490円（税別）
ISBN：9784061847743｜装丁：山藤章二

国語の入試問題は、“長短除外の法則”で挑め！
（ただし点が取れなくても責任は持ちません（笑））

国語が苦手な主人公一郎は、試験の問題文を読んでも、何がいいたいのかが理解できない。そこへやってきた家庭教師の月坂は、一郎にさまざまな奇想天外な法則を教えていく。著者は、パスティーシュ（模倣）文学の第一人者。旅行ガイド、海外小説の訳者あとがき、パソコンの取扱説明書、果ては日本国憲法の序文まで、世の中にあるあらゆる「ことば」をパロディにして、その言葉の持つ可笑《おか》しみを表してきた作家さんです。この作品でも、国語の試験問題文の訳のわからなさに大笑いしつつ、じつは「ことば」というのは、こんなに面白いものだと思ってもらえればうれしいです。

次の一冊

『騙し絵日本国憲法』清水義範著／集英社文庫
こちらは日本国憲法の序文を23の文体（西原理恵子のマンガまで！）でパロディにしてます。

TSUTAYAチャチャタウン小倉店
山内誠さん選

〒802-0014
福岡県北九州市小倉北区
砂津3-1-1 1F
TEL 093-531-9177

Memo

お店のあるモール内には観覧車もあります。小倉駅からのバスが便利。い

Date
Feb. 2

No. 033

『蒼穹《そうきゅう》の昴《すばる》(1)』

浅田次郎

講談社文庫 | 2004年 | 377ページ | 定価:629円(税別)
ISBN:9784062748919 | 装丁:多田和博

若いひとには、
壮大で心震える物語を。

この本ほどに、昂《たかぶ》る物語にはめったに出会えません。前半は、「科挙」登第をめざす若者と、「宦官《かんがん》」となって後宮をめざす少年の、痛快極まる成功物語。二人に感情移入して、どきどきはらはら。読むのを途中でやめられないこと請《う》け合いです。後半は、近代に至る中国そのものが主役です。数多くの登場人物と、時代の奔流に揉《も》まれ流されながらも、なんとか読み進めてほしいと願います。ほんの100年ほど前、日本から遠くない場所で、こんな心躍る物語が展開されていたんだって、想像するだけで胸が熱くなりませんか?(全4巻)

次の一冊　『科挙——中国の試験地獄』宮崎市定《いちさだ》著/中公新書
中国史の大家が描いた科挙の実像。とにかくおもしろい。ぜひ次に読んでください。

ブックファースト銀座コア店
南口真さん選

〒104-0061
東京都中央区銀座5-8-20
銀座コア6F
TEL 03-3573-8889

Memo

賑わう銀座駅近くにあって落ち着いた店内。アート・ビジネス書は特に充実。い

『カレーライフ』

竹内真

集英社文庫｜2005年｜766ページ｜定価：1150円（税別）
ISBN：9784087477788｜装丁：岡邦彦

読めば、必ず食べたくなる！
カレー小説、超大盛り!!

まず、このお話は抜群に面白い。祖父のカレーを巡り、イトコが続々と集結する。ロードノベルです。RPG的でもあります。一つの目的のために皆が集結する。そんな小説です。そして、一番のミソはこの厚さでしょう。大著といってもいいこの小説、繰り返しますが抜群に面白い。絶対に読了できます。そしてその読了という経験が大事です。これは確実に読書のハードルを下げます。この先、「あ、この本、面白そう」と思ったとき、手が伸びるか、伸びないか。この小説を読了したあなたなら抵抗なく伸びるでしょう。この小説でなくてもいい。とにかく小説を読もうよ。面白いんだから。

次の一冊　『幽霊人命救助隊』高野和明著／文春文庫
面白いよ。本当、読めばわかる。

加賀谷書店茨島店
菅野《すがの》芳久さん選

〒010-0065
秋田県秋田市茨島4丁目3-24
TEL 018-883-3577

Memo

オールマイティな品揃えですが、各担当さんこだわりの棚が隠れていたり……。

Date
Feb. 4

No. 035

『チルドレン』
伊坂幸太郎

講談社文庫｜2007年｜347ページ｜定価：600円（税別）
ISBN：9784062757249｜装丁：鈴木成一デザイン室

「スカッ！」としたいならこれ読んで！

「好きな本は何ですか？」と聞かれたら、まず思い浮かぶのがこの本。読書初心者という方におすすめしています。ハチャメチャだけど独自の正義感を持つ男・陣内、彼の周囲で起こる事件を描いた短編集。陣内がかっこいい。けど実際こんな人いたら面倒だろうなぁ。でも彼の発する言葉に喝《かつ》を入れられ読後は気分爽快《そうかい》。本を読むのが楽しいと思わせてくれる一冊です。

次の一冊
『黄昏』南伸坊、糸井重里著／新潮文庫
おじさんの雑談が面白い。仲間に入れて！

くまざわ書店大分店
長岡有紀さん選

〒870-0174
大分県大分市公園通り西2-1
パークプレイス大分2F
TEL 097-520-7813

Memo

ショッピングセンター内にあり、買い物の合間にも立ち寄りやすいお店です。

『その青の、その先の、』

椰月《やづき》美智子

幻冬舎｜2013年｜281ページ｜定価：1400円（税別）
ISBN：9784344024427｜装丁：鈴木成一デザイン室

青く煌めく海のような瞬間に
未来への希望を知る一冊！

主人公のまひるを含む4人の女子高生を中心とした青春群像小説。LINEやFacebook、TwitterといったSNSが普及しても、誰もが一瞬で駆け抜けてしまう17歳の時間には、友情、恋愛、家族、進路……本当にたくさんのそれでいてどれも大切なものが詰まっている。そんな中で日々繰り返される背伸びや躓《つまづ》きは「若さ」の特権であることを教えてくれるとともに、悩み尽きない不安の中で生きることを肯定してくれる一冊。この本の中に出てくる青い海の向こうにあなたは何を見つけますか？

次の一冊
『放課後の音符《キイノート》［改版］』山田詠美著／新潮文庫
『その青の、その先の、』同様にたった一度しかない瞬間を大切にしたい、そして忘れたくないと思わせてくれる一冊です！

くまざわ書店南千住店
阿久津武信さん選

〒116-0003
東京都荒川区南千住4-7-2
TEL 03-3803-1357

Memo

コンパクトだが各ジャンルともツボを押さえた品揃えが◎。南千住駅徒歩3分。

『十七歳だった！』

原田宗典《むねのり》

集英社文庫｜1996年｜220ページ｜定価：390円（税別）
ISBN：9784087484908｜装丁：原研哉

毎日が武勇伝！

「なんだこの変なタイトルは！？」と思って本書を手に取ったのは16歳のとき。通学電車の中で、必死に笑いを堪《こら》えて読んでいたことをよく覚えています。男子高校生にはとくにオススメ。ハラダ少年（17）を笑いながら、じつは自分にも思い当たる節があって、ちょっぴり恥ずかしくなる気分をぜひリアルタイムで味わってほしい！　僕にとってこの本が特別なのは、こんなに面白い本を誰にすすめられるでもなく、自分で発掘した（と思い込んでいた）こと。そして、次の一冊を探す楽しみを覚えたこと。ぜひみなさんも、書店で自分だけの一冊を見つけてみてください。

次の一冊　『凍《とう》』沢木耕太郎著／新潮文庫
一流クライマーの極限状態での生と死の物語に、ただ圧倒されます。

リブロ東戸塚店
中塩孝幸さん選

〒244-8529
神奈川県横浜市戸塚区品濃町536-1
オーローラモール東戸塚アネックス7F
TEL 045-828-2444

Memo

東戸塚駅と空中回廊で直結したSC内に立地。ダイナミックでわくわくします。

『向かい風で飛べ！』

乾《いぬい》ルカ

中央公論新社｜2013年｜299ページ｜定価：1500円（税別）
ISBN：9784120045769｜装丁：山影麻奈

北の大地で、
空を飛ぶ女の子たち!!

ソチオリンピックで残念ながらメダルにとどかなかった高梨沙《さ》羅《ら》選手の凛《りん》とした姿を見るにつけ、『向かい風で飛べ！』の女の子たちのように葛藤があったのかな、と。おじさんになり空を飛ぶ夢を見なくなったけど……飛んでみたいなー……。

次の一冊
『夏光《なつひかり》』乾ルカ著／文春文庫
乾ルカさん最初の作品集です！

フタバ図書MEGA岡山青江店
仲井正至さん 選

〒700-0944
岡山県岡山市南区泉田22-3
TEL 086-803-6011

Memo

岡山駅から車で20分。岡山市有数の大型複合書店です。

『空の飛びかた』

ゼバスティアン・メッシェンモーザー（作）、関口裕昭（訳）

光村教育図書｜2009年｜49ページ
定価：1500円（税別）
ISBN：9784895726887｜装丁：城所潤

だれもが空を飛ぶことを
夢みた時に……

ある日、空から落ちたというペンギンに出会った。男はペンギンを空に戻すために、航空力学に始まり、体力強化、多くの専門書、夢の飛行機の設計図と、一緒に試行錯《さく》誤《ご》を繰り返す。わたしたちは空を飛ぶことにあこがれる、ジブリのアニメに心をワクワクさせる。この本は人生、哲学、ファンタジーそして ユーモアで作られている。

次の一冊
『リスとお月さま』ゼバスティアン・メッシェンモーザー（作）、松永美穂（訳）／コンセル
写実的に描かれるおバカなリスたち。ワンランク上のユーモア絵本。

じっぷじっぷ文京店
清水祥三さん（選）

〒910-0017
福井県福井市文京2-8-11
TEL 0776-25-0516

Memo

曰く「店内をまっ直ぐ歩けない断捨離が必要な本屋です」。2Fに絵本が溢れる。（わ）

『人生の地図』

高橋歩（編著）

A-Works｜2003年｜239ページ｜定価：1400円（税別）
ISBN：9784902256017｜装丁：高橋実

将来について、いろんな悩みに、ふっと立ち止まったときに。

この本は私の「将来」に対する考え方を変えた一冊です。夢もなく、ただ漠然と通っていた大学時代に出会いました。素敵な写真がたくさん載っているけど、ただカッコイイだけの本じゃない。文章が写真と一緒になって、心の痛いところに刺さる。「会社に就職することだけが将来じゃない」と、本当にホッとしました。そして今、本を売る仕事を楽しんでやっています。受験、進学先、内定など、考えるだけでイヤになってしまう「将来」。この本を読めば、学校の勉強だけでは想像もつかない考え方が発見できます。「なんだ、人生ってこんなに楽しいものなんだ」って道が開けるはずです。

次の一冊　『ほしいものはなんですか？』益田ミリ著／ミシマ社
とくに女の子に読んでもらいたい。流行りに流されず、自分を生きるために必要なことを教えてくれます。

TSUTAYA富谷大清水店
大沼真理奈さん㊠

〒981-3329
宮城県黒川郡富谷町大清水2-13-1
TEL 022-344-9870

Memo

大沼さんは音楽好き書店員さん。ライブハウスに詳しいです。

Date
Feb. 10

No. 041

『忘れられた日本人』

宮本常一《つねいち》

岩波文庫｜1984年｜336ページ｜定価：700円（税別）
ISBN：9784003316412

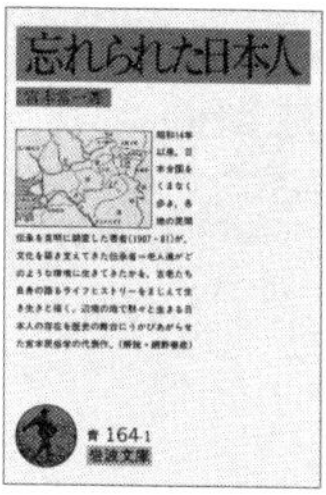

限界集落は
絶望じゃないよ!!

辺境と呼ばれる地域での老人たちからの聞き書きを中心とした庶民の生活誌である。屈託もなく語られる老人たちの話ぶりは、リズム感があり読み手を心地よくさせてくれる。知識・技術を伝えていく。それを蓄積することがどんなに大切なのかを教えてくれる。「忘れられない日本人」については多大な書物があるし、近ごろより強調されている風潮がある。この本を読むと、忘れられていく庶民による伝承によってこそ、より歴史を立体的にそして身近に捉えることができるのではないだろうかと思える。

次の一冊　『終わらざる夏（上）』浅田次郎著／集英社文庫
死なずに帰ってこいと思わず感情移入。（全3巻）

ブックス・オリオンRIC店
神野克己さん選

〒658-0032
兵庫県神戸市東灘区向洋町中5-15
マーケットシーン1F
TEL 078-857-6300

Memo

六甲アイランドの真ん中で、「売れる本」より「売りたい本」を並べる本屋。

『半島を出よ（上）』

村上龍

幻冬舎文庫｜2007年｜509ページ｜定価:724円（税別）
ISBN:9784344410008｜装丁:鈴木成一デザイン室

龍を読め、龍を。

17、8歳の自分がこの本に出会ったとして、はたして最後のページまで読みきれるか自信がない。ただ、読みきれば、必ず何かが自分に残る。当時の自分が読んでいれば、人生が数ミリ変わっていたかもしれない。本書はもちろんフィクション作品であるが、その情報量の多さから史実を読んでいるような気分になる。右か左かとかが問題じゃなくて、自分自身をはっきりともつということ。（全2巻）

次の一冊　『英霊の聲《こえ》［オリジナル版］』三島由紀夫著／河出文庫
ミシマを読め、ミシマを。

フタバ図書アルティ福山本店
伊藤裕樹さん選

〒721-0961
広島県福山市明神町1丁目14番20号
TEL 084-973-8780

Memo

福山地区随一の正統派なんでもあり複合型大型書店。いろいろあるので面白い。わ

『卵をめぐる祖父の戦争』

デイヴィッド・ベニオフ(著)、田口俊樹(訳)

ハヤカワ文庫｜2011年｜469ページ｜定価:900円(税別)
ISBN:9784150412487｜装丁:ハヤカワ・デザイン

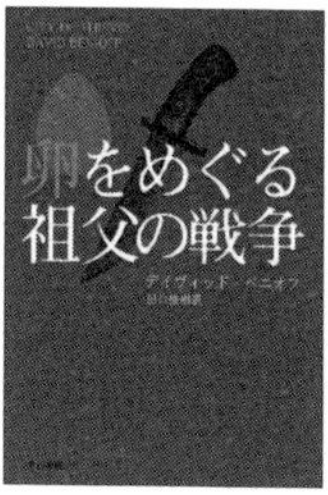

読み終えるのが勿体ない、そんな物語です

読書中に「この物語がもっともっと続いてほしいなあ」と思った経験は、この本を読んだときが初めてです。思春期の少年レフが卵1ダースをさがし求めて過ごした極限状況下の数日間。ナチス軍に包囲されたレニングラードが舞台で背景は非常に重いのですが、逃走劇あり、銃撃戦あり、恋愛（妄想）ありと、中身は娯楽小説の要素が盛りだくさん。度重なる危機にもずっと強気なコーリャ（レフの相棒）の饒舌《じようぜつ》ぶり（時には鬱陶《うつとう》しくもあり）にはきっとハマります。そして、ちょっと切ない結末も味わい深い。最初から最後までノンストップで愉しめる、「力強い」お話です。

次の一冊 『夜と霧』V.E.フランクル（著）、霜山徳爾《とくじ》（訳）／みすず書房
人間のたくましさを教えてくれます。

清明堂マリエ店
松井重樹さん選

〒930-0003
富山県富山市桜町一丁目1-16
マリエとやま5F
TEL 076-445-4566

Memo

県の玄関、富山駅南口前マリエにある。松井さんは人文書のエキスパート。わ

『深町なか画集 ほのぼのログ ～大切なきみへ～』

深町なか

一迅社｜2014年｜100ページ｜定価：1600円（税別）
ISBN：9784758013710｜装丁：川名潤（prigraphics）

「幸せ」って

こういうことかも!!

Twitterで活躍中のイラストレーター、深町なかさんの画集です。恋人や家族の日常を切り取った絵の一枚一枚に、めちゃめちゃ癒《いや》されます！！　大切な人や大好きな人の本当に何気ない言葉やちょっとした仕草、そんな一つ一つに「幸せ」が隠れているんだなぁと再確認することができる素敵な本です。あなたの大切な人に贈ってみてはいかが？

次の一冊
『それを、こう。』大野そら著／一迅社
癒しなんかいらねえよ！！　という方はコチラを。

TSUTAYA大泉店
川邊卓さん選

〒370-0521
群馬県邑楽郡大泉町住吉57-3
TEL 0276-20-1325

Memo

ふと見れば店員の趣味丸出しの棚やコーナーがあって愉快な気持ちになります。わ

Date
Feb. 14

No. 045

『陽だまりの彼女』

越谷《こしがや》オサム

新潮文庫｜2011年｜342ページ｜定価:550円(税別)
ISBN:9784101353616｜装丁:新潮社装幀室

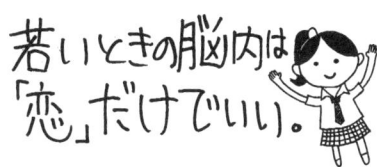

若いときの脳内は「恋」だけでいい。

数年前、本書をはじめて読んだ僕は、思わず自分の机の引き出しを開けた。タイムマシンに乗って過去へ戻り、高校時代の自分に「ちゃんと恋愛しとけよ！」って説教をかましたくなったのだ。若い頃の恋愛体験は清くて、重くて、大人になってもココロを形成してるものなんだ、と本書は教えてくれた。もし高校時代に読んでいれば、僕ももっと清いオトナになれたかも……。本書は「女子が男子に読ませたい恋愛小説NO.1」らしいが冗談じゃない！　イイから女子も読みなさい。ネタバレになるので詳しく書けないのがもどかしいが、ラストまで読んだアナタは思わず、上のイラストの女の子に○○○を描き加えてしまうだろう。ウフフ♪

次の一冊　『百瀬、こっちを向いて。』中田永一著／祥伝社文庫
清き恋愛を読んだら次は「くすぐったい」恋愛を！

金龍堂まるぶん店
荒川俊介さん 選

〒860-0845
熊本県熊本市中央区上通町5-1
TEL 096-356-4733

Memo

なぜか入口には河童《かつぱ》が胡座。地元に愛される老舗書店です。奥行き広し！ⓘ

No. 046

『あやとりの記』

石牟礼《いしむれ》道子

福音館文庫｜2009年｜363ページ｜定価：750円（税別）
ISBN：9784834024159｜装丁：辻村益朗

るるるるるんるん　るるるるるんるん
ひちりきひちりき　しゃらららら一ら
（『あやとりの記』福音館文庫 282頁）

幼いころの著者を思わせる主人公「三つ子のみっちん」が、世の中のすみっこに生きるひとびと、そして「山のあのひとたち」——神さま、あるいは気配といえるかもしれない——と交わり過ごす日々が描かれている。「るるるるるんるん……」はそんな気配をあらわしたもの。石牟礼道子の世界に初めて触れたのは、高校3年生のとき。当時、世の中にあふれる言葉には土が足りない、がらんどうだと思いつめていたが、それはつまり、この世の中の進み方に対する違和感がぬぐいきれなかったのだろう。ところが石牟礼文学には、まさに私の求めている世界があったのだった。

次の一冊　『苦海浄土——わが水俣病［新装版］』石牟礼道子著／講談社文庫
『あやとりの記』は水俣病が起こる以前の水俣が舞台です。

カライモブックス
奥田直美さん㊆選

〒602-0094
京都府京都市上京区大宮通芦山寺上ル
西入ル社横町301
TEL 075-203-1845

Memo

フリーペーパー「唐芋通信」は読み応え抜群！　水俣関連に強い古本屋さん。㋣

『新美南吉童話集』

新美南吉(著)、千葉俊二(編)

岩波文庫｜1996年｜332ページ｜定価:700円(税別)
ISBN:9784003115015

再び読みたくなる、
そういう本との出会いを祈ります

路面電車を追い越したと思ったら、私の乗ったバスは信号で止まった。すぐ路面電車がバスの隣りに並ぶ。バスの窓から路面電車を見ると、質素な服の、私より年上だと思われる女性が、大きめのバッグを膝《ひざ》に載せ、その上の文庫本に目を落としている。電車に乗ってもバスに乗っても、スマホを操っている人はよく見かけるが、こうやって本を読んでいる人を見るのはめったにない。若いときに読んだ本で、年齢《とし》とってからもう一度読みたくなった本——たとえば『新美南吉童話集』——を、思い出と重ねながら読んでいる女性、バスを降りたあとの私はそんなことを想像した。

次の一冊
『銀の匙《さじ》［改版］』中《なか》勘助著／岩波文庫
いつの日か、再び読みたくなると思います。

かたりあふ書店
森岡たかしさん選

〒780-8023
高知県高知市六泉寺町110-9
TEL 088-832-7757

Memo

天井までうず高く積まれた蔵書の山。店主の土佐弁が心地いい隠れた名店です。と

『かあちゃん』

重松清

講談社文庫｜2012年｜539ページ｜定価：752円（税別）
ISBN：9784062772303｜装丁：鈴木成一デザイン室

母を通じて本当の強さと優しさに気付ける一冊

誰もがみな迷い、つらい思いをかかえて生きている。素直になることはとても難しいけれど大切に思っている人、思ってくれる人は必ずいる。とても近くにいてくれる人だったりする。

次の一冊　『とんび』重松清著／角川文庫（KADOKAWA）
不器用すぎる、でもたしかな父の愛情がじんわりききます。

紀伊國屋書店北千住マルイ店
若井和美さん選

〒120-8501
東京都足立区千住3-92
北千住マルイ8F
TEL 03-3870-8571

Memo

正面に大きく展開された話題・新刊書。今何に注目すべきかが一目でわかる。わ

Date
Feb. 18

No. 049

『天国までの百マイル』

浅田次郎

朝日文庫｜2000年｜293ページ｜定価：476円（税別）
ISBN：9784022642486｜装丁：田淵裕一、装画：井筒啓之

まずはこの1冊
一気に読めて感動すること
まちがいなし！

読みやすい本なので最初の一冊にもおすすめ。家族の大切さ、人情の大切さがとてもうまく描かれ、一気に読めて中高生にも本のすばらしさが伝わる一冊です。いつも店頭で高校生や大学生におすすめして、大人になって子どもができた頃にもう一度読むように伝えてます。

次の一冊 『日輪の遺産』浅田次郎著／講談社文庫
日本人が絶対に忘れてはいけないこと。

笹部書店
笹部勝彦さん選

〒560-0083
大阪府豊中市新千里西町3丁目2-3
TEL 06-6872-9385

Memo

絵本の読み聞かせ会やネイルの出張サロンも開催する、まさに街の本屋さん！あ

『小川未明童話集』

小川未明

新潮文庫｜1951年｜237ページ｜定価:438円(税別)
ISBN:9784101100012｜装丁:新潮社装幀室

気に入る話、きっとあります。

小川未明は明治から昭和にかけて生きた童話作家です。敵国同士だけれど仲の良い若い兵士と老いた兵士の話（「野ばら」）、不思議な町に訪れる旅人の話（「眠い町」）、お菓子の包み紙の話（「飴《あめ》チョコの天使」）、荷物をひく汽車に傷つけられた、とレールが痛みで泣くところから始まる話（「負傷した線路と月」）など、25の話が読めます。登場するのは必ずしも人間だけではありません。未明の作品のように、あなたが普段食べているお菓子の包み、シャープペンシル、ノートなどに“心”があると想像すると、日常生活はもっと面白くなるかもしれませんね。

次の一冊　『マンゴスチンの恋人』遠野りりこ著／小学館文庫
リアルな女の子がみれます。

未来屋書店伊丹店
中村有希子さん 選

〒664-0847
兵庫県伊丹市藤ノ木1丁目1-1-343
イオンモール伊丹店
TEL 072-777-6440

Memo

家族全員で楽しめる本屋さんです。絵本の品揃えに力を入れています。と

Date
Feb. 20

No. **051**

『こいぬがうまれるよ』

ジョアンナ・コール（文）、
ジェローム・ウェクスラー（写真）、
坪井郁美（訳）

福音館書店｜1982年｜40ページ｜定価：900円（税別）
ISBN：9784834009125

私たちと同じ、
お母さんから産まれた。
かけがえのない命なんです。

ペットショップに並ぶのんびり過ごすカワイイ仔犬・仔猫たち。見ているこちらも本当に癒されます。でも生まれてくるときは無事に生まれてくるか、お母さん犬も見守る人間も必死です。我が子を命がけで出産するお母さん、そして赤ちゃんも生まれもった本能で必死にお母さんのそばに。小さいけれど、力強い親子の姿に感じることがたくさんあります。動物が好きな人は、必ずといっていいほど思う「動物に携わる仕事がしたい」という夢。そんな夢を持っている方にはぜひ一度読んでいただきたい。小学生向けの本ではありますが、「生」という自然の摂理を感じることができる写真集です。

次の一冊
『犬の十戒』作者不詳／ジュリアン出版
いきものを家族としてお迎えするときには、必ず心に留めておいてほしい1冊です。

パルネット ベルマージュ堺店
大島聖子さん選

〒590-0014
大阪府堺市堺区田出井町1番
ベルマージュ堺2F
TEL 072-226-7670

Memo

JR阪和線堺市駅すぐの、常に試行錯誤を続ける本屋さんです。と

『コンビニたそがれ堂』

村山早紀

ポプラ文庫ピュアフル｜2010年｜180ページ
定価：540円（税別）｜ISBN：9784591114162
装丁：松岡史恵

じ〜んと
心があたたまる

心に強く願うことのある人の前にだけあらわれる不思議なコンビニ。幼いころ、誰しも経験するであろうチクンとする胸の痛み、切なさ、悲しみ。この物語の中には、あのころ自分ではうまく表現できなかった心の奥の気持ちが、優しくあたたかく語られています。今、思春期真っただ中の中高生のみなさんをはじめ、いろんな世代の読者の心に響く作品だと思います。何度も何度も、いくつになっても読み返したい大好きな一冊。ほっこり、癒されてください。きっと大切な何かに気づくはず……。

次の一冊 『ふるさと銀河線――軌道春秋』髙田郁《かおる》著／双葉文庫
心のひだに優しく染みこむような、あたたかい短篇集です。

柳正堂書店オギノ湯村ショッピングセンター店
山本机久美さん選

〒400-0074
山梨県甲府市千塚1-9-14
オギノ湯村ショッピングセンター4F
TEL 055-268-2258

Memo

明るく元気なみなさんの笑顔。本を大切に扱っているのが伝わってくるお店。わ

『谷郁雄エッセイ集 日々はそれでも輝いて』

谷郁雄

ナナロク社｜2011年｜293ページ｜定価:1600円(税別)

ISBN:9784904292204

装丁:寄藤文平＋鈴木千佳子(文平銀座)

詩は誰かの想い出。その言葉が、いつか あなたの想い出に。
人生と寄りそってくれる言葉を見つけよう!

詩人の谷郁雄さんが、若いときに影響を受けた詩について、暮らしたところについて、自分の詩集について、語るようにやさしく書かれたエッセイ集です。詩のページでは、いろんな国の18人の詩人とその詩について、自身の経験とともに語られています。詩は、言葉は、けっして遠くの存在なんかではなく、人生をそのときどきでいろどっていく想い出のようなものだと、この本を読んでいて思いました。さみしいとき、つらいとき、ひとりになりたいとき、詩は寄りそってくれます。猫のようにそっと。なでるとあたたかく、いつのまにか心もあたたかくなっている、友だちのような本です。

次の一冊 『鳥への挨拶』ジャック・プレヴェール（著)、高畑勲《いさお》（編・訳)、奈良美智（絵）／ぴあ　『谷郁雄エッセイ集』で僕が気になった詩人。みんなも自分が気になった詩人の本を次は読んでみよう。

homehome
うめのたかしさん 選

〒600-8114
京都府京都市下京区早尾町313-3
五条モール2F 201

Memo

本担当と紙モノ担当のコンビで営むかわいいお店。子猫もいます。と

Date
Feb. 23
池田晶子さんの命日

No. 054

『14歳からの哲学
——考えるための教科書』

池田晶子

トランスビュー｜2003年｜209ページ｜定価：1200円（税別）
ISBN：9784901510141｜装丁：クラフト・エヴィング商會

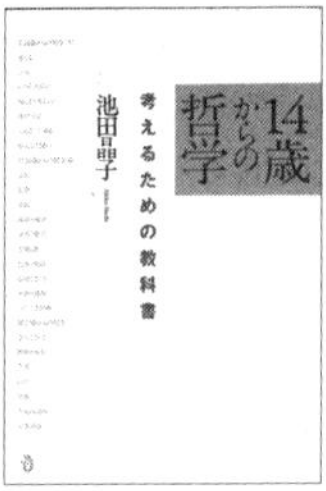

**他の誰でもない"自分"のことしか
書かれていないこの本が、
おもしろくないはずがない！**

ここには本当のことが書いてある。会ったことはなくても、この人は信頼できる。確信に近くそう思える本や著者との出会いは、そうそうありません。この本は私にとって、まさにそんな一冊です。自分とは何か、生きているとはどういうことか、著者に先導されながら考えていくと、考えるほどに、“自分という存在なくして世界はあり得ない”というところへ辿り着いてしまう。その感覚は、ちょっと涙ぐむほどのものがあります。今読めば、これから先の人生の折々で、「さあ、自分で考えるんだ！」という著者の声が、力強く背中を押してくれるはずです。

次の一冊　『王国 その1 アンドロメダ・ハイツ』よしもとばなな著／新潮文庫
いつかひとり暮らしするときはぜひ。私もあの頃読みたかった！

あゆみBOOKS杉並店
佐々木夏紀さん選

〒166-0011
東京都杉並区梅里1-7-15
カーニープレイス杉並1F
TEL 03-3318-3771

Memo

ライフスタイル系の本やプレゼントしたくなる本を集めたコーナーが愉しい。

『光の帝国——常野《とこの》物語』

恩田陸

集英社文庫｜2000年｜283ページ｜定価:495円(税別)
ISBN:9784087472424｜装丁:木村典子(Balcony)

ようこそ、とは言わない。
その世界はもう、そこにあるから。

副題は「常野物語」。東北のどこかから来た、不思議な能力をもつ常野一族をめぐる連作短編集。日常との境目なく常野の世界が広がり、すっとその世界に引き込まれます。膨大な書物を記憶する能力や、人より少し長く生きる能力、それをひけらかさず、でも絶えさせることもなく受け継いできた人たちと、ふつうの人たちとの間で起こる出来事。足元からじんわり登ってくる恐怖のような好奇心のような、暗闇を懐中電灯ひとつで歩くような感覚。ファンタジックだけれど、どこか懐かしい世界に理屈なく惹きつけられます。ふつうの人間だらけの世界を飛び出して足を踏み入れてみてください。

次の一冊
『蒲公英《たんぽぽ》草紙——常野物語』恩田陸著／集英社文庫
『光の帝国』の続編です。こちらは長編。どっぷり浸《つ》かりながら日常と常野の世界の境界を探ってみてください。

ブックファースト豊中店
藤原洋子さん選

〒560-0021
大阪府豊中市本町1-1-1
阪急豊中駅2F
TEL 06-6152-0525

Memo

阪急豊中駅改札目の前。選りすぐりの鮮度のよい新刊を揃えたお店です。と

『セーラーとペッカ、町へいく』

ヨックム・ノードストリューム（作・絵）、
菱木晃子（訳）

偕成社｜2007年｜28ページ｜定価：1300円（税別）
ISBN：9784039603104｜装丁：タカハシデザイン室

徒然なる日常の
小さな楽しみと
大きな優しさ

最近、僕らが生きているこの世の中では、常日頃からとてつもないことが起きている。それは正義か悪か？　嘘か本当か？まったく何を信じてよいのかもわからなくなってしまう。この絵本は、引退した船乗りのセーラーと相棒の犬のペッカの何が起こるわけでもない日常のお話。でも、そんななかでもちょっとした楽しみや優しさがたくさん溢れている。僕らが彼らの日常にちょっとお邪《じゃ》魔《ま》して、彼らの日常の楽しみ方の術を身につけたなら、きっと僕らの手で世の中をステキにしていくことができるハズ。もっともオルタナ的な自由賛歌！

次の一冊

『おおきな木』シェル・シルヴァスタイン（作・絵）、村上春樹（訳）／あすなろ書房
自由を知ったら、次は愛を知る。

メルヘンハウス
三輪丈太郎さん 選

〒464-0850
愛知県名古屋市千種区今池2丁目3-14
TEL 052-733-6481

Memo

入った瞬間からぽかぽかと温かい気持ちにさせてくれる子どもの本専門店。と

『ワーキング・ホリデー』

坂木司

文春文庫｜2010年｜326ページ｜定価：620円（税別）
ISBN：9784167773335｜装丁：石川絢士

読み終えるのがもったいないな、と思いながら一気読み！
このやさしい物語が、ずっとずっと続けばいいのになあ

とにかく登場人物たちが魅力的！　元ヤンキーで、元ホストで、今は宅配便ドライバーという破天荒《はてんこう》な経歴を持つ大和。その大和のもとに、突然現れた息子の進は似ても似つかぬしっかり者。タイプのまったく違う二人が、いろんな回り道をしながらもゆっくり親子の絆を深めていく様子が微笑ましくて、読んでいるこちらの頬《ほほ》もゆるみます。この物語の根底にあるのは、上辺《うわべ》だけじゃない本当の優しさ。やり方が乱暴でも、その気持ちは必ず伝わります。喧嘩《けんか》をするのも、相手のことを思うから。自分を大切にしてくれる人を、自分も思いっきり大切にしたい。そんなふうに思わせてくれる本です。

次の一冊
『夢のような幸福』三浦しをん著／新潮文庫
こちらも最後まで一気読み必至です。ただし電車では読まないほうが良いでしょう（抱腹絶倒）。

天牛堺書店三国ヶ丘店
松浪佐恵さん

〒590-0024
大阪府堺市堺区向陵中町2-7-1
N.KLASS三国ヶ丘2F
TEL 072-257-4333

Memo

三国ヶ丘駅改札目の前、乗換のついでに立ち寄りたいお店です。

『銀二貫』

高田郁《かおる》

幻冬舎時代小説文庫｜2010年｜345ページ｜定価:600円(税別)
ISBN:9784344415324｜装丁:多田和博

「銀二貫」にはどんな価値があったのか…。
大阪の商人(あきんど)の心意気を感じておくれやす。

舞台は江戸時代中期、商人の街大阪。仇討《かたきう》ちで目の前で父を殺された鶴之輔は、寒天問屋の主である和助に銀二貫で買われ命を救われる。寒天問屋井川屋に引き取られ松吉と名を変え、丁稚《でっち》として生きていくことになる。慣れない商人の世界で懸命に働き、周りの人たちとさまざまに関わりながら成長していく。その途中にはさまざまな困難が待ち受けているが、それを乗り越えた先にきっと喜びが……。人はどこかで誰かに助けられている、そして知らないところでもお互いが支え合って生きているということを感じさせてくれる。時代小説はあまり読んだことがないという人にも楽しめる一冊。

次の一冊
『県庁おもてなし課』有川浩《ひろ》著／角川文庫
県庁にできた「おもてなし課」若手隊員の掛水は仕事に恋に……。

ブックスふかだ守口本店
深田健治さん選

〒570-0039
大阪府守口市橋波西之町2-9-11
TEL 06-6992-5895

Memo

創業から50年以上、守口の町で地域の方々とともに歩んでこられたお店です。と

『くじけないで』

柴田トヨ

飛鳥新社｜2013年｜253ページ｜定価：648円（税別）
ISBN：9784864102711｜装丁：木村美穂（きむら工房）

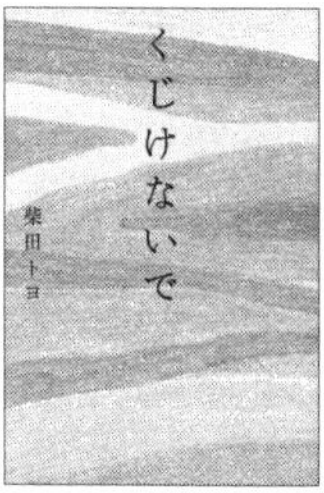

「人を想う」ってすばらしい！

栃木市出身の柴田トヨさんが92歳で書き始めた詩。産経新聞の「朝の詩」に掲載され話題になり出版された詩集です。人を想う心、前向きな心、日常、老い、さまざまな心情がトヨおばあちゃんのフィルターを通し、優しい言葉で表現されています。読んでいくと家族、友だちなどが心に浮かびあがって優しい気持ちになってきます。平凡な日常の中にも、幸せと感じることがいっぱいある、でも普段は気づかない。しかしトヨおばあちゃんの詩を読んでいると、平凡な日常の中に幸せと感じ取れる瞬間が目に浮かびます。心が温かくなるおススメの詩集です。海外でも話題になり出版されました。

次の一冊　『百歳』柴田トヨ著／飛鳥新社
『くじけないで』の第2詩集もぜひ。

煥《かん》乎《こ》堂《どう》群馬町店
蛭川《ひるかわ》幸則さん 選

〒370-3524
群馬県高崎市中泉町609-5
TEL 027-360-6330

Memo

明治初年創業の煥乎堂さんの支店。書籍、文具を日々大切に扱う総合書店です。

3月

人生の節目を迎えたときに

March

『中高生のための「かたづけ」の本』

中高生のための
「かたづけ」の本
杉田明子・佐藤剛史 著

杉田明子、佐藤剛史

岩波ジュニア新書｜2014年｜201ページ｜定価：840円（税別）
ISBN：9784005007714

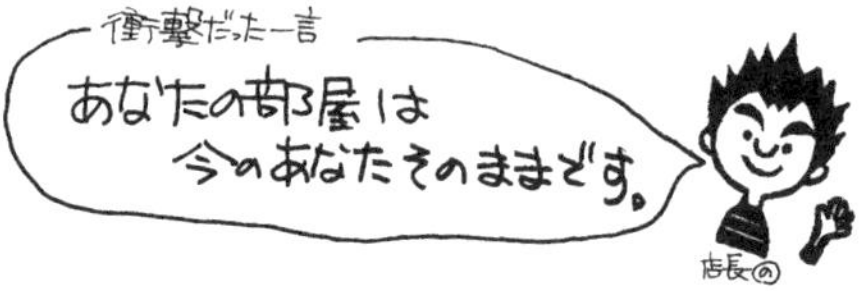
衝撃だった一言
あなたの部屋は
今のあなたそのままです。
店長の

あなたが知らない「かたづけ」の方法を教えてくれます。「出す」「分ける」「選ぶ」「収める」。この4つをひたすら練習。そうしたら、あなたの身の回りがスッキリ！！　それどころか自分に自信がつき、生きる力や今まで見えなかった未来の可能性まで見出せるそうです。実例が書かれていますので自分に置き換えることもでき、想像して読み終わった頃には「かたづけ」が始まっているかもしれませんね（笑）。書名が“中高生の”ですが中高年にも読んでほしい一冊です。

次の一冊　『時をかける少女［新装版］』筒井康隆著／角川文庫（KADOKAWA）
部屋がかたづいたら淡い恋愛を……（SFですが）。

山城書店
森武紀明さん選

〒610-0361
京都府京田辺市河原御影30-22
TEL 0774-62-0827

Memo

ご家族で営まれる温かいお店。消しゴムはんこで作ったブックカバーが素敵。

『つむじ風食堂と僕』
吉田篤弘

ちくまプリマー新書｜2013年｜127ページ｜定価：680円（税別）
ISBN：9784480689023｜装丁：クラフト・エヴィング商會

「働く」って何だ!?
と思った時に読んでほしい。

主人公はちょっと大人びている少年リツ君。自分の将来について頭を悩ませるリツ君は隣町にある「つむじ風食堂」に現れては、大人たちに「仕事とは？」と問いかけます。ちょっぴり哲学的なテーマだけれど、集う大人たちとのやりとりはとても優しくて、美味しい食事とともにそれぞれの「仕事」についてのさまざまな話を聞くことができる。大人たちが語る自分たちの職業観。仕事に向き合う姿勢や、その動機もじつにさまざまでそれぞれが違うのが面白い。大人だって「うーん」と唸《うな》ってしまうような問いかけだけれど、話を聞きながらリツ君は自分なりの答えを探して考える。漠然と「将来」に「仕事」に不安があるあなたに読んでもらいたい一冊です。

次の一冊　『つむじ風食堂の夜』吉田篤弘著／ちくま文庫
本篇はこの本。

PAPER WALL ecute品川店
大木幸二さん 選

〒108-0074
東京都港区高輪3-26-27
エキュート品川2F
TEL 03-3443-2800

Memo

探している本は見つからないかもしれないが探していない本との出会いがある。わ

Date
Mar. 3

No. 062

『りかさん』

梨木香歩

新潮文庫｜2003年｜262ページ｜定価：520円（税別）
ISBN：9784101253343｜装丁：新潮社装幀室

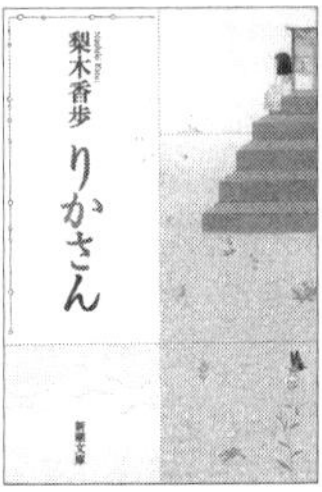

不思議で怖い…
でも　いとおしい

『からくりからくさ』ありきのおすすめです。りかさんをこわいと思うか、愛おしいと思うかは自分の「こころ」次第。読んでいくほどに情景が流れるほどの迫力もあり、いろんなものと絡み合いながら、切なさも、あたたかさもある一冊です。「りかちゃん」よりも「りかさん」で、大正解です！

次の一冊　『からくりからくさ』梨木香歩著／新潮文庫
ぜひ、あわせて読んで頂きたい。

明屋書店高城店
佐藤裕美さん選

〒870-0153
大分県大分市城東町10-14
TEL 097-551-1100

Memo

JR高城駅より徒歩5分。国道197号沿いにあるので車でも便利！い

『ウォールデン森の生活』

ヘンリー・D・ソロー（著）、今泉吉晴（訳）

小学館｜2004年｜435ページ｜定価：2900円（税別）
ISBN：9784093874953｜装丁：岡本康

若いうちにこそ、いっぺん住んでおくべき

僕が大学生のときに岩波文庫版を3日で投げ出し、社会人2年目で講談社学術文庫版で挫折《ざせつ》したあの『森の生活』が33歳のときに「新訳」で登場！　めちゃめちゃ読みやすくなってて驚きましたよ、ええ。これは老人が「わしもそろそろ隠居じゃ。森でひっそり暮らそう」なんて内容じゃない。若いうちに読んでおくべき一冊。とくに「今現在の社会」に少しでも疑問を持ってるならなおさら。「現代では得がたい価値観や一歩引いた目線」を手に入れられます。値段高いし分厚いけど、だがソレがいい！　発売して10年以上文庫化してないし、増刷しつづけてるので、背伸びして無理して買って読もう。

次の一冊　『切りとれ、あの祈る手を――〈本〉と〈革命〉をめぐる五つの夜話』佐々木中《あたる》著／河出書房新社
「命がけで読書しよう」と思える本って、そうそう出会えませんよ。

ヴィレッジヴァンガード イオンレイクタウン KAZE
中薗豊さん選

〒343-0826
埼玉県越谷市東町4丁目21番地1
イオンモール越谷レイクタウンKAZE2F
TEL 048-990-1364

Memo

日本最大級のSC内でしょうもないオモロ雑貨とちょっといい本が買える悦び。わ

『もものかんづめ』

さくらももこ

集英社文庫｜2001年｜287ページ｜定価：390円（税別）
ISBN：9784087472998
イラストレーション：さくらももこ、カバーデザイン：明比朋三

授業中、隠れて読んでも
絶対バレます（十中八九、叱られます）。
だって、吹いちゃうもん。

高校生時代、まったく本を読まない・興味もないただのバスケ小僧（しかも補欠）だったあの頃。たまたま図書館で見つけた一冊のエッセイです。どういうワケか（忘れました）、読み始めたら、コレがまた面白い。ニヤニヤが止まらない。まったく眠くならない（コレ大事）。授業中、隠れて読み進めているうちに、吹き出し笑い連発。当然見つかりこっぴどく叱られました……。そんな私の読書原体験。今では立派（？）な書店員でございます。

次の一冊　『すべてがFになる』森博嗣著／講談社文庫
ちなみに大学の講義中に読んでいたのはコレ。はまりました。

蔦屋書店嘉島
辻野匡彦《ただひこ》さん選

〒861-3106
熊本県上益城郡嘉島町上島字長池2232
TEL 096-235-2211

Memo

ショッピングモール内の複合書店。児童書、女性実用などはとくに充実！い

『きりこについて』

西加奈子

角川文庫（KADOKAWA）｜2011年｜217ページ
定価：514円（税別）｜ISBN：9784043944811
装丁：鈴木久美

「自分」は、「自分」でしかない。

「自分のしたいことを、叶えてあげるんは、自分しかおらん」。この言葉に思いっきり拍手をおくりたい。泣きそうだ。「ぶす」と言われ続け他人の目が怖くなってしまった、主人公きりこ。だけど他人の価値観で自分を否定することに疑問をもち、「きりこ」はきりこでしかないことに気づく。「ぶす」の基準を誰が決めたんだ！　そもそも、「ぶす」とは何だ！　と。自分は「自分」だ。他人の価値観で作られていない。きりこのカッコ良さに、たくさんの勇気をもらった。

次の一冊
『砂漠』伊坂幸太郎著／新潮文庫
これぞ「青春」な学生生活がうらやましくて仕方ない！！

リブロ春日店
古賀淳子さん選

〒816-0814
福岡県春日市春日5-17
ザ・モール春日2F
TEL 092-583-5235

Memo

元気な挨拶、明るい笑顔、ちょっとマニアックなおすすめ本に出会えます。

『終点のあの子』

柚《ゆず》木《き》麻子

文春文庫｜2012年｜254ページ｜定価：540円（税別）
ISBN：9784167832018｜装丁：文藝春秋デザイン部

「あんな風になれるまで、一体どれくらいかかるのだろうか。―― ああなったら、友達をねたんだり、見下したりしなくてよくなるのだろうか。…」
自由に見えたクラスメイトも
実は探していた、私と同じ。

気が付くと、私は大人になっていた。青春とよばれるあの頃に、他人の目や評価が気になって仕方なかった。「自分は何をどうしたいんだろう」。結局その答えは出ないまま、私はいつの間にか大人になっていた。この本はそんな言い表しづらいモヤモヤした気持ちに色をつけてくれるような存在である。私だけじゃない。皆、自分の「色」を探すのに、気持ちの折り合いをつけるのに必死なだけだったんだ。フォーゲットミー、ノットブルー。私は、私らしく在りたかった。ただそれだけ。この本を読んでから大人になりたかった。

次の一冊　『よろこびの歌』宮下奈都著／実業之日本社文庫
嫌だったはずの学校のイベントがなんだか楽しく思えてくることって……あると思う！！

TSUTAYA寝屋川駅前店
中村真理子さん選

〒572-0838
大阪府寝屋川市八坂町16-19
ウエストビル1・2F
TEL 072-838-6500

Memo

店内配布の「文庫でいず」の知名度はもはや全国区。ぜひお持ち帰りを！と

Date
Mar. 8
水木しげるさんの誕生日

No. **067**

『のんのんばあとオレ』
水木しげる

ちくま文庫｜1990年｜250ページ｜定価：540円（税別）
ISBN：9784480024442｜装丁：筑摩書房

出会いが人を育てる 水木しげるのつくりかた

境港の風土に囲まれのびのび育つ、しげる少年のとぼけた姿。「のんのんばあ」からお化け話を聞き、見えない世界を感じとる想像力を身につけた彼は、苦労の末に人気漫画家になった。名もないお婆《ばあ》さんが、人生に大きな影響を与えたのだ。過日、店の“水木しげるコーナー”で、フハッと鼻息を荒げた男性がいた。興奮する姿にうれしくなり声をかけた。研究のため沖縄に来た彼は、幼い頃水木しげるの『妖怪100物語』を読んで民俗学を志したという。僕は同じ本の影響で著作コレクションを始め、今では水木しげるを激オシする古本屋になった。影響は連鎖し続ける。君にも良い出会いをしてほしい。

次の一冊
『河童の三平（全）』水木しげる著／ちくま文庫
ユーモアでつつまれた、人生の厳しさ、寂しさ、やるせなさ。水木しげるの真骨頂《しんこつちょう》を味わえる名作です。

ちはや書房
櫻井伸浩さん 選

〒900-0031
沖縄県那覇市若狭3丁目2-29
TEL 098-868-0839

Memo

沖縄・文学・絵本・暮らし、そして水木しげるに強い魅力的な古本屋さんです。と

『強く生きる言葉』

岡本太郎

イースト・プレス｜2003年｜176ページ｜定価：1000円（税別）
ISBN：9784872573251｜装丁：鈴木成一デザイン室

その一歩が
踏み出せないあなたに

人生には何かに行きづまり、悩み、自分に自信を失うときが、必ず訪れる。そんなとき、どのページでもいいから、この本を開いてほしい。偶然開いたページに記された言葉から、自分を信じて一歩を踏み出す勇気がきっとみなぎってくるはず。

次の一冊
『壁を破る言葉』岡本太郎著／イースト・プレス
壁を「乗りこえる」ではなく、タイトル通り「破る」くらいの熱いメッセージが満載です。

ブックファースト二子玉川店
松田成市さん 選

〒158-0094
東京都世田谷区玉川2-22-13
東急二子玉川駅改札内
TEL 03-5717-9031

Memo

駅構内のお店にちょっと足を運ぶと、毎度、気になる一冊が見つかります。ほ

『光降る丘』

熊谷達也

角川書店（KADOKAWA）｜2012年｜395ページ
定価：1800円（税別）｜ISBN：9784041102732
装丁：國枝達也

一生懸命生きる事、
それは何よりも美しい。

東北のある村の開拓のため山を開き、自給自足の生活。今の世の中では想像を超えた時代。その時代を村のため人のため、一生懸命生きてきた祖父。そしてその村が震災に見舞われ、村の危機とその祖父の行方不明という苦難に直面した孫。それぞれの思いは故郷を愛する心、人を愛する心、「開拓」と「復興」。言葉は違えど、ともにそこで生きる人々のたくましい姿に、まさに「東北の底力」を感じさせられる作品です。どんな苦難にも、それを乗り越えるのは人間のまっすぐな生き方だろう。ここに一生懸命生きることのメッセージを送りたい。

次の一冊

『モリー先生との火曜日［改訂版］』ミッチ・アルボム（著）、新井ひろみ 他（編）／南雲堂
人生で一番大事なこととは？　まだ見出せずにいるのならモリー先生の講義を受けてみよう。

さわや書店イオンタウン釜石店
金澤鉄夫さん

〒026-0011
岩手県釜石市港町2-1-1
イオンタウン釜石1F
TEL 0193-55-6212

Memo

被災地・釜石市港町に2014年にオープンした新しいお店です。

『空飛ぶ広報室』

有川浩《ひろ》

幻冬舎｜2012年｜462ページ｜定価：1600円（税別）
ISBN：9784344022171｜装丁：カマベヨシヒコ

ひとつの夢がダメになっても
次の夢はちゃんと見つかる

主人公は交通事故でＰ免（パイロットの資格がなくなること）になった元戦闘機パイロット。彼が新たに配属されたのは航空自衛隊の広報室。そこで新たな仕事にやりがいを見つけ、徐々に成長していく物語です。他の広報室のメンバーたちも個性的で面白く、彼らもそれぞれカベにぶつかりながら、主人公と一緒に成長していきます。広報官の仕事は、“航空自衛隊”を知ってもらうこと。彼らの仕事を通じて自衛隊という特殊な職業を知ることができます。最終章は3.11東日本大震災の話。困難な状況の中、救助活動をおこなっていた彼らの思いがしっかりと伝わり、涙がでてきます。

次の一冊　『舟を編む』三浦しをん著／光文社
この本も仕事をテーマにした小説で、辞書を作る人たちの物語です。

ブックセンタークエスト黒崎井筒屋店
三川《みつかわ》清美さん選

〒806-8511
福岡県北九州市八幡西区黒崎1-1-1
黒崎井筒屋7F
TEL 093-643-5530

Memo

2014年11月に黒崎駅前井筒屋へ移転リニューアルしたばかり。何でも揃います。

『哀愁の町に霧が降るのだ(上)』

椎名誠

小学館文庫｜2014年｜412ページ｜定価:690円(税別)
ISBN:9784094060751｜装丁:平野甲賀

私もいつか、こんな仲間たちと、
「働きたい!」と、心から思い
覚悟した1冊。

今、読み返すときっと古くさくて、時代背景もきっと想像しづらいのかもしれないけれど、今も昔も何かを“起こす”ことのエネルギーの大きさ、大切さはきっと変わらない。むしろ、今のほうが大変なくらいだ。はじめてこの本を読んで、私はこんなふうに働くのだ、と心に決めた。今もその覚悟はゆるがない。(全2巻)

次の一冊　『僕は小説が書けない』中村航、中田永一著／角川書店 (KADOKAWA)
好きをわかちあう仲間がいる大切さを、今読むならこの一冊。

オリオン書房所沢店
高橋美里さん選

〒359-0037
埼玉県所沢市くすのき台1-14-5
TEL 04-2991-5511

Memo

駅改札から近くて平日は7時から23時まであいている。とても元気な本屋。わ

『まんが道（1）』

藤子不二雄Ⓐ

中公文庫｜1996年｜324ページ｜定価：686円（税別）
ISBN：9784122026377｜装丁：鈴木一誌＋桜井雄一郎

**どんな気持ちのときに読んでも
がんばろう！ と必ず思える本です**

人生で足踏みするたび手に取り、古本屋になろうと決めてからは何度も読み返しました。満賀道雄＝安孫子《あびこ》素雄《もとお》（藤子不二雄Ⓐ）と才野茂＝藤本弘（藤子・F・不二雄）という少年が、まんが家・藤子不二雄になってゆく物語です。大好きなまんがのため、先の見えない道をがむしゃらに進む毎日は、とても苦しく厳しい……はずなのに、仲間たちと一喜一憂《いつきいちゆう》する日々は、とにかく楽しそうで、羨《うらや》ましくなります。満賀や才野とともに笑い、泣き、どきどきわくわくしながら「まんが道」を歩くうち、ちょっと無理そうな目標のために頑張ってみるのも悪くない気がしてきます。（全14巻）

次の一冊　『トキワ荘実録―― 手塚治虫と漫画家たちの青春』丸山昭著／小学館文庫
トキワ荘の仲間たちのことを、もっと知りたくなったら！

古書と古本 徒然舎
深谷由布さん選

〒500-8182
岐阜県岐阜市美殿町40
矢沢ビル1F
TEL 058-214-7243

Memo

岐阜で元気よく営業されている古本屋さん。イベント出店など活動範囲は全国！と

『クマンバチと
手の中のキャンディ』

松山三四六《さんしろう》

文屋｜2014年｜175ページ｜定価：1200円（税別）
ISBN：9784861136504｜装丁：奥田亮（燕游舎）

覚悟の人 松山三四六

松山三四六は「覚悟の人」である。元来の行動力を発揮し、次々と新しいことに挑戦し続ける。柔道でオリンピックを目指すも怪我《けが》で断念、教師になるはずが、一転芸人の道へ。さらに転じてアメリカ放浪の旅へ……。行動する人であるがゆえの挫折《ざせつ》。しかしここからが本当の勝負。自分の弱さにとことん向き合い、本質と対峙《たいじ》し、進むべき道を切り拓《ひら》いていく。これは容易なことではない。大人になればなるほど難しくなることでもある。三四六という人は、何があっても自分の人生を引き受けるという「覚悟」を持って生きている。こういう大人は滅多《めった》にいない。

次の一冊 『二十億光年の孤独』谷川俊太郎（著）、W・I・エリオット、川村和夫（英訳）／集英社文庫
まだ何者でもなかった、未来の著名な詩人の、18歳の心の彷徨《ほうこう》。

平安堂伊那店
羽生田《はにゅうだ》亜紀さん選

〒396-0001
長野県伊那市福島234-1
TEL 0265-96-7755

Memo

県下最大級の雑誌の品揃え。天井高4M超えの中2階式売場やテーマ別売場も！ほ

『リテイク・シックスティーン』

豊島ミホ

幻冬舎文庫｜2013年｜466ページ｜定価：762円（税別）
ISBN：9784344419797｜装丁：鈴木成一デザイン室

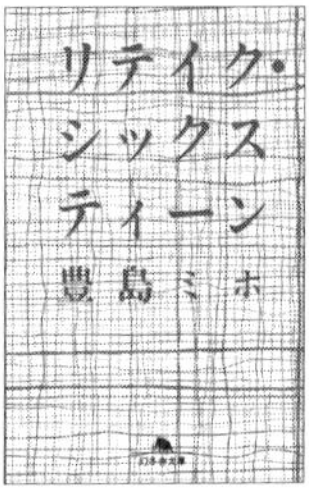

キラキラした青春時代とは無縁だったアナタへ。

「無職の27歳・孝子がタイムスリップして高校生活をやり直す」――本書のあらすじを見て、思わず手に取らずにはいられなかった。同じようなことを今まで何回考えたことだろう。彼女はおろか、友だちもろくにいなかった暗い高校生活を僕もやり直せたのなら、今とは違った自分がいたのかもしれない。もちろん現実にはそんなことは不可能である。過去は変えられないし、未来は自分の手でつくるしかない。だからこそ物語の終盤、孝子が27歳の現実もすべて引き受けた上で「あたしはこのあたしで生きる」と宣言するシーンは感動的なのだ。過去をやり直したい、長い人生においてそんな思いにとらわれたとき、本書を読むことを強くおススメします。

次の一冊
『キャッチャー・イン・ザ・トイレット！』伊《い》瀬《せ》勝良《かつら》著／双葉文庫
暗黒の青春時代を送った人へ。

アカデミアけいはんな店
三島俊之さん選

〒619-0238
京都府相楽郡精華町精華台9-2-4
アピタタウンけいはんな西館1F
TEL 0774-98-4053

Memo

京都と大阪と奈良の間、専門書が充実する郊外店。知的好奇心を刺激します。

『想い出あずかります』
吉野万理子

新潮文庫｜2013年｜311ページ｜定価：520円（税別）
ISBN：9784101256818｜装丁：川谷デザイン

この本を読んだこともきっと、大切な"想い出"になるでしょう。

想い出を担保にお金を貸してくれるという魔法使いの「おもいで質屋」。でも20歳までに取り戻さないと、質屋に入れなくなり、想い出は返ってこない。中学生の里華は、想い出を質に入れることを否定しつつも魔法使いとすっかり仲良しになる。一方、お金欲しさに想い出をどんどん質に入れる遥《はる》斗《と》だが、ある出来事をきっかけに、それを買い戻す決意をする……。いま、たくさんの想い出を作っている最中のみんなに、同世代の登場人物に共感しつつ、自分だったらどうするだろうと考えながら、読んでもらいたいです。そしてこの本が"想い出"の一冊になればいいなと思います。

次の一冊　『夜のピクニック』恩田陸著／新潮文庫
学生時代の「想い出」といえば学校行事。学校行事といえばこの一冊。

アマノ有玉店
山本明広さん 選

〒431-3121
静岡県浜松市東区有玉北町768
TEL 053-434-9373

Memo

本だけでなく文具も豊富なお店。学用品とともにお気に入りの一冊が見つかる。わ

『ゼロ、ハチ、ゼロ、ナナ。』

辻村深月《みづき》

講談社文庫｜2012年｜487ページ｜定価：743円（税別）
ISBN：9784062772242
装丁：坂野公一＋吉田友美（welle design）

女ってめんどくさい…
でも面白い！

この作品はぜひ女性に読んでもらいたいと思います。きっと男性が読んでもいまいち理解できないかもしれません……女友だちとの関係や母と娘の関係については。親友といえども無意識のうちに比較してたり、嫉妬してたりする女同士。母による娘の支配で一筋縄ではいかない母娘関係。女同士って複雑で謎だらけ……ということがリアルに描写されています。でもそれだけでなく謎解きもあるし、ラストには愛情があふれていてとても楽しめる作品です。「こんな女は嫌だ」とか「自分はこのタイプかも」と考えながら読むことも面白いと思います。めんどくさいけれど、女って面白い！！　と思えるはずです。

次の一冊
『ツナグ』辻村深月著／新潮文庫
死んだ人間と生きている人間の想い……感動します。

くまざわ書店小倉店
古庄典子さん㊜

〒802-0001
福岡県北九州市小倉北区浅野1-1-1
小倉駅アミュプラザ店501
TEL 093-512-1214

Memo

駅ビル内にあってコンパクトながら、文具から専門書までしっかり揃います。

『ザ・フェミニズム』

上野千鶴子、小倉千加子

ちくま文庫｜2005年｜317ページ｜定価:780円(税別)
ISBN:9784480421494｜装丁:鈴木成一デザイン室

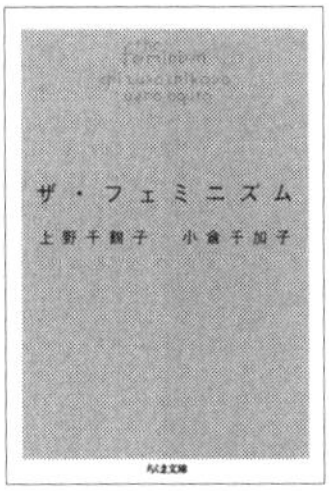

「あなたにとっては何が解放ですか？」
この本を読んでからずっと自分に問い続けています。

結婚や出産や就職の話をいま読んでもよくわからないかもしれません。政策や状況も出版時とは変わってきています。「フェミニズム」という単語を初めて聞く人もいるでしょう。それでも二人の言葉のいくつかはきっと胸に残り、折にふれてあなたを揺さぶるでしょう。誰を好きになり、どんな関係をつくるか。どうやって仕事をし、家事をするか。悩むたびに読み返してください。答えは書いてありません。ただ、同じように悩んだ人がいること、答えを決めるのは誰でもなく自分だということがわかります。女の子もそうでない人も、読んでください。そして想像もつかない未来を切り拓《ひら》きましょう。

次の一冊　『クラクラ日記』坂口三千代著／ちくま文庫
「安吾の妻」という呼び名におさまらない三千代さんの魅力！

市場の古本屋ウララ
宇田智子さん㊟

〒900-0013
沖縄県那覇市牧志3-3-1
MAIL urarabooks@gmail.com

Memo

第一牧志公設市場の向かいの古本屋さん。狭いけれど魅力ぎっしり！ と

『手紙』

東野圭吾

文春文庫｜2006年｜428ページ｜定価:640円(税別)
ISBN:9784167110116｜装丁:文藝春秋デザイン部

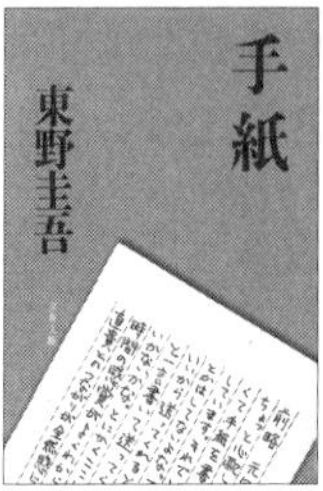

読む度、新しい発見や別のとらえ方ができる本です!!

直貴は両親を亡くし、兄と2人で生きてきた。その兄が体を壊し、仕事ができなくなり、直貴を大学へ行かせたいあまりに強盗殺人を犯してしまう……。小説に出てくる、直貴の就職先の社長の言葉がとても印象的だ。「自殺とは、自分を殺すことなんだ。たとえ自分がそれでいいと思っても、周りの者もそれを望んでいるとはかぎらない。君のお兄さんはいわば自殺をしたようなものだよ。社会的な死を選んだわけだ。しかしそれによって残された君がどんなに苦しむかを考えなかった。衝動的では済まされない。君が今受けている苦難もひっくるめて、君のお兄さんが犯した罪の刑なんだ」。

次の一冊　『八日目の蝉』角田光代著／中公文庫
泣けます!

明林堂書店ゆめタウン別府店
小林めぐみさん選

〒874-0943
大分県別府市楠町382-7
ゆめタウン別府店3F
TEL 0977-27-1831

Memo

温泉の街・別府の商業施設にあり。店員さん同士も仲良く温かいお店です。

『ハーモニー［新版］』

伊藤計劃《けいかく》

ハヤカワ文庫｜2014年｜398ページ｜定価：720円（税別）
ISBN：9784150311667｜装丁：ハヤカワ・デザイン

人は死んでも本は残る。

だからあせらず、いつか出会えば良い。

この本を日本一売りたいと思ったことがある。まだ、それはできていない。長編3作といくつかの短編を残して34歳で亡くなった、伊藤計劃の遺作。彼はその34年間で僕も含め何人かの人生を変えた。そして多くの人は、彼に与えられた34年間より、長い時間を持っている。そう考えると、未来の可能性は計り知れない。だからこの本も、今すぐ読む必要はない。人生のどこかで思い出す（かもしれない）くらいでちょうど良い。生きていれば出会うものにはいずれ出会う。やりたいことは、やめないかぎりいつかできる。この本を日本一売りたいと思ったことがある。「まだ」、それはできていない。

次の一冊　『脳の中の「わたし」』坂井克之（著）、榎本俊二（絵）／講談社
「もう『ハーモニー』読んだよ」という人に、こちらを参考文献として。

小屋BOOKS
松井祐輔さん選

〒105-0002
東京都港区愛宕1-2-1
リトルトーキョー内
TEL 03-6435-8067

Memo

「働き方」を考えたい人にはぜひ足を運んでほしい。2坪の小さな本屋さん。わ

『萩原朔太郎詩集［改版］』

萩原朔《さく》太郎《たろう》（著）、河上徹太郎（編）

新潮文庫｜1950年｜258ページ｜定価：490円（税別）
ISBN：9784101197012｜装丁：新潮社装幀室

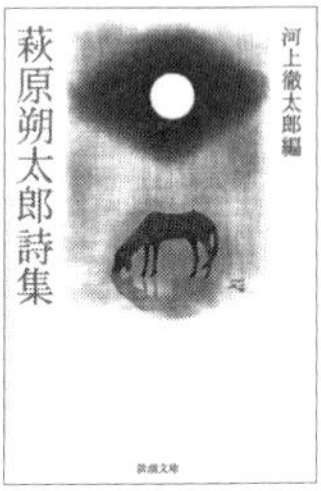

強く輝く太陽よりも
冷たく光る月を好む人へ.

萩原朔太郎の詩に出会ったのは中学生の頃。文学アンソロジーに載っていた「死なない蛸《たこ》」だった。忘れられた水槽の中で飢えから自分の体を食べ尽くし、魂のみになった蛸を描いた2ページ程度の短い詩である。詩の題も著者の名前も覚えなかったものの、情景だけはずっと心に残っていた。時は流れて大学生の頃、とあるゲームが萩原朔太郎の詩をモチーフにしていることを知り、詩集を購入した。「死なない蛸」との再会である。儚《はかな》い情景のこの詩とともに「病気の顔」や「死」などの衝撃的な映像を思い描かせる詩を読み、私の中で萩原朔太郎は強烈な存在になったのだ。

次の一冊　『ボードレール詩集』ボードレール（著）、堀口大學（訳）／新潮文庫
萩原朔太郎が強く影響を受けた詩人。もっとも雰囲気の似た訳でどうぞ。

知遊堂上越国府店
野池裕輔さん 選

〒942-0086
新潟県上越市加賀町12-10
TEL 025-545-5668

Memo

国道8号と山麓線（県道63号）の国府交差点に位置。あの春日山城跡が近い。

『ともだちは実はひとりだけなんです』

平岡あみ（短歌）、穂村弘（解説）、宇野亜喜良（絵）

ビリケン出版｜2011年｜275ページ｜定価：1600円（税別）
ISBN：9784939029530｜装丁：宇野亜喜良

自分の気持ちをときには耕してみる

あとがきの一文が印象深い。「わたしは、考えることがすきで、その途中のことが短歌になっていきます」。この本には1994年生まれの著者が12歳から16歳までに詠んだ短歌が収められている。思春期の真っ只《ただ》中にあって、彼女は自分とまわりをじつに淡々と、とらえている。シンプルな言葉なのに、うわあ！と思う瞬間が何度もある。彼女の人生に重なる部分は全然ないのに、何かが通い合うのだ。身近すぎてあたりまえに思っていて、言葉にもしたことがなかったもの。自分の気持ちをいったんひらたく耕《たがや》してくれる、この本にはそんな役割があるように思う。

次の一冊
『日記をつける』荒川洋治著／岩波現代文庫
日々に読点を打とう。あとに残してみよう。「わたし」のために。

丸善名古屋栄店
加藤ゆきさん 選

〒460-8674
愛知県名古屋市中区栄3丁目3-1
丸栄6・7F
TEL 052-261-2251

Memo

洋書・文具とあわせ、名古屋の知的な文化をはぐくむ店という矜持《きょうじ》を感じる。わ

Date
Mar. 23

No. 082

『七帝《ななてい》柔道記』

増田俊也《としなり》

角川書店（KADOKAWA）｜2013年｜580ページ
定価：1800円（税別）｜ISBN：9784041103425
装丁：天野昌樹

生まれつきなんて関係ない！
練習量が才能を超える道が…

こんな先輩方の胸でなら泣いてみたい（笑）。社内で無類の女好きで通っている僕でさえ、男のホモっ気ってやつを誘発されてしまうぐらい魅力的な強くて優しい漢《おとこ》たちの物語。練習量がすべてを決定すると信じ、ほんとうの努力というものが才能に対して、どれほどの力を持つものなのか、自らの学生生活のすべてを捨てての壮大な実験……。これからどの部に入ろうか考えている新入生、現実の部活動のなかで悩み、迷っている君にもぜひ！　読んでもらいたい一冊です。

次の一冊

『北の海（上）』井上靖著／新潮文庫
作中の登場人物も読んでいる一冊。おすすめしなくても絶対読んでしまうはず（笑）。（全2巻）

あゆみBOOKS平和台店
大野浩昭さん選

〒179-0085
東京都練馬区早宮2-17-41
やかた平和台ビル1F
TEL 03-5920-7961

Memo

2Fにはシャノアール（喫茶店）が。買ったらすぐに読みたい方にオススメ。わ

『医学生』

南《な》木《ぎ》佳《けい》士《し》

文春文庫｜1998年｜243ページ｜定価:476円(税別)
ISBN:9784167545048｜装丁:菊地信義

人生はできるかぎり
単純な方がいい。

新設間もない秋田の医学部に挫折と不安を抱えながら集まった和丸、京子、雄二、修三の四人の医学生があたふたしながらも生き方を探っていく誠実な青春小説。医学生と聞くとエリートを想像しがちだが、作品に出てくる四人はどこにでもいる学生と大差なく、日々の出来事をゆるやかに悩む日々が書かれている。悩むことは不幸なのではなく悩みがあるぶん幸せなのではと考えさせられる。現在悩んでいる方も、これから学生になり多くの悩みを抱えるであろうみなさまにも読んでもらいたい一冊。

次の一冊　『冬物語』南木佳士著／文春文庫
もう少しゆっくりと生きるために。

ふたば書房丸ビル店
館陽二郎さん選

〒100-6404
東京都千代田区丸の内2-4-1
丸の内ビルディング4F
TEL 03-5224-5528

Memo

丸の内オフィスワーカーに豊かなライフスタイルを提案。書籍雑誌に雑貨まで。わ

『おどる12人のおひめさま
――グリム童話』

エロール・ル・カイン（絵）、
矢川澄子（訳）

ほるぷ出版｜1980年｜32ページ
定価：1200円（税別）｜ISBN：9784593501250
装丁：ほるぷ出版編集部

こんな
ため息でるほど美しい絵本
があるなんて!!

絵本ってかわいらしくて、小さい子のものだと思ってたんです。それが中学のとき、この本に出会ってびっくり！！　とにかく素敵。見たこともない、シックでゴージャスでエキゾチックな色彩。もう本当に素晴らしい。見ているだけで、なんだか気持ちがざわざわしてくる。それが感動のひとつだと気づいたのは、もっと大人になってからでしたが……。感動すると、人ってやる気が出ることを知ったのも、この本のおかげだったと思います。あと、私、姉なので、絵本ってちょっと寂しい気持ちになることが多かったんです（笑）。この話が好きなのはそれも大きいかもしれません。全国のお姉さんもぜひ！！

次の一冊　『イメージの魔術師 エロール・ル・カイン［改訂新版］』エロール・ル・カイン著／ほるぷ出版
ル・カインの魅力が堪能《たんのう》できる一冊です。

青木書店新大阪店
大石みつえさん選

〒532-0003
大阪府大阪市淀川区宮原4-4-63
新大阪千代田ビル別館1F
TEL 06-6396-0115

Memo

新大阪駅の喧噪から少し離れた町の一角にたたずむ小さなかわいい本屋さん。と

『ちいさなちいさな王様』

**アクセル・ハッケ（作）、
ミヒャエル・ゾーヴァ（絵）、
那須田淳、木本栄（訳）**

講談社｜1996年｜108ページ｜定価：1300円（税別）
ISBN：9784062083737｜装丁：鈴木成一デザイン室

見方が変われば世界も変わる!!

小さな王様と「僕」の話。王様の語る彼の世界は私たちの世界とはまったく違っていて、驚かされることばかり！　でも王様の世界も私たちの世界も、結局は同じものなんじゃないかな？　と、最後に気づかされる。見る視点、想像力で、世界はこんなにも変わるんだよ、とやさしく教えてくれる一冊です。大人になるってじつはこんなにもたくさんの喜びや楽しみがあるんです。端々に散りばめられた宝石みたいな挿絵も、とっても素敵！　グミベア片手に今夜、いかがですか？

次の一冊　『ねむり』村上春樹著／新潮社
ねむらない女の話。暑い夜に読むと、少し背筋が冷たくなります。

**TSUTAYA愛子店
金澤晶子さん㊜**

〒989-3122
宮城県仙台市青葉区栗生7-4-6
TEL 022-391-1271

Memo

山と川に挟まれた住宅街にあり、広くゆったりとした店内が魅力的です。

『4TEEN』

石田衣良

新潮文庫｜2005年｜329ページ｜定価：520円（税別）
ISBN：9784101250519｜装丁：新潮社装幀室

特に『中高生の男子』にオススメです？

「中高生男子」にオススメ、とは書いたものの自分がこの本をはじめて手に取ったのは20代半ばでした。楽しかった中学時代を思い出したかったという理由で選んだのですが、面白さと同時にやはり戻りたくても戻れないという歯《は》痒《がゆ》さを感じました。今は今で別の楽しみもあるのですが、中学時代は少し特殊で液体から固体へ変質していく最中だった印象です。「あのときこの本を読んでいたら、何かが変わっていたかもしれない」。大人という型にはまって固まる前に刺激を与え、成長にユニークさをもたらしてくれる一冊だと思います。

次の一冊　『6TEEN』石田衣良著／新潮文庫
続きが気になる方へ。

帯広喜久屋書店／ザ・本屋さん
山本恒平さん 選

〒080-0014
北海道帯広市西4条南12丁目
長崎屋帯広店
TEL 0155-21-7782

Memo

多彩なジャンルを置いていて（例えば楽譜も充実）、帯広市民に愛されてるお店。わ

『最後だとわかっていたなら』

ノーマ・コーネット・マレック（著）、
佐川睦（訳）

サンクチュアリ出版｜2007年｜53ページ｜定価：1000円（税別）
ISBN：9784861139062｜装丁：松本えつを

大切な想いを
伝えていますか？

9.11の後に出会った本。綺麗な写真と一緒に書かれている詩。この本を読んで、静かに涙しました。人と向き合ううえでとても大切なことを教えてくれます。自分自身の大切な人を想って読んでほしい。自分が迷ったとき、大切な誰かができたとき、読み返してほしい。いつ、自分の大切な人と会えなくなる日がくるかもわからない。1日1日がとても尊いことを思い出させてくれます。人との出会い、別れ、現在を大切にしましょう！

次の一冊

『卵の緒』瀬尾まいこ著／新潮文庫
読むとととってもほっこりできます。息抜きしたいときに。

TSUTAYA BOOK STORE
TENJIN
三《み》笘《とま》友希江さん 選

〒810-0021
福岡県福岡市中央区今泉1-20-17
TEL 092-738-7200

Memo

「偶然の出会い」がコンセプト。西日本最大級のブック&カフェです。

『青春と変態』

会田誠

ちくま文庫｜2013年｜262ページ｜定価:700円(税別)
ISBN:9784480431097｜装丁:鈴木成一デザイン室

爽やかなド変態。

現代美術界で異彩を放つ会田誠氏の小説作品。トイレを覗《のぞ》くことに暗い情熱を注ぐ高校生・会田誠君が語る青春と変態。時に等身大、時に哲学的な彼の独白を交えて絵を描くように描写されるスキマの世界と爽やかな青春は交わるときがくるのか？　いわゆる運動部的な青春を謳歌《おうか》していない、甘酸っぱい青春ってなんですか？　そんなあなたにぜひどうぞ。（注：面白くても直接人にすすめると色々疑われる可能性があるので、すすめ方には気をつけよう）

次の一冊　『エコラム』リリー・フランキー著／新潮文庫
さらにダメな大人のコラム集。爆笑もの！

TSUTAYA BOOK STORE神谷町駅前店
栗原岳夫さん選

〒105-0001
東京都港区虎ノ門5-2-5
神谷町MTコート1F
TEL 03-3436-1600

Memo

2Fの読書スペースは椅子と机が多くて静か。じっくり集中できます。

『やらなきゃゼロ！ ——財政破綻した夕張を元気にする全国最年少市長の挑戦』

鈴木直道

岩波ジュニア新書｜2012年｜213ページ｜定価：820円（税別）
ISBN：9784005007318

勇気と元気が、伝わってきます。

覚悟を決めたのは、自分が「やりたいか、やりたくないのか」

「知事、私は都庁を辞めます。辞めて夕張市長になります」「お前はとんでもない勘違い野郎だな！　いや、何事も勘違いから生まれる。後先を考えずがむしゃらにやるうちに、当時は『勘違いだ』と言われていた『夢』が現実になる。だから、裸一つで夕張に行く。そういうお前を俺は殺しはしない」という知事の言葉。結婚を控え、住宅ローンで家も購入。安定した公務員生活を捨て、年収も200万減る。それでも彼が覚悟を決めたのは、自分が「やりたいか、やりたくないのか」を自らに問うた結論。勇気と元気が伝わってくる一冊です。

次の一冊　『竜馬がゆく（1）［新装版］』司馬遼太郎著／文春文庫
心が躍ります。絶対おすすめ。

田村書店ららぽーと和泉店
中司浩幸さん選

〒594-1157
大阪府和泉市あゆみ野4丁目4-7
三井ショッピングパークららぽーと和泉店
TEL 0725-90-4050

Memo

去年10月にオープンし、イベントも多く開催。笑顔いっぱいの本屋さんです。

『竜馬がゆく(1)[新装版]』

司馬遼太郎

文春文庫｜1998年｜446ページ｜定価:650円(税別)
ISBN:9784167105679｜装丁:文藝春秋デザイン部

キミは将来、何か大きなことをやりそうだ。

この本を読むと気が大きくなるかもしれない。若いうちは自己顕示《けんじ》欲をヒソカに刺激して大望・野心をコッソリ抱き、自分は特別な存在だとウスウス信じることは、たぶん悪いことではない。何事か成し遂げるために生まれてきた英雄かもしれないのだと、カッテに思い込むことも。ただし、そこまでの努力の過程を読み飛ばしてはいけない。竜馬で言えば、北辰《ほくしん》一刀流免許皆伝《かいでん》までには相当努力したはずなのだ。大仕事をするのはそこからがスタートで、そこを勘違いすると、いつの間にか痛い目にあってしまうだろう。大きな気持ちで目の前のことに真剣に取り組む、なんてことができたらかっこいい。(全8巻)

次の一冊
『楽毅《がつき》』宮城谷昌光《みやぎだにまさみつ》著／新潮文庫
司馬中毒確定だから次は宮城谷中毒で。

さわや書店本店
竹内敦さん選

〒020-0022
岩手県盛岡市大通2-2-15
TEL 019-653-4411

Memo

手づくりのPOP、ジャンルにこだわらない棚づくりが魅力です。

4月

新生活をがっちりサポートする本

April

『うらおもて人生録』

色川武大《たけひろ》

新潮文庫｜1987年｜345ページ｜定価：550円（税別）
ISBN：9784101270029｜装丁：和田誠

これは 色川版　愛の福音書です。

僭越《せんえつ》ながらここに一冊ご紹介させていただきます。不良少年として人生をスタートし、敗戦後は博打《ばくち》でしのぎ、足を洗ってからは小出版社の編集者となり、その後小説家になり、無頼派最後の一人と呼ばれたのが色川武大です。ギャンブル小説『麻雀放浪記』の作者、阿佐田哲也でもあります。やさしく口語体で書かれていますが、深い内省と経験に基づいて語られる「哲学」は、扉がひらかれて自らの足で歩き始めたとき、「知恵の杖《つえ》」となって、必ずやあなたを助けてくれることでしょう。

次の一冊
『神谷美恵子日記』神谷美恵子著／角川文庫
暗闇に燈《とも》るロウソクの焔《ほのお》のように美しく深厳な本です。

田村書店セルシー店
西田勝彦さん選

〒560-0082
大阪府豊中市新千里東町1丁目5-2
TEL 06-6832-7545

Memo

「ほしい本」と「読んでみたい本」が見つかるお店！と

『子どもの難問
――哲学者の先生、教えてください！』

野矢茂樹（編著）

中央公論新社｜2013年｜198ページ｜定価：1300円（税別）
ISBN：9784120045585｜装丁：細野綾子

「余計なこと」を考えるって
オモシロイ！

「なぜ勉強しなくちゃいけないの？」「好きになるってどんなこと？」。そんな疑問にも思っていなかった当たり前なことが、じつはとっても大切なコトだと気づかせてくれる一冊。この本の中に出てくる一見単純そうだけど、本当は難しい疑問にオトナの先生たちが迫る！　答えなんてあるのかな？　そう思ったあなたはきっと「余計なこと」がオモシロイって気づくはず。

次の一冊
『おもいでエマノン［新装版］』梶尾真治著／徳間文庫
三十億年の記憶を持つ少女、エマノン。人々の記憶に残り続ける彼女の果てしなき旅とは？

くまざわ書店高松店
中野達也さん 選

〒761-8072
香川県高松市三条町中所608-1
ゆめタウン高松店2F
TEL 087-869-2683

Memo

ベストセラーから専門書まで、家族全員で楽しめる大型書店です！

『はるかぜちゃんのしっぽ(ω)』

春《はる》名《な》風《ふう》花《か》

太田出版｜2011年｜191ページ｜定価：1200円（税別）
ISBN：9784778312695｜装丁：川名潤（prigraphics）

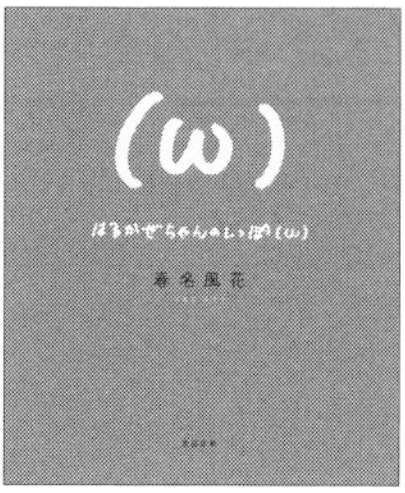

はるかぜちゃんの言葉は、
周りの景色を変える。かもよ(ω)

Twitterの寵児《ちょうじ》・春名風花さん（通称はるかぜちゃん）の、9～10歳時のつぶやきを厳選しまとめたものです。けっしてけっして子どもと侮《あなど》ることなかれ、読み進めていくと、彼女の大人顔負けの見識と文章力に、みるみるうちに魅了されます。家族のこと、「何が正しいか」を自分で考え判断すること、1日1日を大切に、楽しんで生きること。笑えてなごんで、グッとくる。彼女の無二の感性は、きっと皆さんの糧《かて》になります。こんな考え方があるんだ、と自分の引き出しを増やしてほしい。はるかぜちゃんに出会っておくと、いいことしかないよ。

次の一冊
『完全版　いじめられている君へ　いじめている君へ　いじめを見ている君へ』朝日新聞社編／朝日新聞出版
著名人63人によるメッセージ。はるかぜちゃんも寄稿しています。けっして他人事ではありません。あなたに届きますように。

須原屋ビーンズ武蔵浦和店
栗原明子さん（選）

〒336-0021
埼玉県さいたま市南区別所7-12-1（改札内）
TEL 048-711-8113

Memo

武蔵浦和駅構内「ビーンズキッチン」内にあり通勤時にふらっと立ち寄れる。ⓦ

『新編　宮沢賢治詩集［改版］』

宮沢賢治（著）、天沢退二郎（編）

新潮文庫｜2011年｜420ページ｜定価：520円（税別）
ISBN：9784101092072｜装丁：新潮社装幀室

何度読んでも良い

授業で詩について教えてもらうことは少なかったし、それを不満に思うほど興味もありませんでした。しかし「詩人」は気になっていました。詩を書く以外に、人間らしい生活を送る詩人の姿が想像しづらく、教科書で出会う詩人たちはいつもほとんど架空の存在のようだったからです。中学生の頃この本を買いました。優しい言葉をお守りにしたかったからでした。詩人のことを知りたかったのでもありました。ところが宮沢賢治の詩は、とても暗く激しいものでした。恰好《かつこう》良くさえ感じました。意味を知っている言葉と言葉が繋《つな》がって、わからない文章になっている不思議さ。今でも読む本です。

次の一冊　『続・入沢康夫詩集』入沢康夫著／現代詩文庫（思潮社）
宮沢賢治研究者であり、詩人です。

長崎次郎書店
児玉真也さん選

〒860-0004
熊本県熊本市中央区新町4-1-19
TEL 096-326-4410

Memo

創業明治7年！　森鷗外や夏目漱石も訪れた老舗本屋さん。2Fにカフェも。い

『図書館戦争』

有川浩《ひろ》

角川文庫（KADOKAWA）｜2011年｜398ページ
定価：667円（税別）｜ISBN：9784043898053
装丁：カマベヨシヒコ

本が好きになる1冊
本が好きな人はもっと好きになる1冊

本を読むのが苦手、本に興味はあるけど何を読んだら良いのかわからない。そんな方にオススメの一冊！　わかりやすい内容、本を読む楽しさ、共感できる主人公、読み始めたら止まらない、最後まで読ませるストーリー構成。「戦争」なんて今の日本には現実的にはありえない……と思えるタイトルですが、「メディア良化法」といったリアルな法律も出てくることによって、現実味が出てきます。「戦争」「メディア良化法」などといったことを聞くと、お堅い話っぽく聞こえますがとんでもありません！　恋愛はもちろんのこと、爆笑ネタも盛りだくさんです！　読んで損はしません、させません！　本が好きになる一冊です。

次の一冊　『レインツリーの国――World of delight』有川浩著／新潮文庫
感音性難聴の彼女と健常者の僕の恋愛小説。こちらもぜひ。

北野書店本店
小林麻美さん 選

〒212-0027
神奈川県川崎市幸区新塚越201
ルリエ新川崎2F
TEL 044-276-9100

Memo

JR南武線・鹿島田駅近。ファミリー層が多く、明るいアットホームな本屋さん。わ

『幻想郵便局』

堀川アサコ

講談社文庫｜2013年｜296ページ｜定価：581円（税別）
ISBN：9784062774291｜装丁：内山尚孝（next door design）

地獄の一丁目は
不思議で優しい郵便局。

あの世とこの世を繋《つな》ぐ郵便局が舞台の、ちょっぴり怖いけど、癒されるファンタジーです。後半は一転してミステリーになり、ドキドキさせてくれます。主人公アズサをはじめ、登場人物がとにかく魅力的！ 「自分が本当にやりたいこと」がわからないアズサが迷いながら、悩みながら、奮闘する姿は真っ直ぐで応援したくなります。死んだ人の大事な思いは消えずに、生きている私たちの原動力となり、受け継がれているのかもと感じさせてくれる一冊です。

次の一冊
『かもめ食堂』群ようこ著／幻冬舎文庫
ゆったり、のんびりしたいときに読んでもらいたいです。

ジュンク堂書店弘前中三店
久保田里美さん 選

〒036-8182
青森県弘前市土手町49-1
中三百貨店6・7F
TEL 0172-80-6010

Memo

青森県の老舗百貨店・中三弘前店（外観が特徴的）の中に2012年オープン。わ

Date
Apr. 7

No. **097**

『西の魔女が死んだ』

梨木香歩

新潮文庫｜2001年｜226ページ｜定価:430円(税別)
ISBN:9784101253329｜装丁:新潮社装幀室

“きっと、自分も魔女になれる!” そう思えた、とっても素敵な本

「学校に行かれない」「人と会うのが、怖い」。そんな気持ちをもっていた昔の自分。「もしあの頃、この本と出会えていたなら……」。中学生のまいは、友だち関係から、学校生活に行きづまります。そんなまいを見かねた母親は、大好きなおばあちゃんのもとに、彼女をひと月預けます。おばあちゃんが毎日の生活の中で教えてくれたことは、“魔女修行”とは名ばかりの人生に大切な生きる術《すべ》。自分で物事を決める力。それをやり遂《と》げる力。最後におばあちゃんが、忘れずに残してくれた約束のメッセージは、生きることの不思議を通り抜けた、感動の一節です。

次の一冊　『ツナグ』辻村深月《みづき》著／新潮文庫
大切な人を、本当に大切だとあらためて思い直す一冊。

有隣堂厚木店
佐伯敦子さん選

〒243-0018
神奈川県厚木市中町2-6
三成ほていやビル
TEL 046-223-4111

Memo

コミック王国は地域一番の品揃え。スタッフ選りすぐりオススメPOPが自慢。わ

『私たちのお弁当』

クウネルお弁当隊（編）

マガジンハウス｜2005年｜127ページ｜定価：1300円（税別）
ISBN：9784838716159
装丁：有山達也（アリヤマデザインストア）

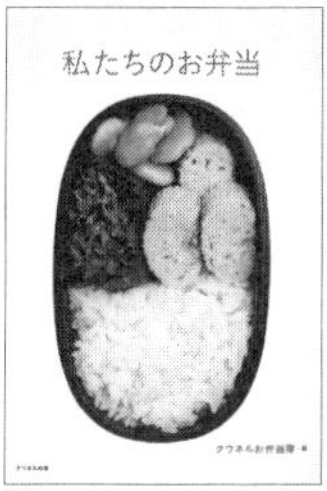

お弁当箱のむこう側にみえる
その人の想いも召しあがれ。

今日のお昼は食堂でしたか？　コンビニのパン？　お母さんの愛情弁当？　もしかしたら早起きして自分で作っているのでしょうか？　この本はどかんと大きなお弁当の写真とそのお弁当を作ったひとのお弁当への愛がたっぷりな一冊です。ひとつひとつのおかずに、家族の健康への気遣い、頑張って起きて作った自分へのご褒美《ほうび》やこの後に待っている仕事へのエールが詰まっています。レシピやお弁当を続けるコツも載っていますから明日から作りたい人にもおすすめ。「冷めてもあたたかい」お弁当の魅力、そしてお弁当からみえる47人の毎日、おいしく読んでくださいね。

次の一冊　『ランチのアッコちゃん』柚木《ゆずき》麻子著／双葉社
いつものお弁当が味けなくなったら、この本を片手にランチに行くのもおすすめです。

くまざわ書店阿久比《あぐい》店
堀江奈津子さん選

〒470-2214
愛知県知多郡阿久比町椋岡字徳吉1-12
アピタ阿久比店2F
TEL 0569-48-9305

Memo

「家族みんなに楽しんでもらいたい」という地域密着のスタンスが心地よい。わ

Date
Apr. 9

No. 099

『幕が上がる』

平田オリザ

講談社文庫｜2014年｜353ページ｜定価：690円（税別）
ISBN：9784062930017｜装丁：bookwall

まっすぐで眩しい
純度120%の青春追体験!

正直なところ高校演劇に対するイメージって「青臭いなんだか気恥ずかしいもの」というネガティブなものではないでしょうか？　ひねた大人になってしまった自分だけでしょうか？「高校演劇に一途に打ち込む主人公たちが、悩みぶつかり合いながら成長していく」という、まさに青春小説の王道たるストーリーを追ううちに、そんなマイナスイメージは吹き飛んでしまうでしょう。キラキラした結晶のようなセリフ一つ一つの眩《まぶ》しさに目を細め、照れくささ以上の憧憬《しょうけい》に読後は思わずスタンディングオベーションです！　世の中高生が皆この本を読めば、今よりもう少し純粋で真っ直ぐな心を持つ大人が増えると思うのです。

次の一冊　『七帝《ななてい》柔道記』増田俊也《としなり》著／角川書店（KADOKAWA）　体育会系の部活モノ。汗臭く泥臭く息苦しい青春ですが、心動かされます。

ブックセンター名豊緑店
川﨑龍さん選

〒458-0021
愛知県名古屋市緑区滝の水5丁目2113番地
TEL 052-896-3801

Memo

レンタルやCD販売、タリーズコーヒーなど併設した書店。広い駐車場もウリ。わ

『桐島、部活やめるってよ』
朝井リョウ

集英社文庫｜2012年｜245ページ｜定価:476円(税別)
ISBN:9784087468175｜装丁:鈴木成一デザイン室

全員「桐島」にふりまわされる
悩める学生へ

「バレー部のキャプテン・桐島が部活やめるってよ!!」。今思えば、学校というのは小さく狭い世界だ。しかしあの頃はテスト、部活、恋愛、そこで起こることがすべてだった。学生のうちに1回読んでみよう。面白くない作品と思うかもしれない。だって、今の自分の姿を書かれているようだから。そして何年後かに読み返してみる。学生のときより多くの知識と経験を得たアナタは、この作品をどう思うのか？　ぜひ感想を聞かせてほしい。

次の一冊
『チア男子!!』朝井リョウ著／集英社文庫
柔道部から一転してチアリーディング部に!?　汗と涙と笑いの感動ストーリー。

山下書店世田谷店
武田勝さん選

〒154-0023
東京都世田谷区若林4-20-8
TEL 03-3419-0617

Memo

三軒茶屋〜下高井戸の約5kmを結ぶ東急世田谷線・松陰神社前駅すぐそば。

『山椒大夫・高瀬舟［改版］』

森鷗外

新潮文庫｜2006年｜376ページ｜定価：490円（税別）
ISBN：9784101020051｜装丁：新潮社装幀室

小説でなくて文学
作家でなくて文豪！

「『山椒大夫』？　ああ知ってる知ってる。安寿《あんじゅ》と厨子王《ずしおう》の昔話でしょ」とあなどるなかれ。その文章の美しさに圧倒された。小説といえば、ストーリーの展開が面白いとか、心理描写がすばらしいのが醍醐味《だいごみ》だと思っていた私には衝撃だった。読み進んでいくのがもったいないような珠玉の文章、絵画や工芸品を愛《め》でるような読書の楽しみ方がここにあったのだ。なるほどさすがに文豪といわれるわけだと妙に納得したものだ。残念ながら、以降これを超える文章には巡り合っていない。

次の一冊　『李陵《りりょう》・山月記』中島敦著／新潮文庫
ぜひ音読してみてください。

隠岐堂書店
松岡吉弘さん選

〒685-0014
島根県隠岐郡隠岐の島町西町八尾1-13
TEL 08512-2-0061

Memo

まさに島の本屋さん！　郷土本が揃い、地元では「隠岐ミニ文学館」とも。

『マンガでわかる日本文学』

あんの秀子（著）、フリーハンド（マンガ）

池田書店｜2014年｜223ページ｜定価：1350円（税別）
ISBN：9784262154169｜装丁：渡邊民人（TYPEFACE）

私が中高生でこの本と出会ったら
今よりもっと本が好きになっていた。

恥ずかしい話ですがこの本に紹介されている近代文学作品の半分も読んでおりません。しかしその中で何冊か何度も読み直している本はあります。同じ作品でも中高生の頃読んで感じたことと、年を重ねてから読んで感じたことに違いがあるのは至極《しごく》当然のことです。現代文学に脈々と受け継がれている近代文学作品を読むことは基礎を学ぶことです。スポーツやその他においても基礎ができている人は上達が早いといわれますが、読書も同様なのではないでしょうか。この本を中高生が手に取ることで一人でも読者離れが減少することを願っております。

次の一冊　『こころ［改版］』夏目漱石著／岩波文庫
近代文学作品のスタートはこの本から。

ビッグワンTSUTAYAさくら店
黒岩秀利さん選

〒329-1312
栃木県さくら市桜野505番地
TEL 028-682-7001

Memo

2012年移転増床オープンしたビッグワンさんの旗艦店。さくら市の読書の泉。わ

『風の向こうへ駆け抜けろ』
古内一絵

小学館｜2014年｜357ページ｜定価:1500円(税別)
ISBN:9784093863759｜装丁:山田満明

大丈夫。
君たちの未来は拓けている!

10代というのは、とかく悩みの種が尽きないものだ。昨日の友だちとのケンカ。今日の恋人との約束。明日のテスト。将来に対しても漠然とした不安を抱えているかもしれない。大人になったからといって悩みがなくなるわけではないけれど、今がしんどいと思うのなら、本当にそこがどん底なら、後は這《は》い上がるしかない。何かに向かって頑張ることはけっして無駄じゃない。劣悪な環境から途方もない夢を追う主人公たちが、君たちの未来はきちんと明るいのだということを教えてくれる。前を向く勇気を与えてくれる。人生の、追い風となる物語だ。

次の一冊

『いとみち』越谷《こしがや》オサム著／新潮文庫
高校生諸君、よく聞きたまえ。君たちは今青春時代という人生の蜜月を過ごしている。そのすべてが、この中に詰まっている!(シリーズ全3巻)

成田本店みなと高台店
櫻井美怜さん選

〒031-0823
青森県八戸市湊高台2-1-3
TEL 0178-35-6161

Memo

青森県民にはおなじみ通称「なりほん」。みんなが気軽に寄れる町の本屋さん。わ

『大江戸妖怪かわら版(1) 異界から落ち来る者あり(上)』

香月日輪《こうづきひのわ》

理論社 | 2006年 | 177ページ | 定価:1000円(税別)
ISBN:9784652077818 | 装丁:郷坪浩子

大江戸妖怪かわら版
異界から落ち来る者あり
香月日輪
上

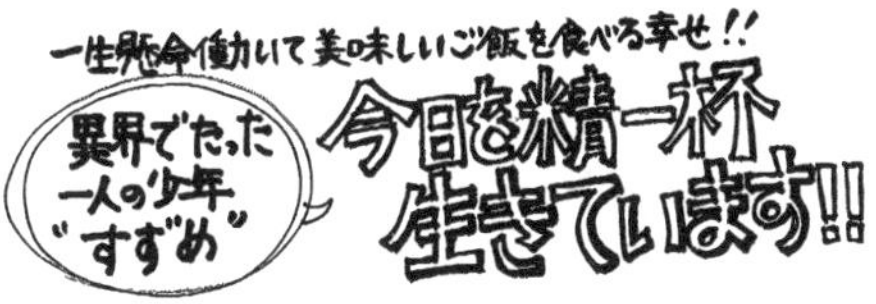
一生懸命働いて美味しいご飯を食べる幸せ!!
異界でたった一人の少年"すずめ"
今日を精一杯生きています!!

「児童文庫じゃ物足りない。でも文庫は難しそう」。そんな貴方《あなた》にオススメするのが『大江戸妖怪かわら版』。あやかしの住む異界に、ただ一人落っこちた少年"すずめ"。異形ばかりの世界で、すずめは生きる喜びを知り、毎日をキラキラと過ごしていきます。そしてタイトルの通り、江戸の庶民の食や文化を学べて一石二鳥! 自立して生きることを、時に失敗し、時に励まされ学んでいく。彼を見守る異形の人々は「ゆっくり大人におなり」と語りかけているようです。貴方が次に読むのは時代小説? はたまた、もののけ小説にとりつかれるか……まだまだ面白い物語は"落っこちて"ますよ。(全2巻)

次の一冊 『一鬼夜行』小松エメル著/ポプラ文庫ピュアフル
人相最悪の喜蔵と鬼の子小春のコンビ。恐ろしいのにどこか優しい物語。

フタバ図書GIGA上安店
新竹明子さん 選

〒731-0154
広島県広島市安佐南区上安2-27-2
TEL 082-832-7581

Memo

お客様に楽しんでもらうべく全霊込めて飾り付けた仕掛けがいたるところに! わ

Date
Apr. 15

No. **105**

『未来いそっぷ［改版］』

星新一

新潮文庫｜2005年｜318ページ｜定価：520円（税別）
ISBN：9784101098265｜装丁：真鍋博

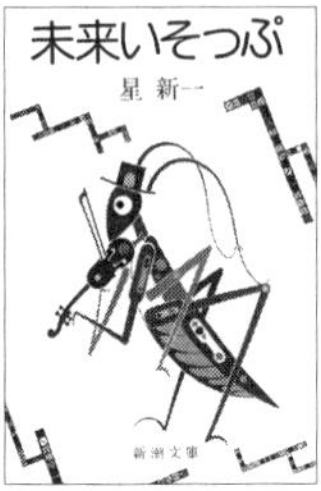

ひとりでも多くの人に味わって欲しい

☆星新一の世界☆

思春期の私に、「読書って楽しい〜」を教えてくれた、私の思い入れベスト1作品。「ショートショートの神様」とよばれる星新一さんの作品は、とにかく短い！！　すぐ面白い！！　どの話から読んでも良い！！　簡単に読めて、楽しくて、その上ひねりがあり、毒がある。思春期の私をとりこにした『未来いそっぷ』、ぜひ体験してみてください！！　33編のお話が収録されているのですが、「おカバさま」「少年と両親」「ある夜の物語」は、20年以上たった今でも記憶の中でキラキラと輝きを放っています。

次の一冊　『死神の精度』伊坂幸太郎著／文春文庫
「伊坂さん、もんげ〜センスあるズラ〜」をぜひ味わってもらいたい一冊です。

巌松堂書店
山根一将さん選

〒674-0058
兵庫県明石市大久保町駅前1丁目8-12
TEL 078-936-4069

Memo

スポーツと絵本をこよなく愛する店主さんに会いに行ってください。と

『数の悪魔［普及版］
――算数・数学が楽しくなる12夜』

エンツェンスベルガー（著）、丘沢静也（訳）

晶文社｜2000年｜257ページ｜定価：1600円（税別）
ISBN：9784794964540｜装丁：海野幸裕＋宮本香

知っていることがひとつでも
たくさんあるほうが、人生は楽しくなる

算数が数学になったとたん苦手になった人にぜひとも読んでほしい本。実生活でこんなふうに役立ちますから、なんて本ではありませんが、素数・フィボナッチ数・パスカルの三角形など、読みすすめるうちに数それ自体の不思議さや面白さに引きこまれていきます。読んだからといって、数学ができるようになるわけではありませんが、数のことが少しわかった気がします。できれば毎晩１章ずつ２週間くらいかけて読むのがおすすめ。１章ごとのお話がよくわかるし、忘れたところはまた読み返しているうちにきっと数の魅力にとりつかれます。

次の一冊　『生物と無生物のあいだ』福岡伸一著／講談社現代新書
これで理系に目覚めるかも！

ダイハン書房高槻店
大久保亨さん選

〒569-0071
大阪府高槻市城北町2-1-18
ミング阪急高槻2F
TEL 072-676-4180

Memo

阪急高槻市駅改札出てすぐ。地元に愛される店を目指し日々励んでおられます。と

『ファウンデーション
——銀河帝国興亡史（1）』

アイザック・アシモフ（著）、岡部宏之（訳）

ハヤカワ文庫｜1984年｜355ページ｜定価：780円（税別）
ISBN：9784150105556｜装丁：ハヤカワ・デザイン

SF小説のオール・タイム・ベスト!!

SF小説の魅力は、今ある社会を拡張させた世界でありながら、今と変わらない人間たちの姿です。この物語の根幹を成す心理歴史学という架空の学問は、人間の行いや心理は進化しないという前提に成り立っています。この先どんなに科学技術が進化しても人間だけは進化しないという結論なんですが、私に人の進化とは何かというテーマを最初に与えてくれたSF小説がこの作品でした。SF小説でありながら、歴史小説の魅力をもった作品です。ぜひ御一読してみてください。（全7巻）

次の一冊

『わたしはロボット』アイザック・アシモフ（著）、伊藤哲《さとし》（訳）／創元SF文庫
今話題の人工知能とは何かを考えさせてくれます。

文教堂すすき野とうきゅう店
矢部直利さん選

〒225-0021
神奈川県横浜市青葉区すすき野2-5-4
すすき野とうきゅう2F
TEL 045-905-5351

Memo

海外文学にも力を入れているのがわかる。好きな方が棚を作っているのだろう。わ

『邪馬台国はどこですか？』

鯨《くじら》統一郎

創元推理文庫｜1998年｜316ページ｜定価：660円（税別）
ISBN：9784488422011｜装丁：小倉敏夫

あなたも 気持ちよーく。
宮田氏の口車に乗せられて下さい。

とあるバーで今夜も歴史談義が始まった!!　今回はブッタか、聖徳太子か、はたまた光秀か……。誰でも知っている、常識とも言える歴史が覆《くつがえ》る――その瞬間をお楽しみください。これは歴史の苦手な私がタイトルを見て思わず手に取った一冊です。読み進めていくと、「え?!　うそ?!　ホント?!」と思わずつぶやきながら、最後には納得してしまっています。中高生のときにこの作品に出会っていたら歴史好きになっていたかも、と思うと残念でなりません。

次の一冊
『孟嘗君《もうしょうくん》（1）』宮城谷昌光著／講談社文庫
全5巻ですが、あっという間に読んでしまいます。

ダイハン書房岡本店
山本律子さん選

〒658-0072
兵庫県神戸市東灘区岡本1丁目12-14
TEL 078-412-7703

Memo

おしゃれな岡本の街で、素敵な本をおすすめしてくれるお店です。

『空飛ぶ馬』

北村薫

創元推理文庫｜1994年｜357ページ｜定価：680円（税別）
ISBN：9784488413019｜装丁：小倉敏夫

謎解きは落語のあとでッ!!

バイトばかりしていた高校生のときに、父親から薦《すす》められ、この一冊を読みました。それまで読書経験などほとんどなかったのですが、それはもう夢中になって読み耽《ふけ》ったことを覚えています。人が死なない、日常系ミステリの傑作であり、普通の女子大生である「私」が、落語家の円紫《えんし》師匠の力を借りてさまざまな“謎”を解決、その出来事を通して人間としても成長していく物語です。主人公は大学生なので、中高生から見れば少しお姉さんですが、大人へと向かう道程の心模様を、日常に潜む上質ミステリとともに味わってみてください。

次の一冊
『氷菓《ひょうか》』米澤穂信《ほのぶ》著／角川文庫（KADOKAWA）
『空飛ぶ馬』と同じ、日常系ミステリの傑作です。こちらも併せてどうぞ！

ブックファースト ルミネ新宿店
三枝《さいぐさ》良平さん 選

〒160-0023
東京都新宿区西新宿1-1-5
ルミネ新宿 ルミネ1 5F
TEL 03-5339-9411

Memo

若い女性客が圧倒的に多いお店！　女性向けの本や雑誌が豊富です。

『氷菓《ひょうか》』

米澤穂信《ほのぶ》

角川文庫（KADOKAWA）｜2001年｜217ページ
定価：457円（税別）｜ISBN：9784044271015
装丁：岩郷重力＋WONDER WORKZ。

「わたし気になります」
不思議と謎は学校の中にある！

「やらなくていいことはやらない。やらなければいけないことは手短に」がモットーの“省エネ”少年が少女の「わたし気になります」の言葉を断りきれず、日常の謎と不思議を解いていく。その様子は、会話のテンポも独特で楽しい。ぐいと惹き込まれて読むのを止められなくなってしまう！「いつの間にか密室になっていた教室」「毎週貸出日に返却される図書館の本」――そして、月日に埋もれ忘れられた33年前の出来事。学校に残された情報の断片を元に推理していく古典部員たち。明かされた文集「氷菓」の真実は苦く切ないけれど、米澤穂信の『氷菓』は忘れられない一冊になっているだろう。

次の一冊　『愚者のエンドロール』米澤穂信著／角川文庫（KADOKAWA）
シリーズは続けて読みたい。次は未完の映画の…する！

今井書店ゆめタウン浜田店
伊藤裕美子さん選

〒697-0052
島根県浜田市港町227-1
イズミゆめタウン浜田3F
TEL 0855-23-776?

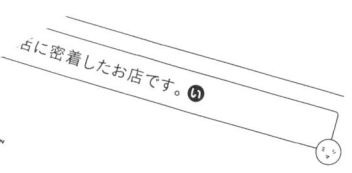

…店に密着したお店です。

大型スー…

『図書館の神様』

瀬尾まいこ

ちくま文庫｜2009年｜232ページ｜定価:500円(税別)
ISBN:9784480426260｜装丁:池田進吾

文学を通せば、どこにだって行けるし なんだって見られる。

誰でも少しの弱さを抱えて生きている。瀬尾さんの小説は、そんな当たり前のことを優しく教えてくれる心地よいものばかりだ。過去に傷ついて無気力な文芸部の顧問の清と、たった一人の部員垣内くん。ときに立場が逆転したようなふたりの会話にくすりとさせられつつ、べたべたしない信頼関係がうらやましくなる。頑張りすぎなくていい、肩の力を抜いていこう。そんな気分になれる爽やかな一冊。垣内くんの本への愛情がひしひしと感じられるのも嬉しいところ。最後にそんな彼のとびきりカッコいいひとことをご紹介。「毎日、文学は僕の五感を刺激しとくった」。ね？　いいでしょう？

次の一冊　エキング・ホリデー』坂木司著／文春文庫
あふれる親子の絆再生の物語。元気になれる本つながりで。

ときわ書房イト
小峰麻衣子さん

ー船橋店
〒273-0005
千葉県船橋市本町7丁目6
TEL 047-424-3582

Memo

ファミリー向けのラインナップか.

れる明るい書店。

『デルフィニア戦記　第Ⅰ部 放浪の戦士(1)』

茅《かや》田《た》砂《すな》胡《こ》

中公文庫｜2003年｜381ページ｜定価:648円(税別)
ISBN:9784122041479｜装丁:鈴木一誌

春。環境が変わって、もっと未来の「大人」に興味を持ったとき。この本に出会ったら人生観が変わるかも。

この本が中学生になって図書館で借りた1冊目の本。全18巻を少しでも早く読みたくて、図書委員になってまで通いつめたのは良い思い出。大好きなところは、個性的なキャラクターたちの魅力。ほとんどが20代以上の彼らの「大人」な信念からくる言葉、行動、考え方に何度「かっこえぇ!!」と思ったことか！　キラキラ輝く大人って、きっと彼らのような人たちのこと!!　自分の言葉に責任をもつ。信念を貫く。友だちを大切にする。10代からできることが、きっと素敵な「大人」になるための財産になる。今でも、彼らが私の「大人の目標」です！（全18巻）

次の一冊　『図書館戦争』有川浩《ひろ》著／角川文庫（KADOKAWA）
こっちの「大人」もかっこいい！　名台詞、名シーン、胸キュンの宝庫です。

紀伊國屋書店グランフロント大阪店
山口舞佳さん選

〒530-0011
大阪府大阪市北区大深町4-20
グランフロント大阪ショップ&レストラン南館6F
TEL 06-7730-8451

Memo

梅田のど真ん中に2013年にできたお店。通路が広々としていて気持ちいい！あ

『“文学少女”と死にたがりの道化《ピエロ》』

野村美月（著）、竹岡美穂（イラスト）

ファミ通文庫（KADOKAWA エンターブレイン ブランドカンパニー）
2006年｜256ページ｜定価：560円（税別）
ISBN：9784757728066｜装丁：高橋秀宜（Tport DESIGN）

たぶんこの本をかじると、
にがくてあまーい味がします。

『人間失格』や『嵐が丘』のようないわゆる“名作”をずっと食わず嫌いしてきました。難しそうだし、偉そうにみえるし、楽しい読みものではないと思ってたんです。でも「文学少女」シリーズはその“名作”がストーリーと深くリンクしていて、登場人物の気持ちを知る手がかりだったり、謎にせまるヒントだったりするので、読んでいくうちに苦手意識がなくなっていきました。それもこれも、食べちゃうくらい本を愛する“文学少女”遠子先輩の存在が大きいです。人が美味しそうに食べてるものが、いちばん美味しくみえるものですからね！

次の一冊
『“文学少女”と飢え渇く幽霊《ゴースト》』野村美月（著）、竹岡美穂（イラスト）／ファミ通文庫（KADOKAWA エンターブレイン ブランドカンパニー）
文学少女シリーズは短編集、スピンオフをふくめ16冊あるので刊行順にゆっくりと読んでいただきたいと思います。

八重洲ブックセンター京急百貨店上大岡店
毛利円さん 選

〒233-8556
神奈川県横浜市港南区上大岡西1丁目6-1
京急百貨店6F
TEL 045-848-7383

Memo

オリジナルキャラクター「やえちゃん」のやえちゃんしおりをレジにて配布中。わ

『不思議の扉——ありえない恋』

大森望（編）

角川文庫（KADOKAWA）｜2011年｜283ページ
定価：514円（税別）｜ISBN：9784043943722
装丁：都甲玲子

必ず出逢える！ 運命の作家さんに…

本好きになったきっかけ本ってなんだろう……と考えてみたときに、頭に浮かんだのは雑誌ばかりでした。私の中学生時代（80年代半ば）は、ジュニア向け娯楽小説の黎明《れいめい》期。SF・ジュニア小説誌を手に取れば、今でいうラノベ系小説から大御所作品まで一気に出逢えた時代なのです。好む好まないに制限されずに出逢えることの贅沢《ぜいたく》さ！　そんなかつての雑誌たちの雰囲気をもった本、ということで、大森望氏編のアンソロジーをお薦めします。硬軟とりまぜた「不思議な恋」のお話ばかり。必ず好きな作品に出逢えると思います。

次の一冊 『Story Seller』新潮社ストーリーセラー編集部編／新潮文庫
もうちょっとボリュームのある短編が……という方にはこちら。アンソロジーもさまざまなのです。

くまざわ書店アクアシティお台場店
相原聡子さん選

〒135-0091
東京都港区台場1-7-1
アクアシティお台場4F
TEL 03-3599-0520

Memo

都内屈指の観光地唯一の書店でフジテレビ至近。修学旅行生や外国人も多い。

Date
Apr. 25

No. **115**

『青空のむこう』

アレックス・シアラー（著）、金《かね》原《はら》瑞《みず》人《と》（訳）

求龍堂｜2002年｜245ページ｜定価：1200円（税別）
ISBN：9784763002112｜装丁：求龍堂デザイン工房部

青空のむこう

今
と
命
を大切に
思える本。

当たり前の生活が急になくなったら？　当たり前に会ってた人が急にいなくなったら？　急に人生の終止符を打たれた男の子が、やり残したことを片付けていく物語。失ってから初めて気づく気持ち。死んだ人間よりも残された人間のほうがきっと苦しむだろう。わかってても避けられない死があること。だからこそ大事なものを大事にしたい。大切な人を大切にしようって思わせてくれる本です。愛とは何か？　死とは何か？　をあらためて感じてみてください。きっと優しい気持ちになれるはずです。

次の一冊　『きみの友だち』重松清著／新潮文庫
何も言わず読んでみてください。

東京旭屋書店池袋店
柴田真未さん選

〒171-0021
東京都豊島区西池袋1-1-25
東武百貨店池袋店プラザ館7F
TEL 03-3986-0311

Memo

東武百貨店8F1フロアに広い売り場。若い店員さんも多く元気になれます。ゆ

『自省録［改版］』

マルクス・アウレーリウス（著）、
神谷美恵子（訳）

岩波文庫｜2007年｜327ページ｜定価：840円（税別）
ISBN：9784003361016

「波の絶えず砕ける岩頭のごとく」
――心を強くする珠玉の言葉！

古代ローマの哲人皇帝マルクス・アウレーリウスが多忙な公務や防衛戦争指揮の合間に、自らを省《かえり》み、日記のように書き綴《つづ》った書物です。「ストイック（禁欲的）」という言葉がありますが、その語源ともなった「ストア哲学」に基づいて思索し、ときには自らを叱咤《しった》して、「善く生きる」ことをまさにストイックに実践した皇帝の言葉は、2千年後の今も心に迫るものがあります。座右の書として、困難にぶつかったときにページを開いてみてください。『生きがいについて』などで有名な神谷美恵子さんの日本語訳も、格調高く魅力的です。

次の一冊
『星をさがす本』林完次著／角川書店（KADOKAWA）
日本で見られる四季折々の主要な星座のガイドブック。美しい写真を見ているだけで、夜空や神話の世界を旅した気分になります。

ブックファースト三国店
三永芳郎さん㊣選

〒532-0033
大阪府大阪市淀川区新高3-6-33-101
ヴュール阪急三国1F
TEL 06-6150-4380

Memo

三国駅の改札を出てすぐの便利なお店。小さいながらも様々な本があります。と

『娘と話す哲学ってなに？』

ロジェ＝ポル・ドロワ（著）、藤田真利子（訳）

現代企画室｜2005年｜131ページ｜定価：1200円（税別）
ISBN：9784773805093｜装丁：泉沢儒花

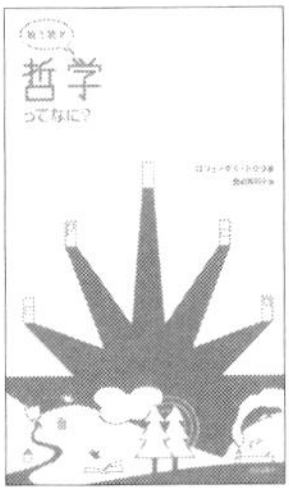

自由に考えて
自由にうたがう

何を学べばいいかわからないとき、何かに悩んでいるとき、そんなとき、哲学は薬のように生きる苦労を手助けしてくれます。世界はなぜ存在するのか、自分の感情をどうするべきか、社会はどのようにして成り立っているか。哲学の中には喜びや驚きが八《や》百《お》万《よろず》にあり、それぞれ考えかたは自由なんです。アウグスティヌスはいいました。「時間とはなにか。それは尋《たず》ねられないときはわかっていたが、しかし尋ねられるともうわからなくなる」。そう！　歴史上の何万人もの哲学者が今でも真理を探し求めつづけています。哲学を知るうえでまずこの一冊です。

次の一冊　『14歳のための時間論』佐治晴夫著／春秋社
「時間とは？」という哲学を考える一冊！

YUYBOOKS
小野友資さん選

〒600-8459
京都府京都市下京区松原通油小路東入ル
天神前町327-2 いろいろデザイン内
URL http://yuy.jp

Memo

デザイン書を中心に、シュッとした本が並びます。と

『高校生が感動した「論語」』

佐久協《やすし》

祥伝社新書｜2006年｜299ページ｜定価：800円（税別）
ISBN：9784396110420｜装丁：盛川和洋

「故キヲ温メテ新シキヲ知ル」
生涯の一冊になるでしょう

「論語」の試験ほどやっかいなものはない。素読を教養人の嗜《たしな》みとしたのははるか昔といっていいだろう。そんな取っつきにくい「論語」を中高生にもわかりやすく親しめるのが本書である。孔子お気に入りの顔回《がんかい》、勇ましい子路《しろ》といった弟子の個性に注目して読むもよし、二千年の歴史を超え現代人に生きるヒントを教えてくれる人生指南書として読むもよしである。ちなみに三省堂書店の社名は「吾レ日ニ吾ガ身ヲ三省ス」に由来しています。

次の一冊
『日本一愉快な国語授業』佐久協著／祥伝社新書
こんな授業受けてみたかったなぁ。

三省堂書店東京駅一番街店
倉田大輔さん選

〒100-0005
東京都千代田区丸の内1-9-1
東京駅一番街1F
TEL 03-3211-3825

Memo

八重洲北口改札徒歩1分。7時30分からの営業なので、朝が早い人にも嬉しい。わ

『三国志　一の巻　天狼の星』

北方謙三

ハルキ文庫｜2001年｜333ページ｜定価：571円（税別）
ISBN：9784894568686｜装丁：菊地信義

大好きな男に必ず出会える本

幸福な読書というものがあるとすれば、それは作者が紡《つむ》ぐ物語世界の中に思いっきり入り込んで、登場人物の中の誰かに寄り添い、その人生を一緒に生きることだと思う。その誰かが、劉《りゅう》備《び》なのか曹操《そうそう》なのか孫権《そんけん》なのか、あるいは孔明《こうめい》か周《しゅう》瑜《ゆ》かは人それぞれだ。でもこれだけは言える。この本を読めば、何かのときに支えになってくれる大切な男に必ず出会えると。（全14巻）

次の一冊　『猫鳴り』沼田まほかる著／双葉文庫
猫文学の最高傑作です。

戸田書店前橋本店
小暮徹さん 選

〒371-0013
群馬県前橋市西片貝町4-16-7
TEL 027-223-9011

Memo

本読みが日々集う。面白そうな読み物がいっぱい。そして宝くじまで買える（笑）わ

『三国志(1)[新装版]』

吉川英治

講談社文庫|2008年|727ページ|定価:933円(税別)
ISBN:9784062761864|装丁:多田和博+田中和枝

これぞ王道

学生時代に読んだ本の中から選びました。この本には鮮烈な印象が残っています。中国の歴史に疎《うと》くても大丈夫です。長編小説を読むときに求められる、一種の忍耐も必要ないと思います。簡潔かつ美しい文章。物語はテンポよく流れるように進みます。一方、登場人物はみな強烈な個性を持ち、顔ぶれは多彩です。そして熱い。この熱い人物たちこそが、吉川版『三国志』の最大の魅力だと思います。とても1850年も前のこととは思えない温度で胸に迫ってきます。動乱の時代、広大な大地を舞台として繰り広げられる熱い人間ドラマ。体感してみてください。(全5巻)

次の一冊　『項羽と劉邦(上)[改版]』司馬遼太郎著／新潮文庫
古代中国の世界にもっと浸りたくなった方はどうぞ。(全3巻)

ベニヤ書店
川岸泰子さん選

〒630-8266
奈良県奈良市花芝町16
TEL 0742-22-5050

Memo

一歩足を踏み入れるとどこか昔懐かしい昭和な雰囲気を残す本屋さんです。と

5月

ウツウツした気持ちに効く本

May

Date
May 1

No. **121**

『けもの道を笑って歩け』

園《その》子《し》温《おん》

ぱる出版｜2013年｜175ページ｜定価：1400円（税別）
ISBN：9784827208160｜装丁：渡邊民人（TYPEFACE）

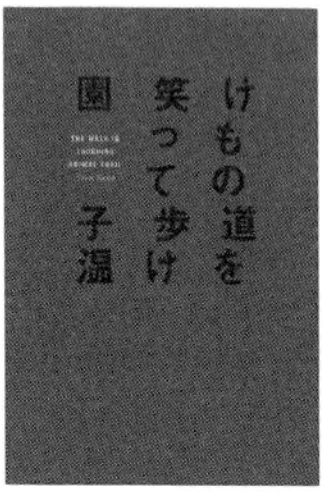

真に革新的なものは
みな暴力的だ

「愛のむきだし」「冷たい熱帯魚」など、他に類を見ない衝撃的な作品が国内外で高く評価されている映画監督、園子温。彼自身が生きていく中で遭遇した数々の壮絶な体験によって培《つちか》われたであろう、ポップでアナーキー、かつユーモラスな人生哲学が、さまざまな映画タイトルをキーワードに淀みなく語りおろされる。大いなる啓蒙《けいもう》を願って贈ります。

次の一冊 〉 『ロックで独立する方法』忌野《いまわの》清志郎著／太田出版
「純粋」な衝動を大切にするみなさんへ贈ります。

山下書店半蔵門店
橋本陽介さん㊣

〒102-0083
東京都千代田区麹町2-7
半蔵門ビル1F
TEL 03-5275-6538

Memo

決して大きくないお店に時代を凝縮させた売場作りは、山下書店さんならでは。ⓦ

Date
May 2
忌野清志郎さんの命日

No. **122**

Page
135

『瀕死の双六問屋』
忌《いまわ》野《の》清志郎

小学館文庫｜2007年｜278ページ｜定価：533円（税別）
ISBN：9784094082050｜装丁：山上裕司

「かっこいい大人」になるための一冊です。

憧れのひと、忌野清志郎さんには、一度だけお会いしたことがあります。25歳のときでした。CDにサインをいただいて、私が、初めて出版する本を「よかったら読んでください」と差し出したら、じゃあ、君も僕にサインをください、と言われました。自分のことなんて誰も知らないですし、と恐縮しましたら、「そんなことはわからないじゃないか。そのうち、君がものすごく有名になるかもしれないから、今のうちにサインをください！」と、笑顔で言われました。ドキドキしながら、生まれて初めてのサインを、キヨシローさんへ書きました。震えるくらい、かっこいいひとでした。

次の一冊　『曽我部恵一詩集』曽我部恵一著／岩崎書店
永遠の青春バンド、サニーデイ・サービス曽我部さんの詩の本。企画とデザインを私が手がけました！

世界文庫
古賀鈴鳴《すずなり》さん 選

〒603-8228
京都府京都市北区紫野東舟岡町19
URL http://sekaibunko.com/

Memo

古書に加えて、クリエイターの蔵書をそのまま販売する「世界棚」を常設！ と

Date
May 3
憲法記念日

No. 123

『憲法と平和を問いなおす』

長谷部恭男《やすお》

ちくま新書｜2004年｜206ページ｜定価：740円（税別）
ISBN：9784480061652｜装丁：間村俊一

若い時こそ難解なものを読め!!

「憲法」という話になると、改憲か護憲かになりがち。情緒論の前に、憲法とはなんぞやということを知ろう。憲法が何のためにあるのかを知らずして、改憲も護憲もないはず。将来、憲法について大きな決断をしなければならない日がやってくるかもしれない。そのときのための知識を私たちに与えてくれる名著である。日本を担《にな》っていこうという覚悟がある中高生は必読。難しい本だけど若いときじゃないと、考える時間はないものです。

次の一冊　『不毛な憲法論議』東谷暁《さとし》著／朝日新書
改憲派・護憲派の病理を読み解く。

BOOKSなかだ本店
熊田明浩さん選

〒939-8212
富山県富山市掛尾町180-1
TEL 076-492-1192

Memo

本館・専門書館・コミックラボの3館並立。医書の品揃えは北陸一かと思う。

『TN君の伝記』

なだいなだ(作)、司修《つかさおさむ》(画)

福音館文庫｜2002年｜389ページ｜定価:800円(税別)
ISBN:9784834018844｜装丁:辻村益朗+大野隆介

父から子へ そして、僕は君たちにこの本を

なだいなださんの本を読み始めたのは、僕が中学生のときだった。思春期というのか「自分」というものを確立しようとする時期なのだろう。この時期に父親からなださんの本を渡されたのがきっかけで、なださんの本を探しては読んでいた。時代は明治、日本は日本であることを他国を通じて意識し、日本をつくろうとした。そのなかでTN君は人間の自由を求め続けた。自由とは「ひとりひとりが、より自己に目覚めることだ。だれもたよりにせず、だれに支配もされずに生きることに目覚めること」だ。破天荒《はてんこう》なところもありながら自分らしく、でも自分のためだけではないTN君の生き方が、当時の僕にはとても爽快だった。今でも大切な本の一つだ。

次の一冊　『やっぱりおおかみ』佐々木マキ（作・絵）／福音館書店
「おおかみとして　いきるしかないよ」って言葉に勇気づけられる。

ジュンク堂書店近鉄あべのハルカス店
白水良知さん選

〒545-8545
大阪府大阪市阿倍野区阿倍野筋1-1-43
あべのハルカス近鉄本店ウイング館7F
TEL 06-6626-2151

Memo

日本一の高さ、あべのハルカスは本当に大きいです。児童書売り場が広い！あ

『発動せよ！変人《かぶきもの》感性』

小阪裕司

ぼくら社｜2014年｜123ページ｜定価：1800円（税別）
ISBN：9784833441254｜装丁：蝦名龍郎

みんな変わって　みんないい

日本では子どものときから、「同調圧力」を受けまくります。「協調性を持て」「空気を読め」と言われ続け、異端にはなれません。つまり、「なぜ？」と考えるよりも、時代の流れに乗ることを奨《すす》められ、既存の価値観だけが大手を振って闊歩《かつぽ》します。また、効率化の重視一辺倒で、寄り道、みちくさはご法《はつ》度《と》になり、五感を活かすゆとりや空間が損なわれています。しかし、モノがあり余るこの時代、常識や慣習に囚《とら》われない、自由な感性を活かした変人がビジネスを動かしています。人と違ってそれでいいのだ！

次の一冊　『減速して自由に生きる ── ダウンシフターズ』髙坂《こうさか》勝著／ちくま文庫
自立せよ！　自由が待っている！

井戸書店
森忠延さん（選）

〒654-0021
兵庫県神戸市須磨区平田長2-3-9
TEL 078-732-0726

Memo

震災を乗り越え板宿の町を支え続ける、意志ある本屋さんです。（と）

『自分の中に毒を持て
――あなたは“常識人間”を捨てられるか』

岡本太郎

青春文庫｜1993年｜218ページ｜定価：467円（税別）
ISBN：9784413090100｜装丁：坂川事務所

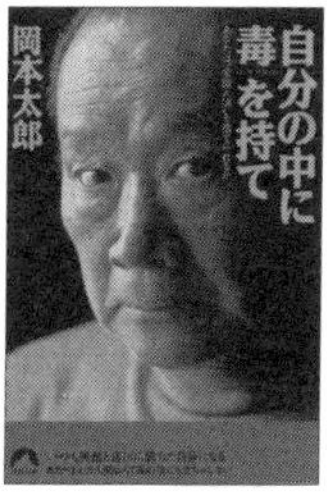

ふつふつと、自分の中で何かが湧いてくる…
ふつふつ…フツフツ…FUTSUFUTSU…… BOMB!

「生きるということは、瞬間瞬間に情熱をほとばしらせて、現在に充実すること」。余計なことは考えず、何かをやってやろう。過去にこだわらず、未来でごまかさず……。ありのままの自分を貫き、現在を本気で生きることに情熱をかけた岡本太郎氏の生き様はすごく格好がいい。自分の中から情熱や意思がフツフツと湧き起こってくる一冊です。

次の一冊　『強く生きる言葉』岡本太郎著／イースト・プレス
同著者の名言集。人生迷ったときにパッとページを開くと、何か解決につながるはず。

ブックファースト クリスタ長堀店
三浦麻理子さん㊧

〒542-0081
大阪府大阪市中央区南船場2丁目
長堀地下街2号
TEL 06-6282-2210

Memo

地下街にあるので、雨の日でもお気軽にフラッと立ち寄れます。㋣

『希望名人ゲーテと絶望名人カフカの対話』

フランツ・カフカ、ヨハン・ヴォルフガング・フォン・ゲーテ（著）、頭木《かしらぎ》弘樹（編訳）

飛鳥新社｜2014年｜296ページ｜定価：1500円（税別）
ISBN：9784864103138｜装丁：大島依提亜

頼りになる本です。

「希望は誰にでもある。何事においても、絶望するよりは、希望を持つほうがいい。先のことなど誰にもわからないのだから」（ゲーテ）。「ああ、希望はたっぷりあります。無限に多くの希望があります。ただ、ぼくらのためには、ないんです」（カフカ）。正反対のようで、しかし、ともすれば一対の表裏のようでもある二人の言葉の数々は、やがてこころの奥深くに積もりいつも私たちを助けてくれる、そんな優しさにあふれています。希望と絶望の波に繰り返し打ちのめされながらも進む人々にとって、何度も手に取り読み返すであろう、頼りになる一冊です。

次の一冊　『若きウェルテルの悩み［改版］』ゲーテ（著）、竹山道雄（訳）／岩波文庫
希望芸人ゲーテの、清々しいまでに絶望的な物語です。

Kaneiri Museum Shop 6
菅原匠子さん選

〒980-0821
宮城県仙台市青葉区春日町2-1
せんだいメディアテーク1F
TEL 022-714-3033

Memo

美術・建築・写真に特化した品揃え。東北の工芸品や雑貨も手に入ります。い

『二分間の冒険』

岡田淳

偕成社文庫｜1991年｜259ページ｜定価：700円（税別）
ISBN：9784036518807
カバーデザイン：工藤強勝、イラスト：岡田淳

この世で
いちばんたしかなもの
って？

体育館を抜け出し、渡り廊下で不思議な黒ネコに出会ったその瞬間から、悟の「この世で一番たしかなもの・ダレカ」を探す、長い長い二分間の冒険が始まる。「この世で一番たしかなもの」ってなんだろう？　ある意味、哲学的命題とも思えるこの問いに、悟はどのような答えを導き出していくのか、一緒に考えながら読んでほしい一冊。何度読み返しても、ワクワク、ドキドキ感が色褪《あ》せることがありません。

次の一冊
『新編 悪魔の辞典』ビアス（著）、西川正身《まさみ》（編訳）／岩波文庫
物事は今見えてる「一面」だけじゃないよね！

いけだ書店御所野店
武藤美恵子さん選

〒010-1413
秋田県秋田市御所野地蔵田1丁目1-1
イオンモール秋田3F
TEL 018-839-9645

Memo

閑静な住宅街に囲まれたSC内にあり、気軽に立ち寄れます。

『葉桜の季節に君を想うということ』

歌野晶《しょう》午《ご》

文春文庫｜2007年｜477ページ｜定価：670円（税別）
ISBN：9784167733018
装丁：岩郷重力＋WONDER WORKZ。

この驚きは、
本でしか絶対に味わえない！

いまの時代、面白い本や売れている本は、すぐにコミックや、ドラマ・映画になります。じゃあ、なんでわざわざそれを本で読むのか？　本を読むのって結構めんどくさいことでもあるのに、なんでわざわざ？　その問いかけに対するある意味、究極の答えがこの本です。この本の本当の面白さは、絶対に小説でしか味わえません。小説を読むことの楽しさを教えてくれる一冊です。

次の一冊　『世界の終わり、あるいは始まり』歌野晶午著／角川文庫（KADOKAWA）
読むうちに、何度も現実が足元からひっくり返るような気持ちを味わえます。

本のがんこ堂石山駅前店
三浦剛さん選

〒520-0832
滋賀県大津市粟津町3-2
JR石山駅NKビル2F
TEL 077-533-7717

Memo

滋賀の本屋と言えばがんこ堂！　近くにあってほしい書店です。あ

『窓ぎわのトットちゃん』
黒柳徹子

講談社青い鳥文庫｜1991年｜358ページ｜定価：760円（税別）
ISBN：9784061473515｜装丁：和田誠＋久住和代

「居場所がない」と感じている心に そっと寄り添ってくれる一冊です。

『窓ぎわのトットちゃん』、有名な本です。私は、本書に中学・高校時代とても救われました。時代背景は違っても、人の心の核となる部分は変わりません。以前、学生のお客様に「みなと同じにしなくちゃダメだって言われるのおかしくない？」と問われました。似たような疑問をもち、上手く溶け込めず学校を休みがちだった自分を思い出しました。現在もそう感じている人がいる。「居場所がない」「何か寂しい」「自分がよくわからない」と思っている人に本書を届けたいです。どの人にも、その人にしかないものがあるのだと伝えてくれる一冊なのです。大切な私の原点となる本です。

次の一冊
『ヘレン・ケラー』砂田弘著／ポプラポケット文庫
誰かの力に少しでもなりたい！　それが私の「居場所」だと気づけた本です。

山下書店南行徳店
髙橋佐和子さん 選

〒272-0138
千葉県市川市南行徳1-16-1
アーバンプラザA 1F
TEL 047-314-5898

Memo

隣りの加藤海苔店さんにもぜひ寄ってほしい。コラボフェアを開催したことも。わ

『青春漂流』

立花隆

講談社文庫｜1988年｜278ページ｜定価：530円（税別）
ISBN：9784061842236｜装丁：岸顯樹郎

挫折と失敗の繰り返しが
こんなに魅力的な男たちをつくった。

この本と出会ったのは学生時代。色々悩んでいた私に先輩がすすめてくれた一冊でした。今でも悩んだときや辛いときに読み返すことがあります。パソコンも携帯もなかった時代に、挫折と失敗ばかりの青春を送った11人のプロフェッショナルたち。誰もがマネできるわけではありませんが、この男たちの苦労の果てに見出した自分の生き方、大いなる喜びを、今の私たちが読書を通じて分かち合うことは、とても意義のあることだと思っています。ちなみに本作に登場する人物の中には、猿まわしの村崎太郎さんや、ソムリエの田崎信也さんもいます。とくに田崎さん、相当やんちゃだったようですね。

次の一冊　『翼』白石一文著／鉄筆文庫
「人を愛するとはいったいどういうことか？」。価値観も魂も揺さぶられる一冊です。

ときわ書房志津ステーションビル店
日野剛広さん選

〒285-0846
千葉県佐倉市上志津1663
志津ステーションビル3F
TEL 043-460-3877

Memo

京成電鉄本線志津駅すぐ。余談ですが日野さんは音楽（特にロック）が大好き。わ

『午後の恐竜［改版］』
星新一

新潮文庫｜1977年｜215ページ｜定価：430円（税別）
ISBN：9784101098111｜装丁：新潮社装幀室

こんなに軽く読めるのに深く刺さって効いてくる一冊

『午後の恐竜』は38年前初めて買った文庫本。ショートショートという超短編を千本以上書いた星新一を知ってほしくて選んだ。自分を変えた一冊だとはとくに思わずに。再読すると日頃家族に自分がぼやいてることにソックリでビックリした文章があった。「必需品ならほっといても買う。ほっといてはだめだからこそ、コマーシャルで押しつけるのだ。そのコマーシャルだけではだれも見ないから、番組というものが存在している」（「エデン改造計画」）。自分が思ってたより大きな影響を受けていた。中高時代の読書は怖いというひとつのサンプルである。

次の一冊
『ノックの音が［改版］』星新一著／新潮文庫
星新一が気に入ったら、この本を。毒を喰《く》らいたければ、筒井康隆の本を。

友朋堂書店吾妻店
徳永直良さん選

〒305-0031
茨城県つくば市吾妻3-8-7
TEL 029-852-3665

Memo

学園都市・つくばの本屋。お問い合わせはツイッター@naox_tokuまで！わ

『物語のある広告コピー』

パイ インターナショナル（編）

パイ インターナショナル｜2013年｜211ページ
定価：1500円（税別）｜ISBN：9784756243263
装丁：冨田高史（シカタ）

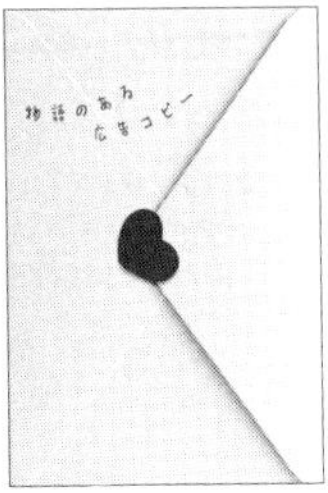

続きはどこで読めますか？

コピーライターのための参考資料？　技法書？　エッセイ？　はたまたこれは小説か？　広告コピーの本だと言えば、確かにそれで間違いはないのですが、そう言い切ってしまうのが勿体《もったい》なく思える、そんな一冊です。本屋の中のどのコーナーに陳列してあるかも、店舗ごとに違っているかもしれません。普段目にする景色の中、主役になることの少ない「広告コピー」ですが、そこにはさまざまな「物語」が存在しています。そのことに気づかされると同時にとても驚かされる本です。装丁はかわいらしいですが、内容はとてもエネルギッシュ。まずは適当にページを開き、そこに綴られた1つの物語を感じてください。

次の一冊　『歌――ロングロングショートソングロング』枡野浩一（短歌）、杉田協士（写真）／雷鳥社
リズムの心地良い短歌と写真のコラボ。鳥肌が立ちます。

ジュンク堂書店上本町店
宇田望美さん選

〒543-8543
大阪府大阪市天王寺区上本町6-1-55
近鉄百貨店11F
TEL 06-6771-1005

Memo

ジュンク堂らしさ満点の安心感のあるお店です。と

『卵の緒』

瀬尾まいこ

新潮文庫｜2007年｜216ページ｜定価：430円（税別）
ISBN：9784101297729｜装丁：新潮社装幀室

愛情は血のつながりを越える

「僕は捨て子だ」。とても衝撃的な言葉で始まるが、暗い内容はまったくない。自分の出生の秘密を解き明かすため、母さんに色々な質問を投げかけても、上手くかわされてしまう。ただし、愛をもって。どれほど愛しているか、押しつけではない愛情表現が作品を通して感じられます。ラスト、育生の出生の秘密を打ち明けるシーンでは知らず涙がこぼれます。この作品に出会えて良かったです。

次の一冊

『屍《し》鬼《き》（1）』小野不由美著／新潮文庫
ホラー要素があって非常に恐怖を感じるところもありますが、とても切ない物語です。（全5巻）

大垣書店高槻店
菅原真由美さん 選

〒569-1123
大阪府高槻市芥川町1-2 C-115号
TEL 072-684-8700

Memo

関西の書店激戦区のひとつ、高槻で存在感が光るお店です。と

Date
May 15
ディキンソンの命日
No. 135

『対訳 ディキンソン詩集』
エミリー・ディキンソン（著）、亀井俊介（編）

岩波文庫｜1998年｜175ページ｜定価：560円（税別）
ISBN：9784003231012

時間の外に、ある人へ。

思い返すと10代の記憶はあやふやで、一瞬の輝きと鬱屈《うつくつ》が入り交じった特別な時間です。ときに伸びやかになれない息苦しさから、じめっとした孤独がつきまとうと思います。そんなとき、この詩人の言葉は強い勇気と導きを与えてくれるはずです。
——誰でもない、自分たちの自由をめいっぱい楽しめ、と。
——自分の言葉が信じられなくなったとしても、言葉のもつ生命の力をあきらめるな、と。永遠ではない時間に生きているからこそ、永遠とも思われる今を精一杯生きてください。

次の一冊
『すべてきみに宛てた手紙』長田《おさだ》弘著／晶文社
言葉が自分にとってどんなものかを教えてくれる、これはそんな贈り物です。
（←しかもこの本の表紙にはディキンソンがいます！！）

SUNNY BOY BOOKS
高橋和也さん選

〒152-0004
東京都目黒区鷹番2-14-15
URL http://www.sunnyboybooks.com

Memo

レコード、かばん、植物、コーヒーなど本以外にも気になるものがたくさん。

Date
May 16
旅の日

No. 136

『渡りの足跡』

梨木香歩

新潮社｜2010年｜186ページ｜定価：1300円（税別）
ISBN：9784104299065｜装丁：新潮社装幀室

あなたの、"帰りたい"と
願う場所は何処ですか？

昼間は太陽を、夜は星を道標にして渡りの鳥たちは目的地へと向かうそうだ。生まれてすぐのひな鳥が、天体図を目から体に通して透明な地図を少しずつ備えていくという経験は本当に美しいと思う。旅が好きで、学生の頃から世界中のさまざまな場所に出掛けたりしていたけれども、旅の案内役はいつも本の中にあった。具体的でなくとも、読書という灯りは暗闇を頼もしく照らしてくれる。子どもたちには、体内の地図を作るためにぜひ本を読んでほしいと思う。太陽や星が渡り鳥の旅を導くように、その地図は必要な時に開かれて、迷い彷徨《さまよ》う旅人を助けるだろう。

次の一冊 『山で一泊――辻まこと画文集』辻まこと著／創文社　古本屋なのでいつも古本の山の中で暮らしているのですが、本物の山にもとてもあこがれます。まだ観ぬ山の仙境に、いつのまにか連れ出してくれる本です。

言事堂《ことことどう》
宮城未来さん 選

〒900-0031
沖縄県那覇市若狭3-7-25
（2015年春に那覇市内にて移転予定）
TEL 098-864-0315

Memo

非日常に連れて行ってくれる「どこでもドア」のような本が並ぶ古本屋さん。と

Date
May 17

No. 137

『17歳のあなたへ』

福峯静香

療育ファミリーサポートほほえみ｜2013年｜103ページ
定価：1200円（税別）｜ISBN：9784872158366
装丁：小松真菜

「死にたい！」って思っている自分と さよなら

著者と同じように私も10代の頃は「死にたい！　死にたい！」と思いながら生きてきました。今、思い出すとほんのささいな悩みごとでしかないんですけどね。でも、その当時の私にとっては、大きな大きな悩みであり、その悩みの一つには「進学」も含まれていました。さまざまな理由で「進学」をあきらめてしまう人も多いでしょうけど、あきらめないでほしい！！　自分の考え方一つでチャンスは必ずやってきますよ。かくいう私も一度は「進学」をあきらめましたが、社会に出て結婚してから夢が叶いました。

次の一冊　『この世でいちばん大事な「カネ」の話』西原理恵子著／イースト・プレス
タイトルそのまんまの内容です！　これってまさに真実でしょ！？

宮脇書店うるまシティプラザ店
須釜明香さん選

〒904-2244
沖縄県うるま市江洲507
TEL 098-989-3395

Memo

店員さんがとにかく気さくで優しい！　ほっこりした気持ちになれます。い

『交差点で石蹴り』

群《むれ》ようこ

新潮文庫｜1998年｜258ページ｜定価：476円（税別）
ISBN：9784101159218｜装丁：新潮社装幀室

おもしろっっっ!!

群さんの日常が描かれているエッセイです。とにかく面白い！中学生だった私は本大好き少女でもなく、根気もないため長編を読み切ることもなかなかできずじまい。本は読みたいけどなんとなく苦手……だったのですが、この本は短編のエッセイ集で、読みやすいし笑えるしで群さんワールドにすっかりはまってしまいました。思えばこの本がきっかけで、本を読むことって楽しいんだと思えたように思います。読書が苦手な人の懐《ふところ》にもひょいっと飛びこんできてくれる、くだらなくて面白い痛快本です。

次の一冊　『つれづれノート』銀色夏《なつ》生《お》著／角川文庫（KADOKAWA）
またちがったテイストのエッセイです。現在も刊行中！

ルーブル1980
北田郁美さん選

〒543-0001
大阪府大阪市天王寺区上本町6-3-31-106
TEL 06-6771-0659

Memo

充実の雑誌や「お！」っと嬉しい選書に落ち着く店内。長居したくなります。あ

『完本 情熱のペンギンごはん』

糸井重里、湯村輝彦

ちくま文庫｜1993年｜176ページ｜定価：660円（税別）
ISBN：9784480027580｜装丁：湯村輝彦

ぼくらは　むき出しの□だ!!

Ⓐ青春　Ⓑ愛　Ⓒペンギン

ハイ・レッド・センターの子どもの、ペンギンたちの本。そしてペンギンの子どもから、君たちへ。君の教科書やノートの隅《すみ》の落書き。大人になっても続けている人はとても少ない。大人は自分の好きなことをしていいはずなのにね。つまらないことをやり過ごす処世術としてだけでなく、世の中をもっと面白がるために、個人的な芸術として、いつまでも落書きを続けたいものです。落書きをするなら真面目に。ふざけるなら本気で。たとえ落書きをしなくなっても、落書きの心は持ち続けてほしい。いつも削り立てで、ページをめくるたびに馥郁《ふくいく》と香り立つペンギンをお手本に。

次の一冊　『「ガロ」編集長 ── 私の戦後マンガ出版史』長井勝一《かついち》著／ちくま文庫
発売日が待ち遠しかった雑誌は後にも先にも『ガロ』だけでした。

古本ブックエンド
山崎有邦さん㊣選

〒930-0083
富山県富山市総曲輪2-7-12
TEL 076-493-6150

Memo

上関文庫の石橋さんとオヨヨ書林の山崎さんが藤子不二雄スタイルで共同経営。

『私の嫌いな10の言葉』

中島義道

新潮文庫｜2003年｜252ページ｜定価:430円(税別)
ISBN:9784101467221｜装丁:菊地信義

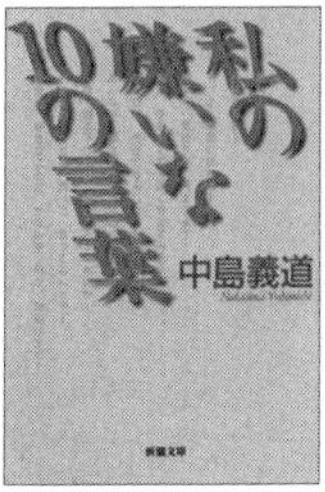

この本を読まなければ 私はもっと マトモな人間になっていた。
この本を読んだから ひねくれて面白い人間になれた。

中学のとき、クラスでハブられた。原因は何だったかわからない。約1年間、陰口を叩《たた》かれ誰ともしゃべらなかった。勇気を出して先生に相談した。「堂々と胸を張っていれば、いつか誰かに解《わか》ってもらえるよ」と言われ、ものすごく絶望したのを覚えている。いつかっていつだよ！　誰かってお前じゃないんかい！　そんなとき、父の書棚に並んでいるこの本と出会った。ここにその「誰か」がいた。きれいごとを吐く人間に毒を吐く中島氏のひねくれ加減が、今も私に知恵とユーモアを与えてくれている。

次の一冊　『ベスト・オブ・ドッキリチャンネル』森茉莉（著）、中野翠（編）／ちくま文庫
良いひねくれ加減です。

くまざわ書店フェリア店
辻丸有美さん 選

〒261-0011
千葉県千葉市美浜区真砂4-2-6
ベイサイドモールフィル4F
TEL 043-277-3671

Memo

検見川浜駅唯一の書店。駅前「フェリア」内で駐車場キャパあるので車も便利。

『先生と僕』

坂木司

双葉文庫｜2011年｜292ページ｜定価：571円（税別）
ISBN：9784575514728｜装丁：石川絢士

家庭教師（僕）の生徒は
探偵の先生で！

大学生の僕と中学生の隼人くん、一風変わった名探偵コンビ。ミステリーが大好きな名探偵の隼人くんを、優しさと記憶の能力でサポートする僕。いわゆるホームズとワトソンという典型的な2人組で、身近な謎を追いかけます。日常の中にある謎なので、人が死ぬこともなく、読み終わった後に、すっきりした気持ちになれる優しいミステリーです。隼人くんを先生と呼びながらも大人として導いていく僕と、そんな僕を信頼する隼人くんの関係が素敵です。

次の一冊
『僕と先生』坂木司著／双葉社
『先生と僕』の続編。僕に恋の予感！？

フタバ図書GIGA今宿店
岩重《いわしげ》智貴さん 選

〒819-0167
福岡県福岡市西区今宿3丁目4-35
TEL 092-805-5250

Memo

家族で楽しめる広い店内。品揃えも豊富です。

Date
May 22
ドイルの誕生日

No. **142**

『シャーロック・ホームズの冒険
――シャーロック・ホームズ全集3』

アーサー・コナン・ドイル（著）、
小林司、東山あかね（訳）

河出文庫｜2014年｜732ページ｜定価：950円（税別）
ISBN：9784309466132｜装丁：佐々木暁

だから君は、
すばらしい相棒なのさ。

ホームズ作品の魅力は謎解きの面白さもさることながら、主人公の天才的な観察力、颯爽《さっそう》とした英国紳士的な態度、奇人ぶりなど個性によるものと言えるでしょう。そういったホームズの個性の中で最大の魅力は「ワトソンとの友情」であると私はとらえています。奇妙で微笑ましい関係を表す名（迷）言に事欠きません。最高傑作は本書未収録ですが「ツゴウヨケレバコイ　ワルクテモコイ」でしょうか。ホームズ作品は各社で刊行されていますが、今回紹介した河出書房新社版がお薦《すす》めです。訳・挿絵・解説と納得の内容。「友情」という視点であらためて本作に触れてみてはいかがですか。

次の一冊
『風立ちぬ・美しい村［改版］』堀辰雄著／新潮文庫
流麗《りゅうれい》な情景描写が美しい。憧れの軽井沢文学の傑作。

戸田書店函南《かんなみ》店
内田究さん選

〒419-0114
静岡県田方郡函南町仁田70-1
TEL 055-978-7770

Memo

開業より三十数余年。暮らしの歳時記や動物本など和む本がきっと見つかる店。

『know』

野﨑まど

ハヤカワ文庫｜2013年｜354ページ｜定価：720円（税別）
ISBN：9784150311216｜装丁：有馬トモユキ（TATSDESIGN）

“読書”が とても楽しく素敵なものだと
“知る”ことができる 貴重な1冊です。

この作品は、情報化が進んだ約70年後の京都が舞台ということで、一応カテゴリーはSFになるかと思います。一応、とことわりを入れたのは多少専門的で難解な内容・表現が引っかかるかもしれないので。が、しかしだからってそのことでこの物語の面白さは少しも変わりません。恋愛青春小説として読んでもいいし、師弟愛にもグッとくるし、ミリタリー的要素もある。私個人的にはミステリー、それも一級品だという感想を持っています。あなたはどんな感想を持つことになるでしょうか。いずれにせよ読書がもたらす至福の喜びはわかってもらえると思います。

次の一冊　『神様のパズル』機本《きもと》伸司著／ハルキ文庫
こちらも盛りだくさん！　サービス品です！！

あゆみBOOKS田町店
吉田史郎さん選

〒108-0014
東京都港区芝5-31-19
オーエックス田町ビル1F
TEL 03-5730-1342

Memo

各ジャンルの担当者がそれぞれセレクターとして独自のラインナップを構成。わ

『新釈 走れメロス 他四篇』

森見登美彦

祥伝社文庫｜2009年｜265ページ｜定価：562円（税別）
ISBN：9784396335335｜装丁：chutte

有名文学を新解釈！
寂しく…切なく…バカバカしい!!

本といえば難しく、文字ばかりで退屈というイメージは、本が苦手な方々が抱いていることではないでしょうか。とくに学生のみなさんは、勉強として本を読んでいることもあるかと思います。しかし勉強としてだけではなく、楽しんで本を読んでもらいたく『新釈 走れメロス 他四篇』をおすすめします。表題の「走れメロス」を含め５本の短編集である本書は、有名作品たちを、現代風に仕上げた作品です。独特の文体と世界観は読む人を選びますが、一度試していただきたい一冊です。本書を読むことで、学力が上がることはないかもしれません。ただ、「本ってこんなのもあるんだ」と、本に対するイメージが和らぎ、身近になってもらえる一冊ではないかと思います。

次の一冊　『走れメロス［改版 新装版］』太宰治著／角川文庫（KADOKAWA）
原作をあらためて読むと、新たな発見が生まれるでしょう。

明文堂書店高岡射水店
鳥養大介さん選

〒934-0057
富山県射水市坂東127-1
TEL 0766-82-1840

Memo

本にCD、DVD、ゲーム、カフェが一体となり家族が一緒に来て楽しめるお店。わ

『氷の海のガレオン／オルタ』

木《き》地《じ》雅《か》映《え》子《こ》

ポプラ文庫ピュアフル｜2010年｜217ページ｜定価：540円（税別）
ISBN：9784591113837｜装丁：片岡忠彦

自分の物語を生きること

「自らを天才だと信じて疑わないひとりのむすめがありました。斉《さい》木《き》杉《すぎ》子《こ》。十一歳。──わたしのことです」。この文章にハッとする人は多いのではないでしょうか。けれどこれは学校や世間に馴《な》染《じ》めない杉子の、孤独や淋しさに打ち負かされないための精一杯の「武装」なのです。よく、「自分らしく」とか「個性を大事に」と言われますが、実際にそうやって生きることは簡単ではありません。杉子はこれからも世間と戦うことになり続けると思います。そしてそれに耐えるだけの強い魂をもって生まれた杉子をうらやましく思うとともに、読んでいる側も勇気づけられるのです。

次の一冊　『生きるとは、自分の物語をつくること』小川洋子、河合隼雄著／新潮文庫　「物語」を心理学的視点から説き明かしています。「考えること」について考えさせられます。

明文堂書店金沢野々市店
表理恵さん㊤

〒921-8825
石川県野々市市粟田5-461
TEL 076-294-0930

Memo

グランドピアノが置いてあり驚く。私にとっては運命を変えた想い出のお店。Ⓦ

『そのうちプラン』

ヨシタケシンスケ

遊タイム出版｜2011年｜249ページ｜定価：1200円（税別）
ISBN：9784860103019

中高生が「本好き」になるっていったいどんな本だろう……悩みました。伝記や小説、詩集などいろいろ迷いましたが、結局たどり着いたのは、そういったジャンルではなくて、本の「存在」を教えてくれる本、すなわち「手元に置いておきたい本」でした。そこで今回選んだ本は、私自身が手元に置いておきたい本である『そのうちプラン』です。普段の何気ない（？）一コマをヨシタケさんの独特な視点で切り取ったこのゆるーいスケッチ集は、私の疲れた体、荒んだ心、何も考えたくない脳をいったんすべてリセットしてくれる処方箋のような存在です。

次の一冊　『ひとりごと絵本』100% ORANGE著／リトルモア
こちらもゆるーい本ですが、本の可能性をまだまだ感じられる一冊です。

治左衛門緑が丘店
阪口功一さん選

〒569-1026
大阪府高槻市緑が丘1-2-1
TEL 072-686-5557

Memo

「目に留まらせたもん勝ち」なPOPがずらりと並ぶコミックコーナーは必見！と

『芸術家Mのできるまで』

森村泰昌

筑摩書房｜1998年｜271ページ｜定価：2095円（税別）
ISBN：9784480872944｜装丁：cozfish

格好悪いことも、徹底してやれば格好良くなる

中高生の頃に誰もが考えるのは、「自分とは何者なのか」ということ。こんなことを考えたって答えなんて出ないのだけれど。でも、「自分」自身のことを識《し》りたければ、まず「他人」の世界を識ろうと努力することが大事なのだと思う。「他人」になりきることで「自分」を発見するなんて、ちょっと変かもしれないけれど、そういった世界の広げ方があってもいい。「私はゴッホになったことがある」という一文から始まる本書は、ネガの塊《かたまり》のような著者がセルフポートレイトによりポジ全開になる様子が書かれた自伝的著作。自分の「弱さ」が「強さ」に変わっていくその瞬間がなんとも感動的で面白い。

次の一冊
『ボクの音楽武者修行』小澤征爾《せいじ》著／新潮文庫
思い悩んだり、迷ったりしたときに、ポンと背中を押してくれる一冊。

solid & liquid MACHIDA
北田博充さん選

〒194-0013
東京都町田市原町田6-1-6
町田マルイ6F
TEL 042-785-4951

Memo

北田さんの企画するフェアは斬新《ざんしん》で面白くその切り口に唸《うな》らずにはいられない。わ

『銀の匙《さじ》［改版］』

中《なか》勘助

岩波文庫｜1999年｜227ページ｜定価：560円（税別）
ISBN：9784003105115

読書ほど格安で得られる経験はありません！

夏目漱石が認めた一冊!!　灘高校の名物先生、橋本武さんが中学3年間を費やし国語の授業で使用していたとして有名です。不安を抱えた憂鬱《ゆううつ》な子どもが、少しずつ成長していくお話。子ども時代に感じる情景を巧《たく》みな擬音語や擬態語で表現しているのが印象的で、子どもだけが感じる質感が伝わってきます。この小説は、読むたびに今のわたしと出会える不思議な小説です。何度となく読みましたが読むたびに感じられる情景が変わります。中高生の感受性豊かな今、ぜひ読んでいただきたいです。そして数年経った後に読み返したとき、きっと素敵な本に出会えていたことを理解していただけると思います。

次の一冊　『にごりえ・たけくらべ』樋口一葉著／新潮文庫
思春期の淡い恋♪　今も昔も一緒かなぁ〜

TSUTAYA安中店
追立《おいたて》真琴さん選

〒379-0133
群馬県安中市原市409
TEL 027-380-5770

Memo

国道18号沿いにある。つい立ち止まりたくなる本売場を目指して毎日営業中！

『ぼくは勉強ができない』

山田詠美

新潮文庫｜1996年｜249ページ｜定価：430円（税別）
ISBN：9784101036168｜装丁：新潮社装幀室

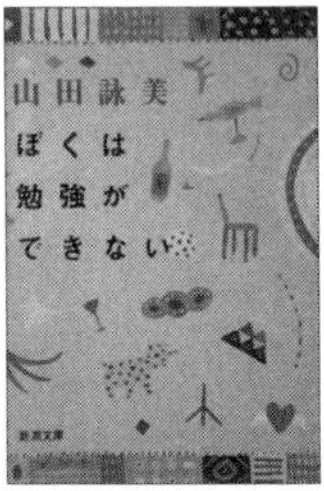

普通なんておもしろくないや。

高校3年の夏、周りの皆がそろいもそろって“勉強できる”子へとなっていってたころ。もう毎日うんざりしていた。そんな私の目の前に現れたのがこの言葉だった。“ぼくは勉強ができない”。そう、そうだよ。私は君を探していたんだよ。勉強なんてほっぽりだして、読みふけったあの夏。勉強なんてできなくていい。勉強ができても賢くない人は世の中にたくさんいる。難しいことは考えなくていい。隣の人と同じことを考えなくていい。意外と、おとなはそんな大切なことを教えてくれないんだよ。そこの君、そんなふうにならないように、今すぐこの本を手に取ってみるべし。

次の一冊　『ふがいない僕は空を見た』窪美澄著／新潮文庫
おとなになってください。

啓林堂書店西大寺店
山根さちさん選

〒631-0821
奈良県奈良市西大寺東町2-1-63
TEL 0742-30-0801

Memo

奈良の玄関口、西大寺駅を見下ろす落ち着いた雰囲気のお店です。と

『プチ哲学』

佐藤雅彦

中公文庫｜2004年｜154ページ｜定価：648円（税別）
ISBN：9784122043442｜装丁：細山田光宣＋岡睦

ひとつひとつのトピックが

頭の指圧のよう

いつもの通学路を行けば、見慣れた校舎とクラスメイト。授業、恋愛、部活に家族にテストなど……。ぐるぐる巡る日常を前になんだか浮かない気分の日には、ちょっとだけ深く考えてみる“プチ哲学”で頭のスイッチを切り替えてみては。「ピタゴラスイッチ」や「だんご3兄弟」などでおなじみの著者、佐藤雅彦さんがモノゴトをわかりやすくかみ砕き、愛らしいイラストと色を加えて楽しませてくれる「知」の教室。アレ！　日常がなんだかちがってみえてくる。頭にぽっと灯りがともるような思いがけない発見に脳が喜ぶ一冊です。

次の一冊

『りんごかもしれない』ヨシタケシンスケ著／ブロンズ新社
それはりんごかもしれないし、りんごじゃないかもしれない。いや、はじめから何もなかったかもしれない……。一度はじまった妄想はとまらない！『プチ哲学』の後に脳内旅行をもうひとつ。妄想まつりの幕開けです。

恵文社バンビオ店
林香澄さん選

〒617-0833
京都府長岡京市神足2-2-1
バンビオ2番館2F
TEL 075-952-3421

Memo

駅近かつ雰囲気のよい店内にほっこり。展示やイベントも盛ん。あ

『「待つ」ということ』

鷲田清一

角川選書（KADOKAWA）｜2006年｜198ページ
定価：1400円（税別）｜ISBN：9784047033962
装丁：片岡忠彦

恋にも効く…らしい。

「本で考えさせられたり、人生観が変わるってほんとにあるんだね！　初めて体験した！」。そう言って高校生の娘がもってきたのがこの本。たくさんの人と瞬時に繋《つな》がれる世の中になったけれど、意のままにならないこと、じっとするしかできないこと、そんなものは昔と変わらず日常に溢れています。「待つって難しいね。でもこの本を読んで、待ってみることも大切なんじゃないかって思えたんだ」。そういう彼女は、片思いの恋に悩んでいるのでした。そう。待てる人はきっと、自分以外の人の存在を認め、尊重できる人なんだよ。この体験はきっと、あなたの人生を豊かにするでしょう。本から学ぶことは人それぞれ。読書とはきっとそんなもの、という思いを込めて。

次の一冊　『世界の終りとハードボイルド・ワンダーランド（上）［新装版］』村上春樹著／新潮文庫　「待つ」ということで「日常」を知ったあなたに。（全2巻）

浜書房港南台バーズ店
増田めぐみさん選

〒234-0054
神奈川県横浜市港南区港南台3-1-3
バーズ4F
TEL 045-831-6939

Memo

文具（万年筆も！）や雑貨の品揃えも要注目。良い「出会い」がある本屋。わ

6月

雨の季節。世界の広さ、深さを知ろう

June

『謎の独立国家ソマリランド』

高野秀行

本の雑誌社｜2013年｜509ページ｜定価：2200円（税別）
ISBN：9784860112387｜装丁：日下充典

“無政府”“内乱”の中の“未承認国家”の平和？

「アフリカの角《つの》」と呼ばれるソマリアは、崩壊国家として知られている。戦乱や、海賊が跳《ちよう》梁《りよう》跋《ばつ》扈《こ》する中で、未承認国家ながら独自に内戦を終結させ、民主化し、平和裏に政権交代まで成し遂げたソマリランドという“国”がある。周辺とのあまりのギャップと錯綜《さくそう》する情報に謎が深まるばかり。辺境作家として名高い著者は現地入りをし、市民、難民、軍人、記者、政治家などあらゆる人々に取材し謎の解明を試みた……。ウクライナ問題等の“国”を考える際におおいに参考になります。また旅行記としても、アフリカの、そしてアフリカ人の“熱さ”がヒリヒリと感じられるいつもの“高野節”全開で楽しめます。

次の一冊　『空白の五マイル――チベット、世界最大のツアンポー峡谷に挑む』角幡唯介《かくはたゆうすけ》著／集英社文庫　これぞ文字どおりの最後の秘境！　これを読めばあなたも立派な辺境マニア！

有隣堂グランデュオ蒲田店
和田功さん選

〒144-0051
東京都大田区西蒲田7-68-1
グランデュオ蒲田 西館6F
TEL 03-5703-1921

Memo

ほどよい大きさで常時さまざまなフェアを開催中。ぐるっと一周したくなる。わ

『さよなら妖精』

米澤穂信《ほのぶ》

創元推理文庫｜2006年｜360ページ｜定価:743円(税別)
ISBN:9784488451035
装丁:岩郷重力+WONDER WORKZ。

この物語はフィクションだというのに、
紛争のニュースを見るたび「マーヤ」を想って胸が痛い…。

高校3年生の4月、遠い国からやってきた少女マーヤとの交流の中で感じた異文化への憧憬《しょうけい》。マーヤの帰国後、徐々に明らかになる事実を受け、取ろうとした行動。そして物語の結末に感じる切なさや歯がゆさといったものが交じり合った、何とも言えぬ感情と、無力感。主人公と同じ年頃だからこそ理解できることが、この本には詰まっています。物語の結末の先、主人公がどういう未来を歩んでいくのか？　そこを考えさせてくれるのも、米澤穂信先生の作品の醍醐味《だいごみ》です。今も世界各地で起こっている紛争について考えるきっかけを与えてくれる一冊でもあります。

次の一冊　『春期限定いちごタルト事件』米澤穂信著／創元推理文庫
シリーズものならこれがオススメ。ちょっとしたほろ苦さがポイントです。

啓林堂書店生駒店
松井典子さん選

〒630-0298
奈良県生駒市谷田町1600
近鉄百貨店生駒店6F
TEL 0743-71-8008

Memo

生駒山を見上げつつ、お客様の安息の場を目指して日々営業されています。と

No. **154**

『生きるヒント(1)
──自分の人生を愛するための12章』

五木寛之

角川文庫(KADOKAWA)|1994年|285ページ
定価:400円(税別)|ISBN:9784041294185
装画:竹久夢二、カバー:三村淳

ヒントをもらえば
自分の人生の生き方がわかります。

私にとってこの本は「読んだ本」ではなく「体験した本」として記憶に残っています。中学1年生の国語のテストの時間。配られた問題用紙に目を落としたその先に、この文章がありました。当時の私は恥ずかしながら「死とは?　生きる意味とは?」を考えては恐れていました。そんなとき、この本に出会い答えのない問いの「ヒント」をもらったのです。「人生に希望はない」と五木さんは言います。その先に何があるのかを考えよ、と。おそらく、中学生のこの時代に読んだからこそ感銘を受け「言葉」の世界にはまっていったのだと思います。ぜひ、中高生の時代に「生きる」ことを真剣に考える人に体験してもらいたい一冊です。(全5巻)

次の一冊　『佐野洋子人生対談集　人生のきほん』佐野洋子、西原理恵子、リリー・フランキー著/講談社　佐野洋子さんの人生への姿勢は面白い!

ブックファースト ボーノ相模大野店
清水友子さん 選

〒252-0303
神奈川県相模原市南区相模大野3-2-1
ボーノ相模大野ショッピングセンター4F
TEL 042-702-3555

Memo

書見台を設けたコーナーがあったり、読者の利便性を考えた売場作りが嬉しい。わ

『闇屋になりそこねた哲学者』
木田元《げん》

ちくま文庫｜2010年｜254ページ｜定価:720円(税別)
ISBN:9784480427113｜装丁:間村俊一

スタートを切るのは いつでも大丈夫!!

ハイデガー研究の第一人者の聞き書き自伝。最初に読む方は3章から6章の面白さに惹かれると思いますが、再読すると別の章の面白さもわかるはずです。この本の初刊刊行時、私は20代でしたが、中学、もしくは高校時代に読めていれば、つまらないことで悩まずにすんだと思います。

次の一冊
『みみずく古本市』由良君美《きみよし》著／ちくま文庫
こんなに幅広く面白い本の紹介はない!

BOOKS隆文堂
鈴木慎二さん選

〒185-0024
東京都国分寺市泉町3-35-1
西国分寺LEGA
TEL 042-324-7770

Memo

同規模の店ではまず置かないような人文書も鈴木さんの目利きで非常に充実。わ

『高円寺純情商店街』

ねじめ正一《しょういち》

新潮文庫｜1992年｜239ページ｜定価:430円(税別)
ISBN:9784101021126｜装丁:新潮社装幀室

日常に潜む おもしろさ 感じていますか？

乾物店の一人息子、正一少年の日常生活や商店街の味のある人々との交流を描いた昭和下町物です。正一少年が店の手伝いでかつおぶしを削るシーンはおもわずいい香りがしてきそうでたまりません。家族の会話もユーモラスで、昭和のなつかしい、現在より不便だけれどどこか充実している生活ぶりが印象的です。この一冊をきっかけに自分のおじいちゃん、おばあちゃんや両親との会話が盛り上がり、家族の絆《きずな》が深まるといいなあと思います。

次の一冊 『アイとサムの街』角野栄子著／角川文庫（KADOKAWA）
ワクワクするような冒険が待ってますよ。

宮脇書店湯田店
河村《かわむら》静江さん 選

〒753-0077
山口県山口市熊野町5-20
TEL 083-922-0118

Memo

ひろーい店内に低めの棚、本を見つけやすい親切なつくりのお店です。

Date
Jun. 6

No. **157**

『俺様の宝石さ』

浮《う》谷《きや》東次郎

ちくま文庫｜1985年｜333ページ｜定価：700円（税別）
ISBN：9784480020321｜装丁：奥村靫正

宝石をあげる。
誰にも奪えない輝きを心の中に—。

ひとつでもいい。良いものを知っていれば強くなれる。優しくなれる。本の中にはそんな宝物がいっぱい。「未来に誇りを持てば、怖いものなんてあるはずないよ」。浮谷東次郎！　50年以上昔にこんな輝く心を持った青年がいた！　単身乗り込んだアメリカで時に唇を噛《か》み、それでも挫《くじ》けない自分を誇りに思うその気持ちがタイトルの、この本こそ宝石。色褪《あ》せない。時をも越える。「どこにいようと春はやってくるなんてウソです。どこにいようと、自分でつかめる春がある」（抜粋）。この清い闘志が一人でも多くの人の胸に届いて輝き続けてくれることを心から願って。

次の一冊
『ソラリーマン』青山裕企著／パイ インターナショナル
「歯車ならかけがえのない歯車に」。かっこよくってチャーミング！！　幸せに働ける未来のためにおすすめの一冊！！

MARUZEN&ジュンク堂書店新静岡店
工島明子さん（選）

〒420-0839
静岡県静岡市葵区鷹匠1-1-1
新静岡セノバ5F
TEL 054-275-2777

Memo

「図書館みたい！」とよく言われるそうですが、遊び心もそっと添えてある。（わ）

『月の影 影の海（上）』

小野不由美

新潮文庫｜2012年｜278ページ｜定価：520円（税別）
ISBN：9784101240527｜装丁：新潮社装幀室

「ぜったいに負けない…」
異界で見つけた大切なコト

出会いは高校入学直前の春、姉に薦《すす》められたのがきっかけだった。こんなに面白い本があったのかと夢中になって読んだのが忘れられない。「十二国記」第1作目となる本作は何といっても主人公中嶋陽子が格好良いのだ。しかし彼女はけっして“出来た人間”ではなかった。旅をしながら親や友だちとの人間関係に後悔し、自分に向き合いもがき苦しむ、そんな不格好な姿に共感するからこそ、成長した陽子の強さに憧れるのだ。その後も周りを巻き込みながら強くなる陽子から目が離せない。「十二国記」はファンタジーを敬遠している人にも読んでほしい。理由は簡単、とにかく面白いから！！（全2巻）

次の一冊
『砂漠』伊坂幸太郎著／新潮文庫
独特のテンポが飽きさせない。これもある意味「憧れの大学生活」!?

TSUTAYA天神駅前福岡ビル店
瀬尾緑さん選

〒810-0021
福岡県福岡市中央区天神1-11-17
福岡ビル2・3F
TEL 092-717-6001

Memo

中古本はなんと20万冊以上あり。カフェ併設でじっくり本を選べます。い

『幻の女』

ウイリアム・アイリッシュ（著）、
稲葉明雄（訳）

ハヤカワ・ミステリ文庫｜1976年｜452ページ
定価：940円（税別）｜ISBN：9784150705510
装丁：ハヤカワ・デザイン

これぞ古典的名作！
文学の香り、スリル、
そして謎解きを堪能されたし。

海外ミステリの好きな大人ならたいてい『幻の女』は知っているはずだ。訳文は固いかもしれないけれど、少し我慢して読んでほしい。愛情のない妻を殺された男、自分がやってはいないのに不利な状況、逮捕、そして死刑判決。助けを求めた親友が無実の罪を晴らそうとひと肌脱いでくれるが、見つけた証人は次々に不審な死を遂げ、やがて死刑執行の日を迎える……。看守が主人公を迎えに来た後のページで解る真相は想像を遥かに超えており、思わず驚嘆の唸《うな》り声を上げてしまうこと間違いなしの傑作であることをお約束する。この一冊があなたの海外ミステリ読書への入口になれば幸いです。

次の一冊　『深夜プラス1』ギャビン・ライアル（著）、菊池光（訳）／ハヤカワ・ミステリ文庫
ミステリの次はハードボイルドの傑作を。

啓文社岡山本店
丸尾英樹さん選

〒700-0973
岡山県岡山市北区下中野377-1
TEL 086-805-1123

Memo

広くゆったりとした店内で本との出会いを楽しめます。深夜0時まで営業。

『嘘つきアーニャの真っ赤な真実』
米原万里

角川文庫（KADOKAWA）｜2004年｜301ページ
定価：560円（税別）｜ISBN：9784043756018
装丁：長尾敦子

いつの時代にもヤスミンカはいる！

おませで開けっぴろげなギリシャ人のリッツァ、他愛のない嘘をつくルーマニア人アーニャ、クールな優等生のユーゴスラビア人のヤスミンカ。1960年代、マリは思春期をプラハのソビエト学校で過ごす。やがて共産圏崩壊と激動の時代を迎え、3人と再会すべく探しに乗り出すが──。少女時代のエピソードは、こんな子いたなと懐かしく、無邪気でユーモラスで、また切ない。3人の消息を尋ねて四苦八苦するシーンはこちらもハラハラドキドキ。やがて明らかになる真実、時代や社会に翻弄《ほんろう》されながらも強く生きる姿に、思わず涙してしまいます。いい本です。ぜひ読んでみて！

次の一冊　『猫のゆりかご』カート・ヴォネガット・ジュニア（著）、伊藤典夫（訳）／ハヤカワ文庫　愚かで間抜けな愛すべき登場人物満載のスラップスティックコメディ。シニカルなユーモアで人類愛を語るヴォネガットの真骨頂《しんこつちょう》。

戸田書店リブレ裾野店
海福康次さん 選

〒410-1117
静岡県裾野市石脇450-1
TEL 055-994-0405

Memo

裾野の本好きが集まるお店。なんとレジでは古書買い取りもしてくれる。わ

Date
Jun. 10
時の記念日

No. 161

『時計つくりのジョニー』

エドワード・アーディゾーニ（作）、
あべきみこ（訳）

こぐま社｜1998年｜48ページ｜定価：1300円（税別）
ISBN：9784772101479｜装丁：足立秀夫

自分を信じて
進んでいこう！

心が揺さぶられるような本と出会うたび、思います。「ああ！もっと早く出会いたかった！」って。同時に、「この本と出会えてよかった！」とも。主人公のジョニーは、自分の信じることにまっすぐです。たとえ友だちから馬鹿にされたって、大人にできっこないって言われたって、ひたむきに挑戦し続けます。ジョニーを信じてくれた友だちは、スザンナたったひとり。でも、そのひとりがいるから進んでいけるのですよね。ちなみにこの本、アーディゾーニさんが、孫のスザンナちゃんに贈ったお話だそうです。吹き出しの手書き文字や、ジョニーを見守る黒猫の様子も味わい深いです。

次の一冊
『チムとゆうかんなせんちょうさん ── 世界傑作絵本シリーズ』エドワード・アーディゾーニ（作）、瀬田貞二《ていじ》（訳）／福音館書店
アーディゾーニさんが5歳の息子さんのためにに描いたお話です。

pieni silta《ピエニ シルタ》
樋渡《ひわたし》美侑さん選

〒560-0014
大阪府豊中市熊野町4丁目1-8
TEL 06-6868-9382

Memo

豊中の町中にたたずむかわいいお店。店主選りすぐりの絵本がならびます。と

『死神の精度』

伊坂幸太郎

文春文庫｜2008年｜345ページ｜定価:560円(税別)
ISBN:9784167745011｜装丁:文藝春秋デザイン部

雨、ときどき、死神。

今回、中高生に向けたおすすめの本ということで、悩んだ末こちらを紹介させていただきました。実際、私は高校生のときにこの本と出会い、その読みやすさにページをめくる手が止まらなかったことを覚えています。ときにミステリーのような、ときに恋愛小説のような、さまざまなテイストが混ざったこの本は、きっと読者を夢中にさせてくれるでしょう。会いたくないけど会ってみたい……。最後はそんな不思議な気持ちになるかもしれません。

次の一冊　『死神の浮力』伊坂幸太郎著／文藝春秋
千葉さんにもう一度会えます。

柳正堂書店オギノバリオ店
山口明日香さん選

〒400-0862
山梨県甲府市朝気3-1-12
オギノイーストモールショッピングセンターバリオ1F
TEL 055-268-2213

Memo

お客様目線でよく練られた品揃え。少数精鋭だが気持ちは大型書店に負けない。

Date
Jun. 12

No. 163

『海の祭礼［新装版］』
吉村昭

文春文庫｜2004年｜490ページ｜定価：667円（税別）
ISBN：9784167169428｜装丁：文藝春秋デザイン部

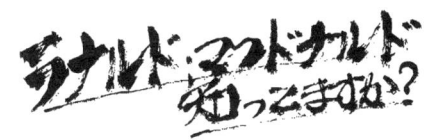

ラナルド・マクドナルド知ってますか？

嘉永《かえい》元年（1848年）、鎖国下の日本、それも最北の利尻島に漂着したアメリカの青年がいた。宗谷《そうや》、松前を経て長崎へ護送、監禁される。翌年強制送還されるが、その間10カ月。牢獄の格子を挟んで、日本の青年たちに英語を教えることに。その一人、森山栄之助は、5年後に黒船を率いて開国を迫ったペリーと幕府との交渉、日米修好通商条約の締結に通訳として活躍する。日本近代化の舞台裏を知ると同時に、当時の日本とアメリカの国情と青年たちの心意気に触れることができる格好の本です。

次の一冊　『かもめのジョナサン』リチャード・バック（著）、五木寛之（訳）／新潮文庫
140ページの小さな本。しかも、その三分の一が空に舞うカモメの写真。群れから抜け出た一羽のカモメ。そこで彼が見たものは何か、自由とは何なのか、その先には何がまっているのか。必読の一冊です。

クラーク書店中央店
河野至緒さん 選

〒097-0022
北海道稚内市中央2-14-1
TEL 0162-22-3365

Memo

利尻山や礼文島、そして43キロ先にはサハリンを臨む、日本最北の書店さん。わ

『差別と教育と私』

上原善広

文藝春秋｜2014年｜261ページ｜定価:1500円(税別)
ISBN:9784163900421｜装丁:関口聖司

部落問題ってなんだろう?

差別は「同情融和」されるものではなく、闘い解放されるべきものだ、という主張のもと、戦後、推し進められてきた「解放教育」。被差別部落出身で、その「解放教育」を実際にうけてきた著者が辿り着く「教育の本当の意味」とは……。「人権」とは何か。「差別」とは何か。部落問題を通じて、これらのテーマをぐっと身近に感じさせてくれる一冊。

次の一冊

『逝きし世の面影』渡辺京二著／平凡社ライブラリー
幕末・明治期に日本を訪れた異邦人たちによって書かれた滞在記や文献を紐《ひも》解くことで浮かび上がってくる、近代国家へ移行する過程で日本が失った「面影」が描かれた名著。

山下書店大塚店
出沖《いずおき》慶太さん 選

〒170-0004
東京都豊島区北大塚2-14-5
KYビル1F
TEL 03-3915-2262

Memo

24時間営業。大塚という街が濃縮したようなお店。出沖流の棚作りは必見。わ

『この世でいちばん大事な「カネ」の話』

西原理恵子

角川文庫(KADOKAWA) | 2011年 | 202ページ
定価:552円(税別) | ISBN:9784043543182
装丁:都甲玲子

『そうだよ、コレが現実だよ!』
結構、信用できる大人が書いた本。

残念ながら私は大人になってから出会った本だけれど、役に立たない自己啓発本なんかより、ずっとずっとズシッときた本。中高生で出会っていたら、どんなだったかな?　と羨《うらや》ましく思います。上っ面のきれいごとにあきあきしていて、だけど、甘ったれで、なにものにもなれない気がしているとき、ぜひとも手に取ってほしい。「カネ」「カネ」と言っているけれど、「人生ってなんだろね?」ってことを真剣に書いてます。先生や親が絶対に教えられないことが書いてあります。「自分の真ん中」が見えてくるかもしれない、そんな本。

次の一冊　『風と共に去りぬ（1）［改版］』マーガレット・ミッチェル（著）、大久保康雄、竹内道之助（訳）／新潮文庫
女子高生がはまらないはずがない!　強くて傲慢《ごうまん》なスカーレットに魅せられるはず。（全5巻）

有隣堂ミウィ橋本店
渋沢良子さん選

〒252-0143
神奈川県相模原市緑区橋本3-28-1
ミウィ橋本4F
TEL 042-700-7680

Memo

橋本駅すぐそばの快適な空間。本好きスタッフたちのおすすめ本がみどころ。わ

『ムーン・パレス[改版]』

ポール・オースター(著)、柴田元幸(訳)

新潮文庫|2010年|532ページ|定価:840円(税別)
ISBN:9784102451045|装丁:新潮社装幀室

孤独と絶望こそ青春

「高校生のときに出会いたかったなぁ」ともっとも強く感じている小説です。青年が、孤独と絶望の果てに奇妙な運命に巻き込まれていくストーリー。破天荒な展開も現実にあるのでは、と思わせる「物語」の芯の強さを感じます。昔、どこかで見た書店のPOPに、「この本を読んでいないヤツは信用できない、云々」という惹《じゃっ》句《く》があったのを覚えていますが、私は逆に「この本が好きだという人間は、(素行や思想がどうであれ)信用できる」と思っています。外国文学に不慣れな人にも読みやすい、最高の青春小説です。

次の一冊
『ホテル・ニューハンプシャー(上)』ジョン・アーヴィング(著)、中野圭二(訳)/新潮文庫
どんどん人が死んでいく悲しい物語だけれど、不思議と読後感はさわやかです。(全2巻)

ジュンク堂書店三宮駅前店
濱崎崇さん選

〒651-0096
兵庫県神戸市中央区雲井通6-1-15
サンシティビル7F
TEL 078-252-0777

Memo

広さと蔵書のよさが心地いい。専門書が売りだったサンパル店の遺志を継ぐ。と

『幸福な食卓』

瀬尾まいこ

講談社文庫｜2007年｜280ページ｜定価：495円（税別）
ISBN：9784062756501｜装丁：野村浩（N/T WORKS）

邪魔だなと思う瞬間《とき》もあるけれど、
家族はやっぱりいいものだ

冒頭、朝食の場で、「父さんは今日で父さんを辞めようと思う」の言葉から、物語は始まります。この家族にとって、朝食の時間は、口に出して言いづらいことを口にできる場でした。それぞれが、悩みや切なさを抱えながら、お互いを思いやる力によって「家族」として再生していく物語です。家族に守られているからこそ、自分は生かされていると強く感じされてくれた、家族の温かさ、優しさがいっぱい詰まった小説です。中高生の年頃には、家族のことを疎《うと》ましく思う時期があると思いますが、家族ってやっぱりいいものだと気づかせてくれた、素敵な一冊です。

次の一冊　『博士の愛した数式』小川洋子著／新潮文庫
人の温かさと、思いやる気持ちの大切さを学べる、美しい物語です。

ブックファースト ルミネ川越店
諏訪原香織さん 選

〒350-1123
埼玉県川越市脇田本町39-19
ルミネ川越店4F
TEL 049-240-6212

Memo

川越駅直結で大変便利。一般書から専門書まで品揃えしていて賑わいが楽しい。わ

『星やどりの声』

朝井リョウ

角川文庫（KADOKAWA）｜2014年｜317ページ
定価：560円（税別）｜ISBN：9784041013359
装丁：鈴木成一デザイン室

物語のなかに 等身大の"私"

読書感想文も大の苦手で、どちらかというと読書を避けていた10代でした。きっかけは、本屋で働き始めたこと。大好きな先輩から借りた一冊の本から始まって、今では社内で一番ではないかという読書量です。読む本の中に「私」を見つけるのが私のスタイル。読んで、登場人物と一緒に喜び、悲しみ、感動し、涙を流す。そして、一緒に成長する。そんな等身大の読書だからこそ、次から次へと読みたくなるのだと思います。青春まっさかりの10代、このみずみずしい物語の中に、「あなた」を見つけてください。どうかそこから、たくさんの「あなた」との出会いが始まりますように。

次の一冊　『さくら』西加奈子著／小学館文庫
10代だから感じられる幸せの物語があります。

フタバ図書GIGA本通店
前田奏絵さん選

〒730-0051
広島県広島市中区大手町1-8-20
TEL 082-504-7125

Memo

広島の中心地、本通の本屋。こだわりの本棚が本好きには嬉しい。古本もある。わ

『ふたり』

赤川次郎

新潮文庫｜1991年｜304ページ｜定価：520円（税別）
ISBN：9784101327181｜装丁：新潮社装幀室

支えてくれる人の存在に
感謝の気持ちを伝えてみては…？

はじめて読んだのは小学生のときでした。ドラマを見て感激していた私に、母が買ってくれたのです。読んでみると、なかなか内容はシリアスな部分もありましたが、死んでしまった姉・千津子に助けられながらそれに立ち向かっていく妹・実加の姿に自分もはげまされました。幼い頃に死という概念や遺《のこ》された家族の想いというものに触れるキッカケとなった本でした。

次の一冊　『イン・ザ・プール』奥田英《ひで》朗《お》著／文春文庫
悩みは解決するというより、ぶっ飛ばしちゃいましょう！（笑）

TSUTAYA一関中央店
早坂幸恵さん選

〒021-0007
岩手県一関市上日照2-3
TEL 0191-23-6230

Memo

様々な商品が揃うにぎやかなお店。カフェで静かに本を読むこともできます。い

『水辺のゆりかご』

柳《ゆう》美《み》里《り》

角川文庫（KADOKAWA）｜1999年｜277ページ
定価：514円（税別）｜ISBN：9784043437054
装丁：谷口広樹

耐え難くひとりきりの夜に
ひとりきりで読む一冊。

17歳のときに読みました（16年前……）。彼女の苦しみがページを捲《めく》る指から伝わり、内側で共振するあの感じを今でもよく覚えています。自分を傷つけ続ける彼女は、学校を辞めさせられ、飛び込んだ劇団で「そのマイナスは演技ではすべてプラスにひっくり返る」と言われます。あなたが今感じている苦しさは、これから先、あなたの大きな切り札になります。耐え難い夜には本を読んでください。それがこの本だったらなおいいなと思います。

次の一冊
『車輪の下』ヘルマン・ヘッセ（著）、高橋健二（訳）／新潮文庫
いろいろな方が訳してますので、自分に合うものを探してみてください。

紀伊國屋書店玉川髙島屋店
池松美智子さん選

〒158-0094
東京都世田谷区玉川3-17-1
玉川髙島屋ショッピングセンター南館5F
TEL 03-3709-2091

Memo

ワンフロアのなかに多ジャンルの本たちがみっちりと整然と並んでいます。ほ

『毎月新聞』

佐藤雅彦

中公文庫｜2009年｜316ページ｜定価：648円（税別）
ISBN：9784122051966｜装丁：畑野憲一

私の頭の中を 390度変えた本

物語の主人公になれたり、知らないことを知るきっかけになるのが本を読むことの良さだとしたら、この本は私の考え方や人生を変えた本と言っても言いすぎではありません。とくに「これを、～とする。」は自分中心の考えをしていた私に、他の人からの視点で物事を考えるきっかけを与えてくれました。その他のコラムも日常生活での「あ～わかるわかる」や「えっ！そういうことなの」と妙に納得させられてしまう話題が満載です。友人にすすめたら、「頭の良い人って大変だね。考えることがたくさんあって」と言っていました。

次の一冊

『スウェーデン式アイデアブック2《トゥーボ》』フレドリック・ヘレーン、テオ・ヘレーン（著）、中妻美奈子（監訳）、フレムリング和美（訳）／ダイヤモンド社

戻れるなら、こどもの頃の自由な発想と視点をもったままで、大人になりたい。

田中書店イオンモール都城駅前店
中村優一郎さん選

〒885-0023
宮崎県都城市栄町4672番5
イオンモール都城駅前 1F
TEL 0986-51-4488

Memo

「いらっしゃいませ」より「こんにちは」が似合うあたたかいお店です。い

『我らが隣人の犯罪』

宮部みゆき

文春文庫｜1993年｜253ページ｜定価：490円（税別）
ISBN：9784167549015｜装丁：文藝春秋デザイン部

ラストのどんでん返しに
「あっ!」と驚いて下さい。

宮部みゆきさんの数ある著作の中で、私が一番好きな作品がこの本です。表題作他、全5編のミステリー短編集ですが、笑いあり、涙ありと、ミステリー好きはもちろん、ミステリー初心者の方にも楽しめる作品かと思います。とくに表題作の「我らが隣人の犯罪」は、登場人物たちのユーモアあふれる、軽やかな会話が非常に魅力的で、思わず「くすり」と笑ってしまいます。そして、読み終わった後、ぜひこのタイトルの意味を考えてみてください。きっと、「あ、なるほど！」と思うこと間違いなしです！

次の一冊　『ビブリア古書堂の事件手帖～栞子さんと奇妙な客人たち～』三上延《えん》著／メディアワークス文庫（KADOKAWA）
今人気の人が死なないミステリーといえばコレ！

TSUTAYA北仙台店
工藤菜津美さん選

〒981-0913
宮城県仙台市青葉区昭和町6-10
TEL 022-275-0710

Memo

駅前のコンパクトなお店。話題書が一目瞭然です。

『イザベラ・バードの『日本奥地紀行』を読む』

宮本常一《つねいち》

平凡社ライブラリー｜2002年｜285ページ｜定価：1200円（税別）
ISBN：9784582764536｜装丁：中垣信夫

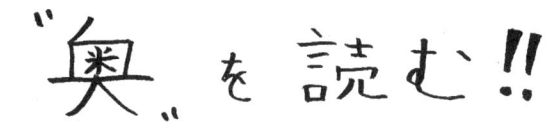

“奥”を読む!!

日本列島を歩き回り日本を知り尽くした民俗学者の著者が、イギリス人旅行家、イザベラ・バードの東京から北海道までの旅の記録である『日本奥地紀行』を読み解く、という内容。この本を読むことで紀行文や民俗学の本を踏み込んで読めるようになるのはもちろんのこと、普段の生活でも視野が拡がり、自分の中での目の付けどころがやたら増えて、良い意味で忙しくなってしまう一冊だと思います。講義録なので読んでいると著者に直接語りかけられている感覚になるため、活字が苦手な人にもおすすめ。本だけでなく旅や散歩も好きになります。

次の一冊

『日本奥地紀行』イザベラ・バード（著）、高梨健吉（訳）／平凡社ライブラリー
実際に読んでみてください！

KANEIRI STANDARD STORE
伊藤和輝さん選

〒020-0034
岩手県盛岡市盛岡駅通1-44
フェザンテラス1F
TEL 019-613-3556

Memo

書籍のほか、東北ならではの雑貨や食品をセレクト。駅近でお土産にも◎い

『信じられない現実の大図鑑』

**ドーリング・キンダースリー（編著）、
増田まもる（監訳）**

東京書籍｜2014年｜192ページ｜定価：2800円（税別）
ISBN：9784487808434
装丁：長谷川理（Phontage Guild Design）

宇宙と地球と生命と先端技術の驚きの真実が
目からウロコが落ちるように見えてくる

宇宙の中の太陽系の中の地球の驚きの真実が、現在の最先端技術で、目からウロコが落ちるように見えてくる！　わかりやすくくらべて驚き、発見する、家族みんなで楽しめる新感覚のビジュアル図鑑です。科学や宇宙に興味があるないにかかわらず、ページをめくると自分の知識としてどんどん入ってきます。小学校での読み聞かせで使用しましたが、絵をみせるだけで「すごい」と好反応でした。月と地球、地球と太陽、太陽と巨星等の比較を見ていくと、今の私たちの現実が見えてくるような気がします。

次の一冊　『未来の奇妙な動物大図鑑』川崎悟司著／宝島社
過去の恐竜や動物ではなく、これから先500万年後、1億年後、2億年後の未来の動物大図鑑です。

**翔く心の広場 学秀館
伊《い》波《は》興次郎さん**選

〒900-0001
沖縄県那覇市港町2-14-11
TEL 098-861-6448

Memo

絵本と木のおもちゃの専門店。読んで遊べる空間が子どもにうれしい！い

『たったひとつの冴えたやりかた』

ジェイムズ・ティプトリー・ジュニア（著）、
浅倉久志（訳）

ハヤカワ文庫｜1987年｜387ページ｜定価：820円（税別）
ISBN：9784150107390｜装丁：ハヤカワ・デザイン

表題作のラスト、グッときます！
女子にも読んでほしいSFです。

元気いっぱいの少女コーティーと、彼女の頭の中に寄生したエイリアン。でもこの地球外生命体とのファーストコンタクトは予想外の展開に……。ラストに2人が下す決断と行動に思わずハンカチをにぎりしめる感動作です。SF初心者にも読みやすく、読後はせつなさとさわやかさが入りまじった不思議な余《よ》韻《いん》があなたを待っています。

次の一冊　『無伴奏ソナタ［新訳版］』オースン・スコット・カード（著）、金子浩（訳）／ハヤカワ文庫
映画化された「エンダーのゲーム」短編版を含む、極上の短編集。

TSUTAYA箱田店
中島恵子さん㊀選

〒371-0837
群馬県前橋市箱田町416-1
TEL 027-255-2888

Memo

レンタルコーナーとBOOK売場の距離感が近くて便利。近所にあったら嬉しい。ⓦ

『四次元の世界［新装版］
――超空間から相対性理論へ』

都《つ》筑《づき》卓司

講談社ブルーバックス｜2002年｜260ページ｜定価：940円（税別）
ISBN：9784062573801｜装丁：児崎雅淑（芦澤泰偉事務所）

むつかしい本を読もう。おもいっきり背のびして。

「四次元」とか「ブラックホール」だとかは、ひと昔前だと、なんとなくあやしい響きがあった。もちろん今では、アインシュタインやホーキングといったスゴイヒトたちが宇宙物理学なんていうSFみたいな学問を確立し、科学技術の発展は空想の世界だったモノを現実に見せてくれるようになった（見たくない現実もあるけど）。だからこそ、「次の空想」に思いめぐらせ、「次の未来」を実現させるために、いっぱい本を読んでほしいのだ。古典でも、最先端科学の本でもなんでもいい。おもいっきり背伸びして「むつかしい本」を読んでみようよ。

次の一冊　『万葉秀歌（上）［改版］』斎藤茂吉著／岩波新書
日本人なら読んどくべし。ツイッターより短い！（全2巻）

リブロひたちなか店
國友貴史さん選

〒312-0005
茨城県ひたちなか市新光町35
ニューポートひたちなかファッションクルーズ2F
TEL 029-265-2655

Memo

國友店長いわく「ウチは普通の本屋さんです。いたってフツーの本屋さんです」わ

『ぼくには数字が風景に見える』

ダニエル・タメット（著）、古屋美登里（訳）

講談社文庫｜2014年｜325ページ｜定価：730円（税別）
ISBN：9784062778602｜装丁：鈴木成一デザイン室

自分の世界から“外”の世界へ…
ひとりの天才の冒険ものがたり。

著者のダニエルはずっと自分だけの美しい世界の中で生きてきた。サヴァン症候群という複雑な彼の世界では、数字たちが色とりどりの風景として見えている。私たちは彼の世界を理解できない。彼も私たちの感情を理解できないでいた。でも彼は家族や仲間の愛情に包まれながら、自らも愛することを知りたいと思ったのだ。彼は戸惑いながらも、この世界の本当の意味を知ることができた。この本は、一人の孤独な天才の勇気と自立の物語。自分と他人の世界にふと壁を感じたとき、ひらいてほしい一冊。

次の一冊　『燃えよ剣（上）［改版］』司馬遼太郎著／新潮文庫
とくに司馬遼太郎の著作はすべて読んでおきたい。良くも悪くもその後の生き方に影響を与えます……。（全2巻）

三省堂書店大宮店
津久井詩乃さん選

〒330-0854
埼玉県さいたま市大宮区桜木町1-6-2
そごう大宮店8F
TEL 048-646-2600

Memo

すみからすみまで「本の世界」を探検できる、ちょうどいいサイズの本屋さん。

『カイミジンコに聞いたこと』

花井哲郎

中公文庫｜2012年｜269ページ｜定価:705円(税別)
ISBN:9784122056862｜装丁:山影麻奈

気持ちが
やさしく洗われます。

科学者の書くエッセイはどうして面白いのだろう。科学そのものについてではなく、日常のことや感じたことを書くとき、科学者たちはその独特の観察眼を通して世界を表し、私たちに新しいものの見かたを教えてくれる。そうして私たちは寺田寅彦の考察や、ファインマンのエピソードに唸《うな》るのである。そして本書。古生物学の教授だった著者が退官後に書き連ねたエッセイ集で、目のつけどころがどれも味わい深く面白い、何ともチャーミングな一冊だ。どこから読んでも良く、一篇読み終えた後はページを閉じてあれこれ考えたくなる。物語を楽しむ読書に疲れたときに、ぜひ。

次の一冊　『ドミトリーともきんす』高野文子著／中央公論新社
偉大な日本の科学者たちの言葉が、唯一無二の漫画世界とひとつに。素晴らしい案内書です。

八文字屋北店
谷《や》澤《ざわ》久与さん 選

〒990-0885
山形県山形市嶋北1-2-2
TEL 023-682-3388

Memo

シネコン併設！　家族、友人、恋人連れでも楽しめます。

Date
Jun. 28

No. **179**

『単純な脳、複雑な「私」
——または、自分を使い回しながら進化した脳をめぐる4つの講義』

池谷裕二

朝日出版社｜2009年｜414ページ｜定価：1700円（税別）
ISBN：9784255004327
装丁：有山達也＋池田千草＋中島美佳（アリヤマデザインストア）

胸を焦がす恋すらも脳の気まぐれなのか

本書は脳科学者である著者が母校の高校でおこなった講義をまとめたものです。理系文系関係なく、こんな面白い授業を受けたい！　と思うはず。たとえば、長い時間一緒にいるほど「好き」になりやすいという脳のクセの話。幽体離脱を生じさせる脳部位の存在。脳に思考を支配されている人間に「自由意思」はあるか？　という哲学的とも言える考察などなど。恐ろしく巧妙でありながら、ときにアホみたいにも見える脳のシステム。普段の思考や行動がそんな脳によって決められていることが次々に紹介される本書は、一度読んだら読む前の自分には戻れない、革命が起きる一冊なのです。心して読もう！

次の一冊　『できそこないの男たち』福岡伸一著／光文社新書
こちらも目からウロコ。オスはメスのためにつくられた遺伝子の「使い走り」にすぎない——。男子戦慄《せんりつ》の一冊。

**紀伊國屋書店武蔵小杉店
有野修一さん**選

〒211-0004
神奈川県川崎市中原区新丸子東3-1135-1
グランツリー武蔵小杉3F
TEL 044-331-9990

Memo

店内にカフェ「白ヤギ珈琲店」併設。新しい街に開かれる新しい紀伊國屋書店。わ

Date
Jun. 29

No. **180**

『わたしを離さないで』
カズオ・イシグロ（著）、土屋政雄（訳）

ハヤカワepi文庫｜2008年｜450ページ｜定価：800円（税別）
ISBN：9784151200519
装丁：坂川栄治＋田中久子（坂川事務所）

生きるって、人生って、そもそも人間ってなに？

キャシー・Hは、青春時代を親友とともに過ごしたヘールシャムという特別な施設を回想する。閉じられた空間で子どもたちは大事に大事に育てられ、教育を受ける。そして子どもたちは自分たちが何のために育てられ、何のために生きているのかを徐々に知っていく。それが静謐《せいひつ》な文章で、怖くなるくらい淡々と語られる。文学作品のなかで「いったい人間てなんなんだよ」ということをダイレクトにテーマにするのが困難な時代に、この作品では登場人物同士が自分自身について語り合う。あらゆることが決定されているなかでどう生きるか、誰もが抱える悩みとリンクします。

次の一冊　『罪と罰（上）［改版］』ドストエフスキー（著）、工藤精一郎（訳）／新潮文庫
守銭奴《しゅせんど》の老婆を強殺し、逡巡する主人公になぜか共感します。（全2巻）

丸善仙台アエル店
佐藤厚志さん選

〒980-6101
宮城県仙台市青葉区中央1-3-1
AER1F
TEL 022-264-0151

Memo

仙台駅横にある東北最大級のお店。特に洋書、医書の品揃えは東北随一です。

『火山のふもとで』

松家仁之《まさし》

新潮社｜2012年｜377ページ｜定価：1900円（税別）
ISBN：9784103328117｜装丁：新潮社装幀室

100年後の読者だって必ず感動するでしょう！ホントに良い本！

世界的な巨匠フランク・ロイド・ライトに師事した老建築家の設計事務所で働くことになった若き青年を描いた一夏の物語。はたして、事務所は国立現代美術館のコンペに勝つことができるのか？　良い小説は何時、何度でも読む人の心を打つ。この本は将来、建築や設計の仕事につきたい人や作家志望の人はもちろん、思春期の若い方にぜひ一度手に取って頂きたい素晴らしい一冊です。著者は知る人ぞ知る元名編集者。落ち着いた語り口ながら、精緻《せいち》な表現といい、人物造形の上手さといい、徐々に盛り上げていくその展開の巧みさは出色の完成度と言って良いでしょう。100年後の日本人が読んでも間違いなく感動するはず！　まさに名作です！！

次の一冊
『イギリスは愉快だ』林 望《のぞむ》著／文春文庫
こちらも名エッセイ。学生時分テスト勉強そっちのけで読破した本です。

西沢書店大町店
古川博さん選

〒960-8041
福島県福島市大町7-20
TEL 024-522-0161

Memo

明治42年創業。3月11日が創業記念日。100余年地域に寄り添う老舗の底力。

『転がる香港に苔《こけ》は生えない』

星野博美

文春文庫｜2006年｜623ページ｜定価：990円（税別）
ISBN：9784167717070｜装丁：文藝春秋デザイン部

強烈な熱気に
圧倒される!!

1997年7月1日、香港が中国に返還される日、その日を見たくて感じたくて著者は香港に住んだ。そこで出会った人たちと正面から向き合い、時に怒り、笑い、泣き、感情をぶつけあいながら描いた渾身のルポ。香港の蒸し暑さと人混み、人々の熱気が伝わってくる。著者の香港に対する熱い想いと香港の人たちの強くてしなやかで腹を括《くく》った生き方に圧倒される。香港人の自分を生かすも殺すも自分次第だからと、とにかく行動する姿に脱帽。へこんだり、何だかもやもやしているとき、これ読めばきっと吹っ切れるはず。

次の一冊
『謎の独立国家ソマリランド』高野秀行著／本の雑誌社
興味を持ったらどこまでも突き進む。冒険・探検、快作です。

ブックファースト レミィ五反田店
田浦靖子さん選

〒141-0022
東京都品川区東五反田2-1-2
レミィ五反田7F
TEL 03-6408-1811

Memo

駅直結だがとても落ち着いた雰囲気で旬な本たちをゆっくりと選べるのが魅力。わ

7月

思春期の悩みは、この本で解決！

July

『本を味方につける本
――自分が変わる読書術』

永江朗《あきら》

河出書房新社｜2012年｜207ページ｜定価：1200円（税別）
ISBN：9784309616742｜装丁：高木善彦

本さえ読んでりゃ
なんとかなるようです。

読書ワールドのスタートライン手前で迷っている人にオススメ。本との付き合い方を本読みのプロが教えてくれます。本を読んだらどんないいことがあるの？　おもしろい本に出会うにはどうしたらいいの？　この本にはヒントがつまっています。「本を読まなくても生きてはいける」「本を読むより大切なことがある」。それでも、本を読まないよりは読んだほうがいい。たぶん、きっと。

次の一冊　『［新装］ぼくを探しに』シェル・シルヴァスタイン（作）、倉橋由美子（訳）／講談社
迷い、探し、そうして人は生きていく。

進駸堂《しんしんどう》イトーヨーカドー店
栗原啓予さん（選）

〒323-0022
栃木県小山市駅東通り2-3-15
イトーヨーカドー2F
TEL 0285-25-3871

Memo

探しているものを店員さんに相談したり、気軽に会話のできる街の本屋さん。

『スタンド・バイ・ミー［改版］
——恐怖の四季 秋冬編』

スティーヴン・キング（著）、**山田順子**（訳）

新潮文庫｜2010年｜491ページ｜定価：750円（税別）
ISBN：9784102193051｜装丁：新潮社装幀室

人生は思い出を胸に遠い道を行くが如し……。

当時映画化されたこの作品を今でも手にとって読むことがあります。行方不明だった少年の死体を、作者を含めた4人の少年が探しに行くという思い出話を通して、少年時代のゆれ動く心を描いた作品。学生時代に、そして大人になってからも読み返してほしい一冊です。

次の一冊
『竜馬がゆく（1）［新装版］』司馬遼太郎／文春文庫
20代に「この主人公、かっこいい！」とシビレ、その後の生き方に影響を受けたのが、この作品の主人公である坂本竜馬でした。

マルベリーフィールド
勝澤光さん選

〒196-0022
東京都昭島市中神町1176-36
TEL 042-544-3746

Memo

JR青梅線中神駅前の新刊が買えるブックカフェ。私のオススメはカツサンド！

『ジャン・クリストフ（1）［改版］』

ロマン・ローラン（著）、豊島与志雄（訳）

岩波文庫｜1986年｜540ページ｜定価：900円（税別）
ISBN：9784003255513

通過儀礼としての読書

「どの国の人々であれ　悩み　そしてたたかっており　やがて勝つであろう　自由な魂たちに　ささぐ」（引用は河出書房版より）で始まる本書は音楽家ジャン・クリストフの生涯を描いた物語。この長編小説は我が家の高校生時の課題図書でした。読書感想文を書くとか何か感想を述べる、といった決まりはなくただ読めば良いという課題。しかし、ただ読むにしても文量が多いうえに、サッカー小僧だった私にとって、こんな決まりごとがなかったら絶対に読まないし読めなかっただろう。私が読んだのは河出書房版の世界文学全集で片山敏彦訳の上下二段組全３巻。とにかく読むということが鍛えられた作品。（全４巻）

次の一冊　『THE BOOKS green――365人の本屋さんが中高生に心から推す「この一冊」』ミシマ社編／ミシマ社　本探しの羅《ら》針盤《しんばん》として何度でも使える。

ありの文庫
木田礼知さん選

〒604-8144
京都府京都市中京区元法然寺町681

Memo

誰にも教えたくない、でも知っていることを自慢したくなる小さな古本屋さん。と

『ファインマンさんは超天才』
クリストファー・サイクス（著）、
大貫昌子（訳）

岩波現代文庫｜2012年｜381ページ｜定価：1220円（税別）
ISBN：9784006032401

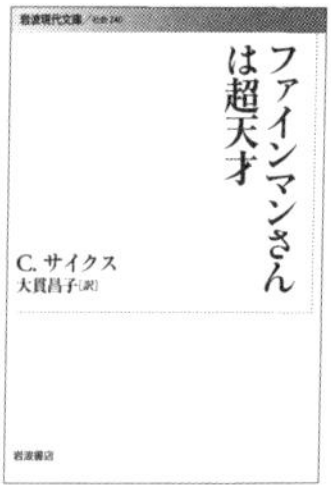

ものごとをつきとめる楽しみ

この本は天才物理学者ファインマンの生涯が、本人や家族、友人へのインタビューをもとに書かれている。ノーベル賞受賞といった物理学者としての華々しい活動も読んでいて楽しい。ただそれ以上に私がこの本で薦《すす》めたいところは、ファインマンの自然に対する考え方である。科学的な見方によって、自然の神秘は損なわれると思いがちだが、ファインマンにかかるとその神秘はどんどん深まる。自然を観察し、それがどういったものか想像してつきとめていく楽しみを、誰にでもわかる語り口で話している。難しい数式は出てこないので、数学や理科が苦手な方もぜひ読んでいただきたい。

次の一冊　『人生論［改版］』トルストイ（著）、原卓也（訳）／新潮文庫
人生についての内面的、哲学的な考察。

啓林堂書店学園前店
中村潔さん選

〒631-0036
奈良県奈良市学園北1-9-1
パラディ学園前3F
TEL 0742-49-8001

Memo

顔の見える棚と接客を目指し、店内にスタッフおススメ本コーナーを常設。と

『ようこそ建築学科へ！
──建築的・学生生活のススメ』

五十嵐太郎（監修）、
松田達、南泰裕、倉方俊輔、北川啓介（編著）

学芸出版社｜2014年｜212ページ｜定価：1800円（税別）
ISBN：9784761513368｜装丁：フジワキデザイン

私も建築学科（芸術系）出身です。

私は普通科の高校に通う生徒でした。その私が建築の世界を目指したいと思ったとき、勇気づけてくれる本がありませんでした。あのときこの本に出会っていたら！？　この本の内容は、図面の書き方や構造計算などといった堅苦しいものではなく、建築学科の学生とは何かなど、建築学科に対するさまざまな疑問に大先輩方が親切に答えてくれています。これから建築の世界を目指そうとしている、中・高生への応援ブックです。

次の一冊　『建築学生のハローワーク［改訂増補版］』五十嵐太郎編／彰国社
入学したら読んでください。

柳々堂
前田克己さん選

〒550-0003
大阪府大阪市西区京町堀1-12-3
TEL 06-6443-0167

Memo

小さなお店にある本の約8割が建築関係という、明治期創業の建築専門書店。と

Date
Jul. 7

No. **188**

『宙《そら》の名前［新訂版］』

林完次

角川書店（KADOKAWA）｜2010年｜199ページ
定価：2500円（税別）｜ISBN：9784048544832
装丁：吉川陽久

始めようか、天体観測!!

星座の図鑑は数多くありますが、この本には「土用三郎」「西郷星」など星に関するちょっとマニアックな言葉たちが美麗写真とともに掲載されてます。悩みがあったり、疲れたりして気分が沈みがちなときに空を見上げてみると、広ーい宇宙の中では意外とちっぽけなことだと少し楽になります。社会人になると、いろいろと行きづまることが多いのに、じっくり天体観測なんていうこともきっかけがなければそうできないかと思うので、いろいろなことに触れて吸収していけるときにこそ、この本をきっかけに星々のことを知ってもらえたらと思います。

次の一冊
『星の王子さまの天文ノート』縣《あがた》秀彦著／河出書房新社
初心者におすすめの読みやすい一冊です。

紀伊國屋書店仙台店
薄葉《うすば》葵生さん選

〒982-0011
宮城県仙台市太白区長町7-20-3
ザ・モール仙台長町3F
TEL 022-308-9211

Memo

仙台駅から地下鉄で10分ちょっと。モール内にあるアットホームなお店です。

『人間の土地［改版］』

サン=テグジュペリ（著）、堀口大學（訳）

新潮文庫｜2012年｜278ページ｜定価：552円（税別）
ISBN：9784102122020｜装丁：新潮社装幀室

「星の王子さま」の次に。

もっとも危険な職業のひとつだった飛行士。空から見る道、街、人の景色から始まり、心でしか見えない繋がり、覚悟、本然に話は深まっていきます。とくに砂漠の羚羊《かもしか》の一節は白眉《はくび》。自分の完成を求め、飼い慣らされた状態から野生へ飛び出していく描写に私は吹き飛ばされてしまいました。あなたも吹き飛ばされるかもしれません（暑いときがいいかもです）。

次の一冊　『マルテの手記』リルケ（著）、大山定一（訳）／新潮文庫
苦痛な読書の後に見えないものが見えてきます。

カモシカ書店
岩尾晋作さん選

〒870-0035
大分県大分市中央町2-8-1 2F
TEL 097-574-7738

Memo

レトロビルに佇む新しいお店。大分に行く際は絶対に寄ってほしい！カフェ有。

『乙女の読書道』

池澤春菜

本の雑誌社｜2014年｜237ページ｜定価：1500円（税別）
ISBN：9784860112523｜装丁：川名潤（prigraphics）

本と共に世界を広げよ！

著者の池澤春菜さんは、声優で歌手でエッセイスト。作家の福永武彦氏を祖父に、同じく作家の池澤夏樹氏を父にもつ。学生時代に、福永氏、池澤氏の小説や読書エッセイに出逢い、私の本の世界は格段に広がっていった。古今東西のさまざまな著者や本との橋渡しをしてくれた。春菜さんも、祖父、父親譲りの読書家で、本書で紹介されている本も、SF、ファンタジー、ミステリーにアートと幅広い。その読書欲は旺盛《おうせい》で、とどまることを知らず、本の世界へ引き込まれてしまう。本の世界とは、時間・空間を超越した果てしのないものだが、こうした読書の名案内人とともに飛び込んでみよう。

次の一冊　『嵐の夜の読書』池澤夏樹著／みすず書房
本の世界のもっと奥へ。

町家古本はんのき
中村明裕さん 選

〒602-0065
京都府京都市上京区挽木町518
TEL 075-414-6566

Memo

西陣の町家に三人の店主が持ち寄った読み応えある本が揃う古本屋さん。と

Date
Jul. 10

No. **191**

『童話物語(上)──大きなお話の始まり』
向山貴彦

幻冬舎文庫｜2001年｜403ページ｜定価:648円(税別)
ISBN:9784344401297｜装丁:宮山香里

世界が滅ぶ
「妖精の日」まであとわずか…

このお話の主人公ペチカは誰にでも愛されるようなかわいい性格の女の子ではありません。はっきりいって性格は悪い。そんなペチカが妖精フィツと出会うことで物語が動き出します。物語前半でペチカに降りかかる出来事は読んでいてつらい。でも、だからこそ、ペチカたちの旅の行方が気になる。幸せになってほしいと思える。世界を滅ぼすかもしれない妖精と一人の少女の物語。しっかりと作りこまれた世界観にどっぷり浸かった時、あなたが読書という世界にはまる時かも?

次の一冊　『獣の奏者（1）闘蛇編』上橋菜穂子著／講談社文庫
世界観のしっかりしたファンタジーです。(全5巻)

今井書店学園通り店
千葉淳美さん選

〒690-0825
島根県松江市学園2-33-8
TEL 0852-31-8099

Memo

島根大学そば。2Fにはレンタルコーナーもあり幅広いお客さんが訪れます。い

『博士の愛した数式』

小川洋子

新潮文庫｜2005年｜291ページ｜定価：490円（税別）
ISBN：9784101215235｜装丁：新潮社装幀室

文系でも大丈夫！
数学と文章の美しさに魅了されます！

記憶が80分しかもたない数学者と、シングルマザーの家政婦と、その息子の物語。記憶障害のため、会うたびに自己紹介からのスタートとなる。そんな生活をともにしていくうちに、博士が教えてくれる数学の美しさは二人に尊敬の念を抱かせ、慕《した》うようになる。博士には二人のことが記憶に残らないので人間関係を構築することはできないが、二人に影響を与える大きな存在となっていく。数学という、ある種とっつきにくいテーマを交えつつも、美しい文体で世界の秩序、道徳のようなものを優しく教えてくれる作品です。

次の一冊
『ぼくには数字が風景に見える』ダニエル・タメット（著）、古屋美登里（訳）／講談社文庫
「人はみな、それぞれでいい」と思わせてくれる作品です。

喜久屋書店大和郡山店
藤田征大さん選

〒639-1101
奈良県大和郡山市下三橋町741
イオンモール大和郡山2F
TEL 0743-55-2200

Memo

ショッピングモール内に広がる大きな売り場。老若男女、楽しめます！

『九つの、物語』

橋本紡《つむぐ》

集英社文庫｜2011年｜372ページ｜定価：619円（税別）
ISBN：9784087466652｜装丁：川谷デザイン

優しくて、かなしくて、せつなくて
そして温かい　九つの、物語。

9つの古典文学が織りなす、いなくなったはずの兄と、ある記憶を失ってしまった妹の物語。兄の料理がすごくおいしそうで、手抜きのクロックマダムとトマトスパゲッティが食べたくなりました。傷ついたり、悩んだり、助けてもらいながら癒されて、人って成長するんだなぁと思い知らされ、最後の「失ったものはたくさんある。けれど、得たものもたくさんある。そんなふうに、わたしは生きていくのだろう。」のところは心にしみました。

次の一冊　『キケン』有川浩《ひろ》著／新潮文庫
青春ってすばらしい！！

大阪市立大学生協杉本店
渡辺学さん選

〒558-8585
大阪府大阪市住吉区杉本3-3-138
TEL 06-6605-3011

Memo

大阪市立大学のキャンパス内にあるお店。面白い本を届けるために日々奮闘中！と

『夏の魔法——ペンダーウィックの四姉妹』

ジーン・バーズオール(著)、代田亜香子《だいた》(訳)

小峰書店｜2014年｜325ページ｜定価:1600円(税別)
ISBN:9784338287012｜装丁:中嶋香織

夏休みが大好きなあなたへ
特別な夏の記憶を。

夏休みはとっても特別な時間です。学校がお休みでも、塾とか模試だとかがあるかもしれないけれど、そういった時間すらどこか非日常に思えるような、何かが起こるかもしれないという予感を運んできてくれます。わたしたちの日常には一大ドラマが起きたりすることはありませんが、大人には内緒の時間をどう過ごせるかが、あなたを魅力的にするのだと思います。“ザ・王道！”な夏休みならこの物語にぎっしり詰まっています。素直なものごとの良さを忘れないでと願って、現代の『若草物語』ともいえるこの作品をリストにしのばせておきます。

次の一冊 『トムは真夜中の庭で［新版］』フィリパ・ピアス（作）、高杉一郎（訳）／岩波少年文庫
これもまた幸福な“王道”の形のひとつです。大人になっても愛しい作品。

函館 蔦屋書店
森泰美さん 選

〒041-0802
北海道函館市石川町85番1
TEL 0138-47-3771

Memo

新しい“好き”が見つかる、“好き”が深まる、とっても居心地のよい場所。

『トムは真夜中の庭で［新版］』

フィリパ・ピアス（著）、高杉一郎（訳）

岩波少年文庫｜2000年｜358ページ｜定価：720円（税別）
ISBN：9784001140415

時間も空間も飛び越える体験をぜひ読書で…!!

傑作中の傑作ファンタジー。大人になって初めてこの本を読んだ人のほとんどが、子どもの頃にこの本を読んでいれば良かったと後悔する一冊。あなたは後悔せずにこの本を読むことのできる幸せな読者の一人。そしてその後は、時間もののファンタジーやSF、ミステリーなど、どんどんいろんな本が読みたくなるはず。なかには歴史書や植物図鑑を手に取る人がいるかも……。60年ほど前に書かれた本なので、最初は少し読みにくいけど、途中まで読めば逆に時間を忘れて一気読み。ラストの美しさは、ゲームじゃけっして味わえません。

次の一冊
『クラバート』オトフリート・プロイスラー（著）、中村浩三（訳）／偕成社
こちらも素晴らしいファンタジーです。「千と千尋の神隠し」のヒントにもなった一冊。

今井書店田園町店
松田由記子さん選

〒680-0803
鳥取県鳥取市田園町4-336
TEL 0857-22-0676

Memo

小さな店舗だからこそ、お客さんとの対話・絆を大切にされているお店です。

Date
Jul. 15

No. **196**

『上と外(上)』

恩田陸

幻冬舎文庫｜2007年｜447ページ｜定価:648円(税別)
ISBN:9784344410190｜装丁:鈴木成一デザイン室

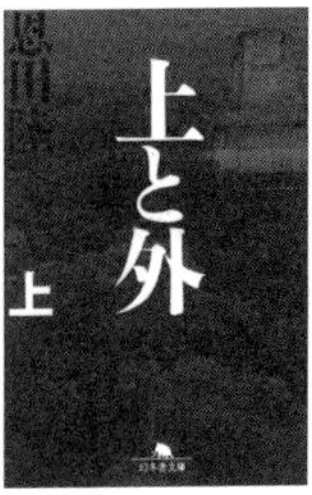

古代と現代の錯綜

マヤなら、あるかもしれない。

上・下巻の厚さもさることながら、密林の中に頭をのぞかせるマヤのピラミッドに目が惹き込まれる。『上と外』というタイトルは何を意味しているのだろう。練と千華子の兄妹は、考古学者の父が暮らす中米G国で過ごした夏休み最後の日、思いもかけない事態に陥《おちい》る。クーデターに巻き込まれた二人は、ヘリコプターの中からジャングルへと放り出されてしまったのだ。二人の知力・体力をかけた生還への大冒険が始まる。よく作り込まれたストーリーは、ひと夏の冒険譚《ぼうけんたん》で終わらせるには惜しいほどで、読中・読後、ぐんぐんと想像の翼が広がり続け、面白味が尽きることはない。(全2巻)

次の一冊　『メガロマニア』恩田陸著／角川文庫(KADOKAWA)
同著者による中・南米紀行です。『上と外』の世界がもっと身近になります。

有隣堂たまプラーザテラス店
橋本麻理さん選

〒225-8535
神奈川県横浜市青葉区美しが丘1-1-2
たまプラーザテラスゲートプラザ1F・2F
TEL 045-903-2191

Memo

1Fは明るくファミリー向け、2Fはシックで落ち着いた大人の雰囲気です。ほ

『場所はいつも旅先だった』

松浦弥太郎

集英社文庫｜2011年｜254ページ｜定価：571円（税別）
ISBN：9784087466676
カバーデザイン：立花文穂、写真：松浦弥太郎

経験が人生の選択肢を広げる唯一の方法!!

やはり若いうちに海外で生活し苦楽を経験している人は強い！この著者は、高校を中退しアルバイトで貯めたお金で憧れのアメリカへ。何事も自分で考えて行動に移し、トライ&エラーを繰り返し成長する様子や、人との出会いを大切にすることなど、旅先での経験が人生の糧《かて》となっているさまが読んでいて伝わってくる一冊。ぜひ旅は若いうちに！

次の一冊　『最低で最高の本屋』松浦弥太郎著／集英社文庫
自分の考えを表現・発信する大切さが伝わります。

ブックファースト梅田2階店
國宗《くにむね》剛さん選

〒530-0012
大阪府大阪市北区芝田1-1-3
阪急梅田駅2F
TEL 06-6371-6755

Memo

お店の前を通るだけで旬の新刊がすべてわかる、見事な新刊台は必見です！と

『おれがあいつであいつがおれで』

山中恒《ひさし》

角川文庫（KADOKAWA）｜2007年｜214ページ
定価：476円（税別）｜ISBN：9784041417034
装丁：大武尚樹

偉大なる「ベタ」の力。

「転校生とぶつかったら心が入れ替わった！」。今では「ベタ」なシュチュエーションの代表として冗談のネタになるほどですが、原典はこの本だと思います。男女の悩み、家族・友人の悩み……いつの時代も変わらない悩みも「ベタ」といえるでしょう。「ベタ」とは「普遍的」「スタンダード」であるということですが、そういった「ベタ」も必ず最初にそれらを創り出した人がいます。今後もどんどん新しい「ベタ」が生まれていきますが、今の中高生の中からもこれからの「ベタ」を創り出す人が出てくるでしょう。

次の一冊　『ゴールデンスランバー』伊坂幸太郎著／新潮文庫
こちらはベタではありませんが、優れたエンターテインメントです。

くまざわ書店若松店
神野森彦さん選

〒808-0103
福岡県北九州市若松区二島1-3-1
イオン若松ショッピングセンター2F
TEL 093-772-1635

Memo

「やさしいお店」がモットーの温かいお店。リニューアルしたばかりです。り

『きみは白鳥の死体を踏んだことがあるか（下駄で）』

宮藤官九郎

文春文庫｜2013年｜252ページ｜定価：600円（税別）
ISBN：9784167811037｜装丁：文藝春秋デザイン部

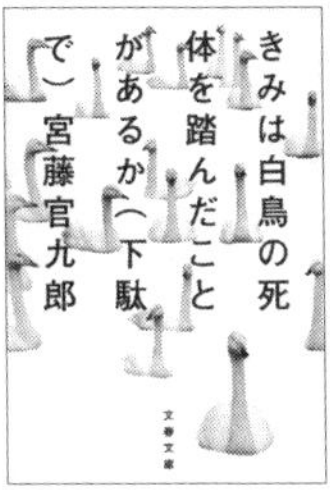

無様なほど輝く青春

白鳥の死体、はがき職人、下駄《げた》しか許されない高校。「あぶない」白鳥おじさんとの奇妙な友情。冴えない17歳が、まだ見ぬ恋と青春を求め苦悩しながらも成長していくさまは、とてもバカバカしいが否応なく心に突き刺さる。かつて高校生だった人、もしくは今あなたが高校生ならば共感、葛藤し、笑い、最後には震えるだろう。バカにパワーがある、楽しいだけで本がどんどん読める。本を好きになるにはそれだけで充分だ。しかもバカは人を変える力を秘めている。スティーブ・ジョブズも言っていたではないか。「ステイ・ハングリー、ステイ・フーリッシュ」。

次の一冊 『ニッポンで笑う――お婆ちゃん！ それ、偶然だろうけどリーゼントになってるよ!!（3）』松尾スズキ（著）、河井克夫（イラスト）／東京ニュース通信社　腹を抱えて笑う、珠玉のコラム。

空中BOOKS
朔晦《たつこり》載欣《のりよし》さん 選

〒916-0064
福井県鯖江市下司町2-4
メゾンドールイズモヤ1F
TEL 0778-62-0545

Memo

鯖江《さばえ》の町並みに突如現れる本と雑貨のお店。キッチン、ミリタリー系雑貨も。と

Date
Jul. 19

No. **200**

『69 sixty nine』

村上龍

文春文庫｜2007年｜246ページ｜定価：457円（税別）
ISBN：9784167190071｜装丁：文藝春秋デザイン部

“一生、オレの楽しい笑い声を聞かせてやる………。”

安田講堂事件が起き、東大が入試を中止した1969年。17歳のケンは、女にモテたいがために御託《ごたく》を並べ、友人のアダマたちを巻き込み、演劇や映画、ロックを詰め込んだ「フェスティバル」の開催を目指す。その途上で企《くわだ》てたのは、高校の「バリケード封鎖」だった――。教師という「退屈の象徴」に反旗を翻《ひるがえ》し、自分たちの手でなにかを起こせると信じてやまない若者たちがいた時代。その圧倒的なきらめきを、縛《しば》られた学生生活に倦《う》んでいる現代の中高生たちに目撃してほしい。今の自分たちだからこそあり得る笑い声を放ちたくなるはずだ。拡大された単語・文が散らばる奔放《ほんぽう》な文章表現も見どころ。

次の一冊　『寺山修司詩集』寺山修司著／ハルキ文庫
青春の痛み、優しさが染み渡る一冊。

ジュンク堂書店舞子店
真島あす香さん選

〒655-0047
兵庫県神戸市垂水区東舞子町10-1-301
Tio舞子3F
TEL 078-787-1250

Memo

世界最大のつり橋、明石海峡大橋が眼前に！　海を眺めながら選書できます。と

『ボクの音楽武者修行』

小澤征爾《せいじ》

新潮文庫｜2000年｜216ページ｜定価:430円(税別)
ISBN:9784101228013｜装丁:和田誠

夢中になれるものや、好きでたまらないものが
ひとつでもあったら、きっとそれは、
自分自身を支えてくれる力になる。

「まったく知らなかったものを知る、見る、ということは、実に妙な感じがするもので、ぼくはそのたびにシリと背中の間の所がゾクゾクしちまう」――。今では“世界のOZAWA”と称される大指揮者が、まだ何者でもないある一人の若者だった頃、その身ひとつでクラシックの本場、ヨーロッパに乗り込んだ「武者修行」の2年半を綴ったエッセイ。言葉もうまく通じない中でもまったく物《もの》怖《お》じしない、音楽に対するまっすぐな想いがまぶしいほどです。やりたいことがあるのにあと一歩が踏み出せない人、進むべき道が見つからなくて迷っている人の、勇気になってくれるだろう一冊です。

次の一冊

『最後の冒険家』石川直樹著／集英社文庫
まだ見ぬ世界へ飛び込んでいった冒険家たちの姿に胸が熱くなります。

ON READING
黒田杏子さん選

〒464-0807
愛知県名古屋市千種区東山通5-19
カメダビル2A
TEL 052-789-0855

Memo

本を通じて知らないこととの出会いを楽しむ、“感じる、考える人のための本屋”。

『冒険の日々――マイ・ホームタウン』

熊谷達也

小学館文庫｜2005年｜321ページ｜定価：600円（税別）
ISBN：9784094080490｜装丁：大久保學

小学生男子がアホでなくて
どうするよ？

今まで色んなところで何度もオトナのみなさん向けにこの本をオススメしてきた。少年時代の想い出との邂逅《かいこう》と郷愁を誘うものとして。ところがどっこい、予想外にリアル中高生からの反応が良くて。昭和の正しい小学生男子アホアホ冒険譚《ぼうけんたん》は、デジタルに囲まれた彼らにとって泥臭くて暑苦しくて面倒くさくて、そして新鮮なものとして映るらしい。実際には知らないはずの「懐かしい日々」がこの本を通して身体の中に流れ込む、そんな読書体験をぜひに！

次の一冊　『チルドレン』伊坂幸太郎著／講談社文庫
迷惑でもいい、恰好いいオトナになってくれ！

精文館書店中島新町店
久田かおりさん選

〒454-0932
愛知県名古屋市中川区中島新町3-604-1
TEL 052-369-3190

Memo

ラーメン屋さんの壁か！という感じで並んでいる色紙を見に行ってください！わ

『青春デンデケデケデケ』

芦原すなお

河出文庫｜1992年｜225ページ｜定価:490円(税別)
ISBN:9784309403526｜装丁:泉沢光雄

中学の夏だったと思います。出会いは、小説が先だったか、映画が先だったかは忘れましたが、両方とも好きすぎて、何度も読んだり、観たりしていました。四国の男子校生がベンチャーズの「パイプライン」の電気（エレクトリック）ギター音デンデケデケデケ……を聴いて、仲間とバンドを結成するという青春ものです。読んで笑ってひとつの青春を疑似体験しました。私は女子でしたが、彼らの「男子の青春」に憧れ、四国の方言のセリフをひとり真似していました……「あんじゃる～（気持ち悪い）！」ですね。いいんですっ、これもひとつの青春の思い出ですからっ！

次の一冊
『ぐうたら人生入門』遠藤周作著／ハルキ文庫
母親の本棚から何気に取って読んだエッセイ。ユーモアのある孤《こ》狸《り》庵《あん》先生（遠藤周作）のトリコに。

くまざわ書店那覇店
有村奈津子さん選

〒901-0155
沖縄県那覇市金城5-10-2
イオン那覇ショッピングセンター3F
TEL 098-852-1312

Memo

那覇空港から2駅、小禄駅前のSC内にあり。空旅のお供探しにばっちりです！

『性的唯幻論序説［改訂版］
――「やられる」セックスはもういらない』

岸田秀

文春文庫｜2008年｜443ページ｜定価:743円(税別)
ISBN:9784167540111｜装丁:文藝春秋デザイン部

性交は趣味だと!?
性本能は幻だと!?

今ページをめくっているみんなの最大の悩みは、性の悩みでしょう。知っています。その解決の糸口となる本が本書でしょう。性欲ってなんだろう。3大本能とか言われるけど本当かな。モテるとかモテないとかくだらないわ。そんな軽い気持ちで読み始めたら、宗教、文化、歴史、心理学、資本主義、男女差別、フェティシズム、色々なことを一緒に勉強できてビックリ、そして、ぐいぐい引き込まれて一気に最後まで読み終えてしまうでしょう。きっと、僕らが思い描いている「性」も「性欲」も「後から作られた」ものだということが理解できるでしょう。さあ、考えの幅を広げに行きましょう。

次の一冊　『食欲の科学――食べるだけでは満たされない絶妙で皮肉なしくみ』櫻井武著／講談社ブルーバックス
こちらは純粋に科学的アプローチをしている。難しいが充実の内容。

王様書房
柴﨑王陽さん選

〒153-0052
東京都目黒区祐天寺2-12-19
TEL 03-3711-4447

Memo

柴﨑さんは文句なしのイケメンです。面食いさんは行って確かめてください。ひ

『僕たちの旅の話をしよう』
小路幸也

MF文庫ダ・ヴィンチ（KADOKAWA）｜2009年｜255ページ
定価：552円（税別）｜ISBN：9784840130608
カバーデザイン：清水肇（prigraphics）、
カバーイラスト：志村貴子

誰かとつながる
勇気をもらえる1冊

「同じじゃなくても、違っていてもいいんだよ」と大人に言われても、やはり他人と違うところが（それもとても不思議なくらい違う）あるということは、悲しかったり、辛かったり、苦しかったり、悔しかったりするものだ。でも、10代でこれらの感情を知るということは、うれしいこと・楽しいことがたとえ一つでも自分の身に起きたとき、何倍にも心に響くはず。『僕たちの旅の話をしよう』に登場する彼らは、家庭のことや自身の悩みをそっと抱え込む。周りに心配をかけないように心を配り、友人を思いやることもできるのだ。読了後、ふと探してみたくなり空を見上げてしまうかもしれない。

次の一冊 『計画と無計画のあいだ――「自由が丘のほがらかな出版社」の話』三島邦弘著／河出文庫
感覚がいかに大切なものであるかということを知ることができます。

文教堂北野店
若木ひとえさん選

〒004-0863
北海道札幌市清田区北野3条2-13-70
TEL 011-883-8036

Memo

書籍・文具・レンタル・ゲーム・セルなど、GEO併設で深夜0時まで営業。

『忍びの国』
和田竜《りょう》

新潮文庫｜2011年｜375ページ｜定価：590円（税別）
ISBN：9784101349770｜装丁：新潮社装幀室

時代小説の入門書
この一冊で歴史の舞台へ

本屋大賞作家の和田竜さんの作品です。この物語は「天正伊賀の乱」を背景として描かれていて、ほどよいところに古文書からの記述を織り込み、壮大なフィクションの中にしっかりとしたリアリティを入れることで、忍法物の楽しさ、面白さを満喫することができます。登場人物の個性も物語の特徴となっており、主人公の無門をはじめ魅力的な人間たちが、小説の中を駆け巡ります。読後感も非常に爽快な作品になっているので、歴史が苦手な方からもっと深く歴史を学びたい人まで、幅広く読んでいただけると思います。この本をきっかけに少しでも歴史に興味をもっていただけたらと考えています。

次の一冊
『無双の花』葉《は》室《むろ》麟《りん》著／文春文庫
少し難しくはなりますが、これも歴史の面白さ、奥深さを読める一冊です！！

紀伊國屋書店オーロラタウン店
松橋雄大さん選
〒060-0042
北海道札幌市中央区大通西1-14-2
TEL 011-231-8531

Memo

大通公園の地下を東西にのびる「オーロラタウン」内にある。話題の本に注目。わ

Date
Jul. 26

No. 207

『幕末単身赴任
下級武士の食日記』

青木直己

生活人新書（NHK出版）｜2005年｜195ページ
定価：700円（税別）｜ISBN：9784140881651
装丁：山崎信成

幕末の江戸にいる気分。

中高生がこの本で本好きになるかどうかはさておいて、私を江戸好き、下級武士好きにした一冊を紹介させていただきます。酒井伴四郎という実在の人物が残した日記から、幕末の江戸の食生活をのぞいてみようという内容。これがめっぽう面白い。伴四郎さん、じつにマメに日記をつけていたので、その文章から彼の日常が垣《かい》間《ま》見えてきます。読み進めていくうちに、どこかキュートな伴四郎さんが他人に思えなくなってきます。江戸時代がすぐそばに感じられる一冊。歴史は教科書だけにあらず！（中高生に向けて一言！　いちおう）。こんなところから歴史に興味をもつのもアリですよ。自店の売れを調べてみたら400冊近く売ってますよ、当時。

次の一冊　『幕末下級武士の絵日記』大岡敏昭著／角川ソフィア文庫（KADOKAWA）
こちらはなんと絵日記！　この人の日常もなんともコミカルです。

ふたば書房京都駅八条口店
飛龍典明さん選

〒600-8215
京都府京都市下京区東塩小路釜殿町31-1
近鉄名店街みやこみち
TEL 075-681-0880

Memo

とにかくいつも、店員さんがみんな素敵な笑顔で心温まります。あ

『ツバメ号とアマゾン号（上）』

アーサー・ランサム（著）、神宮輝夫（訳）

岩波少年文庫｜2010年｜340ページ｜定価：760円（税別）

ISBN：9784001141702

読むなら断然 夏休み！
必須アイテム"想像力"と"冒険心"
で「夏」を遊びたおそう！

こんな名作を10代の頃に読んでいたら……と悔しくてなりません。ヨット・無人島探索・キャンプ・宝探し・嵐・「海賊」との決闘……小さな湖で夏休みを満喫する子どもたちの夏の日々。それだけのお話なのにどうしてこんなにも惹かれるのだろう。それに、キャンプ生活で彼らが食べる「ペミカン」や「タフィー」や「フルーツケーキ」が妙に美味しそうなのです。夏休みと無縁の私は、夏が来るたびに発作的に読みたくなります。一種の現実逃避ってやつですね。一度読めばずっと手元に置いていたくなるような不思議な一冊。あなたも「夏になると妙に読みたくなる病」に感染すること間違いなし！（全2巻）

次の一冊　『翼はいつまでも』川上健一著／集英社文庫
ビートルズの「All my loving」を聴くと必ずこのラストシーンを思い出し、ウルウルきます。

ブックスなにわ多賀城店
遠藤聡さん選

〒985-0874
宮城県多賀城市八幡1-2-34
TEL 022-393-7227

Memo

親切・丁寧な接客とニヤリとする品揃え。気になる本があれば遠藤さんへ！い

『膚《はだえ》の下（上）』

神林長平《かんばやしちようへい》

ハヤカワ文庫｜2007年｜592ページ｜定価：900円（税別）
ISBN：9784150308810
装丁：岩郷重力＋WONDER WORKZ。

「あなた」と「私」をわけるもの

「私」とはいったい何なのだろう？　と自分の根拠みたいなものが不意に揺れるとき、この本を読んでみてください。主人公の慧慈《けいじ》は、周囲の「こうあれ」という決めつけをはねのけ、自分のあり方と未来を模索していきます。ヒトに造られたヒトではないものがアイデンティティを確立しようというのですから、けっして簡単ではありません。しかし、彼は多くの人に出会い、対話し、時に傷つき、思考し続けて、長い旅路の果てに自らの理想を実現させます。それで「私」の答えが得られるわけではないですが、不安定な今から一歩踏み出してみようと思えるはず。この本にはそんな力があると私は信じます。（全2巻）

次の一冊　『象《かたど》られた力』飛《とび》浩隆著／ハヤカワ文庫
これほど美しくイマジネーションに満ちた小説を他に知りません。

紀伊國屋書店ゆめタウン徳島店
中村真さん選

〒771-1202
徳島県板野郡藍住町奥野字東中須88-1
ゆめタウン徳島 2F
TEL 088-692-0513

Memo

遊園地のようなゲートが目印！　ゆったりとした児童書売り場が魅力的です。い

『お気に召すまま
——シェイクスピア全集15』

シェイクスピア（著）、松岡和子（訳）

ちくま文庫｜2007年｜222ページ｜定価：880円（税別）
ISBN：9784480033154｜装丁：安野光雅

森の中で自分さがし

〜甘い言葉と切実な言葉に涙〜

とある国に、不幸な身の上の青年オーランドーと娘ロザリンドがいた。二人は宮廷のレスリング大会で出会い恋に落ちる。しかし、残酷な運命に行き場をなくしたロザリンドは、アーデンの森に逃げ込み、さまざまな出来事が起こる。森に住む人々の思いがストレートに伝わる、「食うもんは自分で稼ぐ、人の恨みは買わねえ、誰の幸せだってうらやましいとは思わねえ、他人の喜びは俺の喜びだ、自分の不幸は甘んじて受け入れる」など切実な言葉が、恋・部活で悩んでいる人にとって真っすぐ、下を向かず生きようと思わせてくれる一冊だと思います。

次の一冊
『カラフル』森絵都著／文春文庫
いつ読んでも最後にはハンカチが濡れています。

**旭屋書店イオンモール宮崎店
有村幸子さん選**

〒880-0834
宮崎県宮崎市新別府町江口862-1-232
イオン宮崎ショッピングセンター2F
TEL 0985-60-3881

Memo

内装が素敵！　特にキッチンを模した料理書コーナーは他では見られません。

『燃えよ剣(上)[改版]』

司馬遼太郎

新潮文庫|2007年|576ページ|定価:790円(税別)
ISBN:9784101152080|装丁:新潮社装幀室

若いからこそ、飛び出せる!!

幕末志士と呼ばれる彼らはほとんどが短いその生涯の中で、目先の利益には目もくれず、自分の正しいと思った道を進み、文字通り命を賭けました。こんな美しい生き方ができるのは、彼らが勇敢であったり賢明であったりするよりもむしろ、彼らが「若かった」ということが大きかったんだと思います。やりたいことがありすぎてウズウズしている人、やりたいことが見つからない人、「若い」が故にいろんな悩みを抱えてしまう人たちにこそ読んでもらいたいです。映画じゃ描ききれず、歴史の教科書には載らない人々の人生が、ページをめくるたびに躍動します。読む人の心も、きっと同じように。(全2巻)

次の一冊
『竜馬がゆく(1)[新装版]』司馬遼太郎著/文春文庫
一方向からだけでは理解できないのが歴史。これを読めばますます幕末がよくわかるし、はまります!(全8巻)

三省堂書店大丸札幌店
工藤志昇さん選

〒060-0005
北海道札幌市中央区北五条西4-7
大丸札幌店8F
TEL 011-222-4650

Memo

JR札幌駅直結でカフェ併設。コーヒー片手に落ち着いた気持ちで本が読める。わ

『ホテル・ニューハンプシャー（上）』

ジョン・アーヴィング（著）、中野圭二（訳）

新潮文庫｜1989年｜427ページ｜定価：710円（税別）
ISBN：9784102273036｜装丁：新潮社装幀室

ぼくたちには利口なよい熊が必要なのだ。

「一生の半分はずっと十五歳さ。そしてある日二十代が始まったと思うと、次の日にはもう終ってる。そして三十代は、楽しい仲間とすごす週末みたいに、あっというまに吹き抜ける。そしていつのまにか、また十五歳になることを考えてる」。残酷で滑稽《こっけい》で、時に悲しみが漂う荒唐《こうとう》無《む》稽《けい》なストーリーは、少々過激な描写もありますが、その人生観を変えてくれるきっかけになるかもしれません。そして、こわれた部分をもとの完全な姿に戻してくれる、そんな居心地のよいホテルを再び訪ねていくように、この先何度でも読み返したくなる本です。（全2巻）

次の一冊 『グレート・ギャツビー』スコット・フィッツジェラルド（著）、村上春樹（訳）／中央公論新社
この小説の最後の部分について、上記作中で語られます。

Books Tokyodoアトレヴィ東中野店
天野恵理さん選

〒164-0003
東京都中野区東中野4-4-26
アトレヴィ東中野3F
TEL 03-5937-2590

Memo

併設のカフェからは、中央・総武線の電車とひたすらまっすぐな線路が臨める。わ

8月

真夏に読みたい冒険本、戦争本

August

『ハックルベリイ・フィンの冒険［改版］』

マーク・トウェイン（著）、村岡花子（訳）

新潮文庫｜1959年｜460ページ｜定価:670円（税別）
ISBN:9784102106020｜装丁:新潮社装幀室

日本でいえば「明治時代」のアメリカ！
『トム・ソーヤの冒険』を読んだら
絶対はずせない続編！

今となっては、奇妙でワイルドで、ちょっととっつきにくいと思われるアドベンチャー小説だが、ティーンエージャーのうちにぜひ読んでもらいたい。読み続けるとぐいぐいと引き込まれ、何だろう、何だろうと思ううちに好奇心が生まれ、いつしかハックルベリイやトムと一緒に筏《いかだ》に乗っているような気になれば、しめたものである。そしてお祖父さんのお祖父さんが子どもの頃のアメリカ南部を描いた、このユーモアあふれる作品が「アメリカ近代文学の最高傑作の一つ」とされていることを知ってほしい。

次の一冊　『故郷／阿Q正伝』魯迅《ろじん》（著）、藤井省三（訳）／光文社古典新訳文庫
100年前の中国！

高橋書店
鈴木ハマ子さん 選

〒231-0861
神奈川県横浜市中区元町2-85
TEL 045-641-1321

Memo

知る人ぞ知る横濱元町のワンダーランド、隠れ家的書店。洋書・文具も扱い有。わ

Date
Aug. 2

No. 214

『時刻表2万キロ』

宮脇俊三

角川文庫(KADOKAWA)|1984年|297ページ
定価:552円(税別)|ISBN:9784041598016
装丁:吉川タク

鉄道の旅は
楽しいよ!!

「鉄道の『時刻表』にも愛読者がいる。(中略)私もそのひとりである。」という書き出しで始まるこの本は、時刻表を片手に旅することを夢見ていたわたしに1枚の切符を握りしめ、ローカル線の旅へ出発することになるきっかけをくれた作品です。国鉄全線乗車を目指して北海道から九州まで列車に乗って日本各地を旅する。ユーモラスに描かれた旅の途中でのエピソードは鉄道好きでなくても楽しめますし、鉄道好きには思わずニヤッとしてしまう描写もあり、また今やほとんどが廃止になってしまった地方ローカル線の駅や周辺の街・列車内の当時の様子を垣間《かいま》見ることができる奥の深い一冊です。

次の一冊 『鉄道駅スタンプのデザイン ── 47都道府県、史跡名勝セレクション』関田祐市監修/青幻舎ビジュアル文庫　その土地ならではの絵柄・デザインは旅行気分をさらに盛り上げてくれます。

くまざわ書店横須賀店
今井真史さん 選

〒238-0041
神奈川県横須賀市本町2-1-12
ショッパーズプラザ横須賀3F
TEL 046-821-2403

Memo

児童書ゾーンが広くてファミリーで楽しめる。月一でワークショップも開催。わ

『耳をすます旅人』

友部正人

水声社｜1999年｜285ページ｜定価：1800円（税別）
ISBN：9784891764135｜装丁：宗利淳一

書のなかで旅する！

古今東西、旅の記録の書物はそれこそ星の数ほどあります。それらを読むと居ながらにして旅をすることができます。この本にはシンガーで詩人でもある友部さんが、歌いながら旅した各地で出会った人々のことや出来事が、ありのままに綴られています。心のこもったその文章を読んでいると、見知らぬ土地や人々に思いを馳《は》せ、あたたかく、そして楽しい気持ちになってきます。そして、旅人である友部さんのことが何だか身近に感じられてくるのです。何かと慌ただしい日々のなかですが、少し時間を見つけてゆっくりと、このタイトルもとても素敵な本を繙《ひもと》いてみてほしいと思います。

次の一冊　『ビートルズへの旅』リリー・フランキー、福岡耕造著／新潮社
一度は行ってみたい！

古本・中古音盤 ヨゾラ舎
山本浩三さん選

〒604-0906
京都府京都市中京区東椹木町126-2
ヤマモリビル1F-A
TEL 075-741-7546

Memo

ミシマ社京都オフィスから徒歩5分！　一度訪れると誰もが応援したくなるお店！と

『旅のラゴス[改版]』

筒井康隆

新潮文庫｜2014年｜258ページ｜定価：490円（税別）
ISBN：9784101171319｜装丁：新潮社装幀室

物語の天才が紡ぐ、アナザーワールド。もっていかれます。

「SFをあまり読まないが筒井康隆だけは愛読するという人は多い。僕もその一人」とは、長嶋有の言葉だが、僕もその一人。そんな巨匠の傑作のひとつ。高度な文明を失った代償として、人類が超能力を獲得しだした世界を舞台に、主人公ラゴスの旅を描いている。異空間・異時間への移動をくりかえし、奴《ど》隷《れい》の身に落とされながらも、旅はどこまでも続く。冴えかえった文章によって、ひとつの世界が構築され、そこに人の一生も、文明の盛衰《せいすい》も描かれる、言葉の世界にもっていかれる経験を、たっぷり味わえる一冊。

次の一冊
『家族八景』筒井康隆著／新潮文庫
テレパシーで人の心が読める、かわいいお手伝いさんがヒロイン。筒井流・小市民哀歌！

ロンドンブックス
大西良貴さん選

〒616-8366
京都府京都市右京区嵯峨天龍寺今堀町22
TEL 075-871-7617

Memo

嵐山に静かに佇《たたず》む古書店さん。文芸、哲学からマンガ、絵本まで充実の品揃え。と

『「また、必ず会おう」と誰もが言った。
――偶然出会った、たくさんの必然』

喜多川泰

サンマーク出版｜2010年｜215ページ｜定価：1400円（税別）
ISBN：9784763131157｜装丁：岩瀬聡

君ならどうする？

題名に惹かれ購入しました。非常に読み進めやすい文章・量でビギナー向きです。一部内容変更して映画化にもなっています。思わずついた嘘がきっかけで始めた「和也」の一人旅。ああ、帰りの飛行機に間に合っていたならば……。そのアクシデントが彼にさまざまな経験を積ませることになりました。本気モードに入りましたねぇ、彼は。こんなこと人生の中で起きるわけがない！　と思わず、「人との縁の大切さ」を感じてください。「出会いは偶然ではなく必然」という著者のあとがきもしっかり読んでほしいです。

次の一冊
『警視庁幽霊係』天野頌《しょう》子《こ》著／祥伝社文庫
被害者の幽霊から証言をとる刑事が主人公の明るいミステリーです。

大垣書店ビブレ店
戸田陽子さん選
〒603-8142
京都府京都市北区小山北上総町49-1
北大路ビブレ4F
TEL 075-491-5500

Memo

買い物帰りにふらっと立ちよれる、憩いの場。あ

『野宿入門――ちょっと自由になる生き方』

かとうちあき

草思社文庫｜2012年｜238ページ｜定価：560円（税別）
ISBN：9784794219077｜装丁：間村俊一

『まあ、なんとかなるさ』と思える人になれます。

読めば野宿したくなる……いや、すでに野宿した気になるでしょう！「公衆トイレというのはその周辺の治安をあらわす」など、いざ野宿をするときに役立つたいへん貴重なアドバイスが満載《まんさい》。でも、たんなるハウツー本と思うなかれ。これから先「野宿をしつこくすすめる、おかしな本があったなぁ」と思い出せば、クヨクヨしていることがバカらしくなり、ピンチのときもなんとかなると思える、この本に助けられるときがきっと何度もあるはず。とりあえずは「こういう大人もありなんだ」と思ってもらえたら良いかと。「人生の友」になるであろう一冊です。

次の一冊
『アラスカ物語』新田次郎著／新潮文庫
読めば「自分もなんとかできる！」……とは思えないだろうけど。「できる人もいるんだ」と人間の可能性は感じられます！

himaar《ヒマール》 coffee & crafts
辻川純子さん選

〒740-0017
山口県岩国市今津町1-10-3
TEL 0827-29-0851

Memo

雑貨部には革小物、器など手仕事の品が、喫茶部には美味しいコーヒーが！

Date
Aug. 7
鼻の日

No. **219**

『鼻行類
——新しく発見された哺乳類の構造と生活』

ハラルト・シュテュンプケ（著）、
日高敏隆、羽田節子（訳）

平凡社ライブラリー｜1999年｜152ページ｜定価：800円（税別）
ISBN：9784582762891｜装丁：中垣信夫

本屋の森の中には
未知の生物が存在する!!

1941年、ハイアイアイ群島で発見された鼻で歩く哺乳類「鼻行類」について多くの方はご存じないと思います。なにせ、図鑑にも載っていないし、発見された島も現存しないのですから。眉唾《まゆつば》ものではないかと思う方はこの完全な研究書をご覧ください。読めば読むほどこの未知の生物の存在を疑う気持ちが薄れてくると思います。この本は本当か嘘かという価値観によらない知的産物。本書と出会うことで、こんな得体の知れないものをも許容する「本」の世界の懐《ふところ》の深さを知っていただけたら幸い。そして楽しいブックハンティングへのきっかけとなることを願います。いざ、本屋の森の中へ！

次の一冊 『幻獣ムベンベを追え』高野秀行著／集英社文庫
こちらは本当に未知の生物を求めてコンゴまで行った若者たちの探検記。

ジュンク堂書店藤沢店
堀内理《おさむ》さん 選

〒251-0052
神奈川県藤沢市藤沢559
ビックカメラ7F・8F
TEL 0466-52-1211

Memo

堀内店長が本を読むようになったのは高校のときから。その趣味がいまの仕事に。わ

『国マニア——世界の珍国、奇妙な地域へ！』

吉田一郎

ちくま文庫｜2010年｜258ページ｜定価：680円（税別）
ISBN：9784480427250｜装丁：神田昇和

日本の常識に囚われるな!!

世界は広く、まだまだ面白い！　100年以上も働かずに生活しているナウル人、海上の人工島を占拠して独立宣言してしまったシーランド公国など、教科書や授業では取り上げられることがない52カ国を、5つの章に分け紹介しているが、どれも興味深く「へぇ～」の連続。一度さらっと読むと好奇心だけで終わるが、成り立ちや歴史的背景には、読めば読むほど考えさせられてしまうことが多く、また実際に今この国に行ったらどうなっているのだろうか？　とも思う。なかなか日本の常識では「？」といった国が多いが、実際に行って感じるもよし、空想で終わらせるもよし。ぜひ、自身の世界を広げてください！！

次の一冊　『世界飛び地大全——不思議な国境線の舞台裏』吉田一郎著／社会評論社　世界地図の中にある、繋がっていないのに同じ国。世界史、地理、国際関係から楽しく学べます！！

ブックファースト京都店
和田憲吾さん選

〒600-1001
京都府京都市下京区四条通河原町北東角
コトクロス阪急河原町4・5F
TEL 075-229-8500

Memo

駅近かつ、夜遅くまで開いていて大助かり。ガイド本も充実！あ

『アトミック・ボックス』

池澤夏樹

毎日新聞社｜2014年｜458ページ｜定価：1900円（税別）
ISBN：9784620108018｜装丁：木村裕治

少女は知恵と度胸で危機を突破する！

数年前の長編『カデナ』で垣間《かいま》見ることができた冒険小説の気配を一気に押し進めたのが新作『アトミック・ボックス』です。瀬戸内海育ちのヒロイン美汐は、普通の技術者だと思っていた父親が、日本の原爆開発に携わっていたことを知り、真実を知るべく立ち上がる。それを阻止したい国家の妨害を、知恵と度胸で振り切り、内幕を知る人物に問いただすため東京へと向かう。一気に読める小説ですが、原爆開発をひた隠しにする権力に抗《あらが》う少女の姿を通じて、お上《かみ》も、マスコミも、信用してはいけない、本当に知りたいと思ったことは、万難を排しても知る努力をするべきだということを描いています。

次の一冊　『春を恨んだりはしない――震災をめぐって考えたこと』池澤夏樹（著）、鷲尾和彦（写真）／中央公論新社
震災で起こったことを忘れないために、繰り返し読むべき一冊です。

レティシア書房
小西徹さん選

〒604-0827
京都府京都市中京区高倉通二条下ル
瓦町551
TEL 075-212-1772

Memo

おしゃれな古本屋さん。全国のミニプレスや古本、そしてちょっぴり新刊も。と

Date
Aug. 10

No. 222

『少女たちの植民地 ——関東州の記憶から』

藤森節子

平凡社ライブラリー｜2013年｜319ページ｜定価：1400円（税別）
ISBN：9784582767919｜装丁：中垣信夫

こうして生きている今も、
いつか"歴史"になるんだな。

この本は、太平洋戦争中に日本が占領していた中国で生まれ育った藤森さんが、自身の子どもの頃の思い出を綴った本です。「戦争」や「占領」や「日本人であること」が、ただすくすく育つことが仕事のはずの子どもの生活にもいろいろな形で忍び込んでいることにはっとします。小学生の頃から、ずっと歴史の授業が苦手でした。きっと教科書にまとめられた歴史というのは誰かが整理して書いてくれたあらすじのようなものです。なじめない理由が、自分とその歴史の関係がわからないことだとしたら、藤森さんの、思い出のいろいろを書く書き方が、ひとつヒントになるような気がします。

次の一冊　『アジア全方位』四方田《よもた》犬彦著／晶文社　いろんな場所でいろんな人がそれぞれ生きているんだな、という当たり前すぎることをあらためて感じます。私もそこに行っていろんな人に会いたい！

タロー書房
新井友美さん選

〒103-0022
東京都中央区日本橋室町2-2-1
コレド室町1 B1F
TEL 03-3241-2701

Memo

明るい店内と、オリジナルのブックカバーが自慢。ロゴタイプは岡本太郎作。

『切りとれ、あの祈る手を
――〈本〉と〈革命〉をめぐる五つの夜話』

佐々木中《あたる》

河出書房新社｜2010年｜212ページ｜定価：2000円（税別）
ISBN：9784309245294｜装丁：岡澤理奈

本を読んでいるこの俺が狂っているのか、
それともこの世界が狂っているのか。

本と革命について語る五夜十時間にわたるインタビュー。著者は語源に遡《さかのぼ》り、「文学」の定義を我々のそれより遥かに広く取る。そして歴史上のさまざまな「革命」の本体が「文学」であることを論証する。本を読むことはなんと困難なことか、しかし同時になんと測り知れない希望に満ち溢れていることか。何故なら、読み、また書くことこそ、つまり「文学」こそが、世界を創ってきたのだから。自分の可能性に賭けてみようと思った者にとって、この本は最良の友となるだろう。

次の一冊 『定本 夜戦と永遠（上）』佐々木中著／河出文庫
同著者の主著。大冊だが、心躍りしながら挑戦していただきたい。（全2巻）

ジュンク堂書店新潟店
西村仁志さん選

〒950-0911
新潟県新潟市中央区笹口1-1
プラーカ1 1F・B1F
TEL 025-374-4411

Memo

ジュンク堂書店の日本海側第一号店。静かな空間であらゆる本と向き合える。わ

『新しい人よ眼ざめよ』

大江健三郎

講談社文庫｜1986年｜324ページ｜定価：533円（税別）
ISBN：9784061837546｜装丁：司修

気が急くままに本を読み、
眼ざめよ、おお新時代の若者らよ！

立ち止まってほしくはないが、素通りするのは勿体《もつたい》ない。何といっても存命の日本人ノーベル文学賞作家は大江健三郎、ただ一人である。読みづらさ抜群。それでも無垢《むく》なイーヨーの言葉に辿り着くたび、これでもかというほどに引用されたブレイクの詩に出会うたびに、欲張って読み進めることになるはず。学生のころ、眉間《みけん》に皺《しわ》を寄せながら大江作品を読み漁《あさ》り、何もかも理解したような気になっていた自分は、未だ眼を覚ますどころか夢すら見ずに熟睡しているようなものだが、せめてこの小説を紹介することで、だれかに本を読む楽しさが伝わるといいなあ。

次の一冊　『ブレイク詩集』ウィリアム・ブレイク（著）、寿岳文章《じゆがくぶんしよう》（訳）／岩波文庫
影響されること間違いなし！　セットで読んでほしい。

晃星堂書店本町店
後藤邦孝さん選

〒870-0035
大分県大分市中央町1-1-17
TEL 097-533-0231

Memo

大型店密集エリアにあってもお店を守り続ける老舗書店。郷土本も充実です。い

『あのころはフリードリヒがいた［新版］』

ハンス・ペーター・リヒター（著）、上田真《ま》而《に》子《こ》（訳）

岩波少年文庫｜2000年｜255ページ｜定価：680円（税別）
ISBN：9784001145205

未来をつくる
きみたちへ

私には2人の小さな孫がいます。その子どもたちが大きくなったとき、読んでもらいたいと思うのがこの本です。舞台はナチスが台頭する暗い時代のドイツ。〈ぼく〉とフリードリヒは幼少の頃からの友人ですが、フリードリヒとその家族はユダヤ人であったため悲劇的な最期を迎えます。手を差しのべようとしてもどうにもできないもどかしさ。読み出したら途中でやめることはできません。著者は自分の体験をもとにこの作品を書きました。そして訳者はドイツに滞在中、地元の書店員はじめ大勢のドイツ人にこの本をすすめられました。自分たちの歴史の問題をきちんと受けとめようとするドイツ人の態度に深い感銘を受けたということです。

次の一冊
『僕はいかにして指揮者になったのか』佐渡 裕《ゆたか》 著／新潮文庫
夢を現実のものとした彼の生き方はすごい！！

同志社生協良心館ブック＆ショップ
安井恭子さん選

〒602-0893
京都府京都市上京区今出川通烏丸東入ル
同志社大学構内
TEL 075-251-4427

Memo

改装されてから快適度がウン百倍アップ。在学中にもっと通いたかった……。あ

『その日のまえに』

重松清

文春文庫｜2008年｜365ページ｜定価：600円（税別）
ISBN：9784167769072｜装丁：文藝春秋デザイン部

身近な人を
大切にしたくなる1冊

「その日」を想像することはとてもエネルギーがいる。できることなら身近な人の「その日」はいつまでもこなければいいと思う。『その日のまえに』の「その日」は大切な家族が亡くなる日。本は自分が未経験のことを頭の中で疑似体験できる素晴らしいもの。旅をしなくても旅をしている気分になったり、怖い殺人事件も本の中なら体験できる。誰にでも必ず訪れる「その日」。本の中で身近な人の「その日」を体験してみよう。本の中で友人、夫、母親、家族の「その日」を読むと自分の大切な人の「その日」をつい想像してしまう。どの章も読んでいて涙がこぼれる。とくに6番目の話『その日』は号泣必至。

次の一冊　『かのこちゃんとマドレーヌ夫人』万《ま》城《き》目《め》学著／角川文庫（KADOKAWA）
かのこちゃん（小学1年生。親友ははなてふてふのすずちゃん）とマドレーヌ夫人（猫。夫は犬）の物語。

谷島屋マークイズ静岡店
岩田勝さん選

〒420-0821
静岡県静岡市葵区柚木191
MARK IS静岡2F
TEL 054-267-2233

Memo

棚のジャンル分け、売場のゾーニングに工夫あり。シックな店内で知的な旅を。わ

Date
Aug. 15
終戦記念日

No. 227

『失敗の本質——日本軍組織論的研究』

戸部良一 他

中公文庫｜1991年｜413ページ｜定価:762円(税別)
ISBN:9784122018334

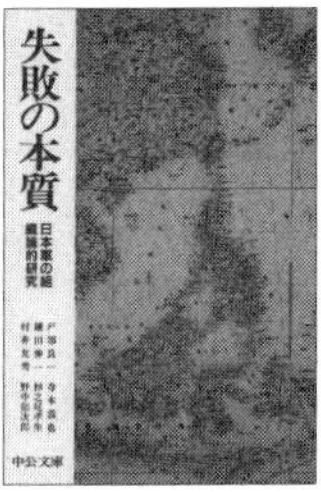

自分なりに考える!

この本は、本を読んだことがない人にとっての「入門本」ではありません。むしろ投げ出してしまう可能性もあります。しかしながら、ぜひ中高生のうちに読んでもらいたい。当時小説しか読まなかった私にとって、毛色の違うものでも読むか、と手に取ったこの本は、目の覚めるような一冊でした。読みながら考える、といったことを初めておこない、稚《ち》拙《せつ》な考えながらも、内容を自問自答して読み進めた本です。一つのことを自分なりに考えてみる、ということは必要になります。ぜひこの本で試してみてください。

次の一冊　『戦略の本質——戦史に学ぶ逆転のリーダーシップ』野中郁次郎 他著／日経ビジネス人文庫
姉妹編もあわせてどうぞ!

リブロ新大阪店
松本剛さん選

〒532-0011
大阪府大阪市淀川区西中島5-16-1
JR新大阪駅 2F メディオ新大阪
TEL 06-4805-7380

Memo

関西の玄関口、新大阪駅の駅ビルにあります。旅行などの行き帰りにもぜひ!と

『たった独りの引き揚げ隊 ——10歳の少年、満州1000キロを征く』

石村博子

角川文庫(KADOKAWA)|2012年|427ページ
定価:743円(税別)|ISBN:9784041003732
装丁:國枝達也

『太陽が1個、ナイフが1本。それさえあれば、生きて歩ける!!』少年のこの一言に、しびれた!

1946年秋、ビクトル古賀10歳。満州1,000キロを独り歩いて日本へ引き揚げる。1975年春、40歳。コサックの血を引くビクトル、ロシア格闘技サンボ41連戦すべて1本勝ちの伝説を生む。「俺が人生でいちばん輝いていたのは10歳だった!」。札幌。地下鉄ターミナル真駒内駅構内の9坪の「BOOKS.あしたや」。2012年の開店以来、文庫コーナーで面陳のこの本が当店一売れてる本。お買い上げは満州・樺太からの引き揚げなどの高齢の方も多い。でもこの本はぜひ「中高生」にこそ読んでほしい! 10歳のビクトルから生きる「知恵」と「勇気」をもらいました。ついでにこの言葉にも。「ピンチになってもにっこり笑え!!」。Please!

次の一冊 『永遠の少年』桜沢如一《ゆきかず》著/日本CI協会 ベンジャミン・フランクリンを通して東洋哲学「陰陽」と健康への道がわかる本。

BOOKS.あしたや
堀井利昭さん選

〒005-0008
北海道札幌市南区真駒内17番地
地下鉄真駒内駅構内
TEL 011-585-2025

Memo

9坪ながら品揃え充実のあたたかな店。アナログで知恵を手にしたいあなたに。わ

『メイスン&ディクスン(上)』

トマス・ピンチョン(著)、柴田元幸(訳)

新潮社|2010年|542ページ|定価:3600円(税別)
ISBN:9784105372026|装丁:新潮社装幀室

たまには、訳が分からない
読書でも、いかがでしょうか。

トマス・ピンチョンという素顔も経歴も非公開な作家の作品です。お話は植民地時代の二人の天文学者によるアメリカ測量珍道中です。ところがこれが読んでみると訳がわからないのです。読み始めは面白く、気がついたら訳がわからなくなり、また我慢して読むと訳がわかってくる。そして今度こそ読むのを止めようかなと挫折しそうになるとまた面白くなってくる。その繰り返しが延々と続きます。読みやすくはないし、値段・分量ともにハードルは高いです。しかし、ものすごい達成感とかつてない読後感が味わえます。若いときに一度は訳がわからない読書もいいのではないでしょうか?(全2巻)

次の一冊
『努力する人間になってはいけない』芦田宏直著/ロゼッタストーン
タイトルとはうらはらに、中高生のときに勉強しておかないと、大人になってからえらい目に遭うという内容です。

紀伊國屋書店丸亀店
小森圭悟さん選

〒763-0055
香川県丸亀市新田町150
ゆめタウン丸亀2F
TEL 0877-58-2511

Memo

丸亀駅からバスで約15分。周りは田んぼ。500坪の大きな売り場が特徴です。い

『香港の甘い豆腐』

大島真寿美

小学館文庫｜2011年｜167ページ｜定価：457円（税別）
ISBN：9784094086218｜装丁：山田満明

ゆるいつながりよりも、たしかなご縁。そういうものが、自分の輪郭をつくる。

何もうまくいかない、夢も希望もない。ここはどこだろう？　という疑問、ここにいていいのだろうか？　という迷いがずっと消えない。17歳の夏、突然行くことになった香港。まったく感じたことのない空気のなかで、最初は戸惑いばかり。でも、異国で現実と折り合いをつけていくうちに、自分の立ち位置がはっきり見えてくる。そこは、あまり広くない部屋かもしれない。でも、どこかへつながる扉がたくさん見える。どれかを選んで進むことができる。さらに、その先へ。「甘い豆腐」は、あの日の確かな記憶を呼び覚ます。このひと夏のレポートは、あなたをきっと前のほうに導いてくれる。

次の一冊

『よろこびの歌』宮下奈都著／実業之日本社文庫
宮下さんの小説は、ふと立ち止まってしまったとき、また新しく1歩を踏み出す力をくれる。

七五書店
熊谷隆章さん（選）

〒467-0064
愛知県名古屋市瑞穂区彌富通2-4-2
TEL 052-835-0464

Memo

一見普通のお店だが奥が深く唸る。珈琲豆販売&喫茶「まほろば珈琲館」併設。（わ）

『第九軍団のワシ』

ローズマリ・サトクリフ(作)、猪熊葉子(訳)

岩波少年文庫｜2007年｜459ページ｜定価:840円(税別)
ISBN:9784001145793

見知らぬ土地を冒険すること。
友だちに出会うこと。

本を開いて文字を追っていると、いつのまにか本の中の世界に立っている。ページをめくっていると、登場人物と一緒になってその世界の風に吹かれている。そういう体験をさせてくれる本に出会うと、うれしくなってしまいます。『第九軍団のワシ』はローマ帝国支配下のブリテン島を舞台にした歴史冒険ロマンであり、イギリス児童文学の傑作です。冒険と友情。知恵と勇気。他者を理解すること。自由とはどういうことか……。主人公マーカスとその親友エスカの生きざまが教えてくれることは確実に「今ここ」を生きていく力になります。物語、かくあるべし。

次の一冊　『子どもたちに語るヨーロッパ史』ジャック・ル・ゴフ（著）、前田耕作（監訳）、川崎万里（訳）／ちくま学芸文庫　歴史の楽しさにめざめたらこの本を読んでほしい。もっと歴史が好きになります！

大垣書店豊中緑丘店
竹田亜也子さん選

〒560-0002
大阪府豊中市緑丘4-1-3
イオン豊中緑丘ショッピングセンター2F
TEL 06-6855-7576

Memo

「地域に必要とされる書店」がスローガン。絵本の読み聞かせなどを開催。と

『眼球譚《がんきゅうたん》［初稿］』

ジョルジュ・バタイユ（著）、生田耕作（訳）

河出文庫｜2003年｜170ページ｜定価：600円（税別）
ISBN：9784309462271｜装丁：菊地信義

本の世界は何でも有りで
君の読書も何でも有りだ！

「からりと晴れた大空の文学」とロラン・バルトが評したように、猥雑《わいざつ》で残虐《ざんぎゃく》な行為の繰り返しが描かれているにも関わらず、不思議と明るいポルノグラフィーです。バタイユ自身も「W.-C. ──『眼球譚』── 後序」（本書所収）で「ぎらぎらした陽気さにはいまでも満足している。なにものもそれを消し去るちからはない。かような陽気さは、永久に天真爛漫《てんしんらんまん》な無軌道ぶりに隔てられ、苦悩の彼方にとどまっている。苦悩がその意味を明白にする。」と記しています。本書は、精神の孤独を保ち、自由を得る手助けをするでしょう。苦悩だらけの君へ、勇気をもっておすすめします。

次の一冊　『午後の曳航《えいこう》［改版］』三島由紀夫著／新潮文庫
三島由紀夫もバタイユを好んだそうです。

MARUZEN 札幌北一条店
伊藤樹里さん選

〒060-0001
北海道札幌市中央区北一条西3-2
井角札幌ビル1F
TEL 011-232-0222

Memo

オフィス街にあって、お昼休みや会社帰りに気軽に立ち寄れる静かな書店。わ

『青が散る（上）［新装版］』

宮本輝

文春文庫｜2007年｜318ページ｜定価：550円（税別）
ISBN：9784167348229｜装丁：文藝春秋デザイン部

リア充にも、非モテにも、

青春って奴は来るっ!!

青春って奴は頼みもしないのに来る！　しかも急に来る！　たいてい女の子と一緒に来る！　その子に彼氏がいたりいなかったりで困る！　非常に困る！　悶々《もんもん》とさせやがる！　親友とか恋バナとか将来の不安とか漠然とした夢とか、始末に悪いものを放りっぱなしで置いて帰る！　大人になった今、誤解を恐れずに言うならば、青春とは「群像」である。そして、この小説は青春という名の群像を追体験できる稀有《けう》な本である。（全2巻）

次の一冊

『ノルウェイの森（上）』村上春樹著／講談社文庫
ベタですが、中高生の時分に未読のまま大人になるのはもったいない一冊です。（全2巻）

紀伊國屋書店久留米店
花田吉隆さん選

〒839-0865
福岡県久留米市新合川1-2-1
ゆめタウン久留米2F
TEL 0942-45-7170

Memo

医書・看護書の充実ぶりは「医者の町・久留米」ならではです！

Date
Aug. 22

No. 234

『真夏の死［改版］──自選短編集』

三島由紀夫

新潮文庫｜2010年｜349ページ｜定価：550円（税別）
ISBN：9784101050188｜装丁：新潮社装幀室

ただ「三島由紀夫を読んだ」と言いたかった。

三島由紀夫流ショートコント！！　「雨のなかの噴水」を想像してみてください。想像できましたか？　そうなんです。私がこの本を手にした理由がごとく、主人公明男も彼女にただ「別れよう」という言葉を言いたかっただけで、きっかけは「雨のなかの噴水」の無意味さと同じかもしれません。でも、私が今こんな理由で三島由紀夫を読んで、本を薦める立場になるのですから、どんな些細《ささい》なきっかけであっても本を手にとってもらえたら、何かが始まるのではないかと思っています。（「雨のなかの噴水」『真夏の死』所収）

次の一冊　『人間失格［改版］』太宰治著／新潮文庫
「今、太宰読んでいるねん！」と言ってやろう。

ヒバリヤ書店
河合禎さん選

〒577-0841
大阪府東大阪市足代2-5-24
TEL 06-6722-1121

Memo

創業から96年、布施《ふせ》を中心に全6店舗で営業されている町の本屋さんです。

No. **235**

『夏休みの拡大図』

小島達矢

双葉社｜2012年｜262ページ｜定価：1400円（税別）
ISBN：9784575237757｜装丁：鈴木久美

夏休みの終わりは始まりだ
もっと広い世界が私達を待っている

引っ越しの準備をしながら3人の同級生が学生時代の思い出を振り返ります。洞察力に優れたちとせは過去に起こった不思議な出来事や小さな事件の謎を一つひとつ解き明かしていくのですが……。だけど、それだけじゃないんです。最後にはこの物語全体を貫くような大きな秘密が解き明かされます。すると、今まで解き明かしてきた一つひとつの小さな事件がまた違った意味をもって見えてきます。最後まで読み通した読者の前には、今まで見えていなかった新しい物語が現れるのです。そして読後に心に残るのは、青春時代に特有のあのきらきらとした美しい景色です。

次の一冊　『ゴースト≠ノイズ（リダクション）』十市《とおちの》 社《やしろ》 著／東京創元社
あなたの推理も想像もきっとすべて裏切られる。青春ミステリの大傑作。

廣文館新幹線店
江藤宏樹さん選

〒732-0822
広島県広島市南区松原町1-2
新幹線名店街2F
TEL 082-506-3288

Memo

余談ですが江藤さんの特技はけん玉。得意技は高難度の連続技「USA一周」。わ

No. **236**

『きみの町で』

重松清（著）、ミロコマチコ（絵）

朝日出版社｜2013年｜168ページ｜定価：1300円（税別）
ISBN：9784255007182
装丁：有山達也＋岩渕恵子（アリヤマデザインストア）

いっしょに 生きていこうよ。

10代のみなさん、こんにちは。私の名前は、井原万見子《まみこ》と申します。本屋の仕事をしています。みなさん、『きみの町で』は、ご存じですか？　この本は、たとえば夏休みの終わりになって新学期がまだ始まってほしくないような気分のときなどに、おすすめです。電車で席を譲《ゆず》るタイミングに戸惑うカズオくんタケシくん、ヒナコさんやサユリさんのお話。高校に入学してクラスで人気者の「おまえ」を演じる「オレ」のお話など、8つの小さな物語は、みなさんへのラブレター。物事を丁寧に深く考えることは大事。でも、自分を嫌いになるほど難しく考えないで。いっしょに生きていこうよ。

次の一冊　『最初の質問』長田弘（詩）、いせひでこ（絵）／講談社
「今日、あなたは空を見上げましたか。」――から始まる、心地よい詩の本です。

イハラ・ハートショップ
井原万見子さん 選

〒644-1231
和歌山県日高郡日高川町初湯川213-299
TEL 0738-57-0086

Memo

紀伊半島のほぼ中央部の山中にあるにも関わらず、全国にファンがいる名店。と

『サッカーデイズ』

杉江由次《よしつぐ》

白水社｜2013年｜245ページ｜定価：1600円（税別）
ISBN：9784560083161
デザイン：金子哲郎、イラスト：内巻敦子

知っていますね？『サッカーデイズ』は
公立高校の入試問題にも使われていた!!

地元の少女サッカーチームに入団した娘。チームのお父さんコーチを引き受けた父親。父と娘はサッカーを通して、まるでボールをパス交換するように、とても大切な、かけがえのないものを交換し合う。ちょっぴり切なくて、温かい、親子のサッカー泣き笑い奮戦記。とても素直でまっすぐな語り口が、なおさらこの本のもつ魅力、愛おしさを引き立てているように思います。読書という行為も、まさにこのボールのパス交換のようなものかもしれません。思いを送り受け取るなかで何かが生まれ育まれる、そのかけがえのなさを心に刻むこと。絶妙なパス交換の相手が現れることを祈ります。

次の一冊 『深夜特急（1）』沢木耕太郎著／新潮文庫
君のお父さんの青春時代、当時の若者たちを熱狂させた旅のバイブル。（全6巻）

しまぶっく
渡辺富士雄さん選

〒135-0022
東京都江東区三好2-13-2
TEL 03-6240-3262

Memo

東京都現代美術館の御膝元、清澄白河に佇む古本屋。普通の上等が心地よい。わ

『夏の庭——The Friends』
湯本香樹実《かずみ》

新潮文庫｜1994年｜221ページ｜定価：430円（税別）
ISBN：9784101315119｜装丁：新潮社装幀室

読み終わったときPOPを書かずにはいられなかった小説です。

ベストセラーのこちらの作品を選出するなんておこがましいのですが、とても大好きな小説なので『夏の庭』にしました。死はどんなものなのか興味をもった少年たちのはなし。彼らにたくさんのことを教わりました。生きているのは息をしているってことだけじゃない。あたり前のことなのに、はっとさせられました。何度も私はこの言葉を思い出します。これから大人になるあなたへ、きっと大切な一冊になると思います。

次の一冊　『狐笛《こてき》のかなた』上橋菜穂子著／新潮文庫
何のために、誰のために生きるのか、読みおわったら大切な人に会いに行きたくなる本。

芳林堂書店センター北店
手塚信子さん選

〒224-0003
神奈川県横浜市都筑区中川中央1-1-3
ショッピングタウンあいたい3F
TEL 045-914-7281

Memo

駅直結で便利。手塚さんのPOPにおもわず足を止め、本を手にしてしまう。わ

『ルパン対ホームズ
——ルパン傑作集[V]』

モーリス・ルブラン（著）、堀口大學（訳）

新潮文庫｜1960年｜395ページ｜定価：552円（税別）
ISBN：9784102140055｜装丁：辰巳四郎

タイトルを見ただけで
わくわくしませんか？

お互いに人間離れした頭脳の持ち主。常人には思いつかないような発想で敵を追いつめ、あるいは追手をかわしてゆく。最強の矛《ほこ》と最強の盾《たて》がぶつかり合うような、二人の天才の知略と知略のせめぎ合い。『シャーロック・ホームズ』の著者はコナン・ドイル。『怪盗ルパン』の著者はモーリス・ルブラン。この物語を書いたのは『怪盗ルパン』のモーリス・ルブランであるが、じつに見事な結末を用意してくれました。神出鬼没。変幻自在。捕らえたと思っても煙のように逃げてゆくルパンを、ホームズは捕らえることができるのか？　読みごたえのある、冒険小説です。

次の一冊　『奇岩城——ルパン傑作集［III］』モーリス・ルブラン（著）、堀口大學（訳）／新潮文庫
圧巻の推理でルパンを追いつめてゆく高校生。すごすぎる！

戸田書店青森店
飯野泰浩さん選

〒030-0843
青森県青森市大字浜田字玉川196-11
イオンタウン青森浜田内
TEL 017-762-1815

Memo

専門書も扱い硬軟幅広い品揃えが魅力。学校の先生が使うような教育書も充実。わ

『夏と花火と私の死体』

乙一《おついち》

集英社文庫｜2000年｜223ページ｜定価:420円(税別)
ISBN:9784087471984｜装丁:藤井康生(スタジオ・ギブ)

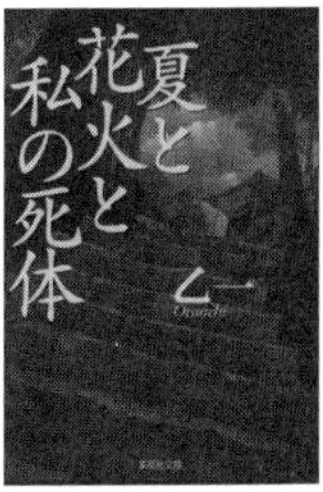

語り手は死体!?

私がこの本を読んだのは中学生のときで、今でも夏になると読みたくなる一冊です。初めてこの本を読んだとき、斬新な内容に驚かされました。というのも、この物語は死体になった「わたし」目線で語られているのです。「わたし」を殺してしまった兄妹が試行錯誤し、死体を隠そうとするのですが、ゲームのような感覚でスリルを楽しんでいる様子が子どもゆえの無邪気さでなんとも残酷であり、恐ろしいです。結末も期待を裏切らないゾッとするものになっています。この本はホラーが苦手な人にもおすすめのホラーです。暑い夏の夜に読んで涼しくなりませんか？

次の一冊　『向日葵の咲かない夏』道尾秀介著／新潮文庫
こちらも夏におすすめの一冊です。

明屋書店空港通店
久保田に子さん 選

〒791-0054
愛媛県松山市空港通3-10-3
TEL 089-973-4844

Memo

松山空港から松山市中心へ向かう県道沿いにある、笑顔の素敵なお店です。い

『帝都物語 第壱番』

荒俣宏

角川文庫（KADOKAWA）｜1995年｜441ページ
定価：705円（税別）｜ISBN：9784041690246
装丁：片岡忠彦

帝都、東京は霊都である

私の中学校の図書室に、帝都物語が全巻そろっておりました。前年に実相寺《じつそうじ》昭雄監督によって映画化されたためでしょう。もちろんそんなこととは知らずにたまたま手に取ってみたところ、あっという間に引き込まれました。江戸から東京へと移り変わる時代、実在した人物たちと、荒俣が創作した人物たちが織りなす、妖術や魔術の世界。これがきっかけで、幻想文学やホラー小説にはまり（荒俣宏は海外幻想文学紹介者としても偉大です）、また、日本の近現代史にも興味をもって大学で勉強することになりました。とにもかくにも、理屈抜きで楽しめる物語です。（全6巻）

次の一冊 『ペガーナの神々』ロード・ダンセイニ（著）、荒俣宏（訳）／ハヤカワ文庫　荒俣の訳集の中でも代表的な幻想文学のひとつです。神話的世界に遊びましょう。

ジュンク堂書店松戸伊勢丹店
鳥羽隼弥さん（選）

〒271-0092
千葉県松戸市松戸1307-1
伊勢丹松戸店8F
TEL 047-308-5111

Memo

児童書売場併設のキッズランドで毎月3〜4回、読み聞かせ会を開催している。（わ）

『球形の季節』

恩田陸

新潮文庫｜1999年｜341ページ｜定価：550円（税別）
ISBN：9784101234120｜装丁：新潮社装幀室

ハッピーエンドではないけれど、その結末に確かに光は射している。

谷津という地方都市で起こる、「噂」に端を発するさまざまな事件は、退屈な日常に微睡《まどろ》んでいた登場人物たちを否応なく成長の道へと追い込んでいきます。やがて「噂」は町全体を呑み込み、すべての人に選択を迫ります。あなたは、「跳ぶ」のかどうかを。この小説を初めて読み終わったときの中学生のころの自分には、世界の岐路《きろ》に立たされた登場人物たちが紡《つむ》ぎだす各々の答えがすべて、やがて行く世界に建てられた道標のように見えました。漠然と「これから先どうしよう」と思っている人にとって、幻想的な物語の中で答えを探す手助けをしてくれる、そんな小説です。

次の一冊　『ミュージック・ブレス・ユー!!』津村記久子著／角川文庫（KADOKAWA）
底抜けに明るいのに、少し切ない。こちらも青春の迷いに答えをくれるかも。

紀伊國屋書店泉北店
浅尾卓哉さん選

〒590-0115
大阪府堺市南区茶山台1-3-1
パンジョ4F
TEL 072-292-1631

Memo

課題図書など児童書の品揃えには自信あり！　という地域密着型のお店です。と

No. **243**

『レヴォリューションNo.3』

金城《かねしろ》一紀

角川文庫(KADOKAWA) | 2008年 | 281ページ
定価:514円(税別) | ISBN:9784043852024
装丁:大武尚貴

君たち、世界を
変えてみたくはないか?

「君たち、世界を変えてみたくはないか?」。生物教師、通称ドクター・モローのそんな言葉に打たれた主人公を含む彼ら。自称ザ・ゾンビーズ。オチコボレ高校生である彼らは、世界を変えるためにお嬢様の通う女子高文化祭へ突入する! なぜ、世界を変えるために女子高へ突入? と思った君! 少しだけでも読んでもらえたら、これ幸い。文章が映像として頭に入ってくるほどの読みやすさ。読了後は爽快。世界を変えるバイブルです!

次の一冊　『フライ,ダディ,フライ』金城一紀著/角川文庫(KADOKAWA)
また、ザ・ゾンビーズに会いたくはないか?

知遊堂赤道店
井畑育実さん選

〒950-0063
新潟県新潟市東区上王瀬町2-19
TEL 025-270-2255

Memo

売場は天井が高くスタッフさんも親切で、伸びやかな気持ちで本と向き合える。

9月

秋学期、きりりと気合いの入る本

September

『九月、東京の路上で
──1923年関東大震災 ジェノサイドの残響』

加藤直樹

ころから｜2014年｜215ページ｜定価：1800円（税別）
ISBN：9784907239053｜装丁：安藤順

過去と現在はつながっている!!

歴史が苦手なあなたにもやさしいブックデザインも◎

「関東大震災は過去の話ではない。今に直結し、未来に続いている」──。正直、読んでいてつらくなります。涙もでます。それでも、都合の悪い歴史から目を逸《そ》らしてはいけないのです。厳密な歴史書ではないのでご安心あれ。読みやすいです。本書の意義は2点。まずジェノサイドという新しい概念で朝鮮人虐殺を捉え返したこと。そして、いま問題の「嫌韓嫌中」ヘイトスピーチと当時の流言《りゅうげん》蜚語《ひご》を同じ目線で認識したこと。私もカウンターという抗議行動に参加しましたが、ヘイトスピーチは「表現の自由」を逸脱しています。多くの読者と、自由平等で寛容な日本社会を希求して進みたいです。

次の一冊
『人間の条件──そんなものない』立岩真也著／イースト・プレス
人間が人間であるために。中高生向けの「よりみちパン！セ」シリーズの一冊。漢字には総ルビです。

書肆《しょし》スウィートヒアアフター
宮崎勝歓さん選

〒650-0024
兵庫県神戸市中央区海岸通4-3-17
清和ビル26
TEL 078-381-6675

Memo

2014年12月オープンのできたてほやほや、これからが楽しみな本屋さんです。と

『もの食う人びと』

辺見庸《よう》

角川文庫(KADOKAWA)|1997年|365ページ
定価:686円(税別)|ISBN:9784043417018
装丁:菊地信義

「たべる」ではなく「くらう」

最初に読んだときの衝撃が、忘れられません。世界のリアルがストレートに伝わる一冊。各エピソードによって、世界各地の人々を取り巻く戦争、民族紛争、事故、過去の出来事など状況は色々ですが、人々が生きるための営みである「食べること」を通して、著者が見た世界の真実。出版当時と今では状況も違うと思いますが、10年以上過ぎた今でも当てはめることができる内容です。恵まれた環境で育ち、食べることが当たり前だと思っている方。ぜひ読んでみてください。

次の一冊

『人生を120%楽しむための世界旅行』栗原良平、栗原純子著/リベラル社
世界旅行に興味のある方、旅行に出る前にどうぞ。

ブックスアルデ リバーナ店
森嶋勝幸さん選

〒518-0725
三重県名張市元町376
TEL 0595-62-7177

Memo

歩きやすい広い通路で、ゆったり本が選べるお店です。と

『複合汚染』

有吉佐和子

新潮文庫｜1979年｜512ページ｜定価:840円(税別)
ISBN:9784101132129｜装丁:新潮社装幀室

環境問題のバイブルといえば
これです!!

高校生のときにこの本を読んで、衝撃をうけ、大人になったら農業・環境・自然の本を売る本屋さんになりました。とくに化学肥料や農業による土の汚染について、真剣に読みこんだことを覚えています。現在は農薬や化学肥料も進歩し、昔ほどの毒性のあるものは少ないですし、有機農業の技術も進んでいますが、この本がなかったらどうなっていただろうかと思います。有吉氏はペンの力で、未来の環境を守ったのです。

次の一冊　『沈黙の春［改版］』レイチェル・カーソン（著)、青《あお》樹《き》簗一《りよういち》（訳）／新潮文庫
次は海外のバイブル！

農文協・農業書センター
谷藤律子さん 選

〒101-0051
東京都千代田区神田神保町2-15-2
第一冨士ビル3F
TEL 03-6261-4760

Memo

日本で唯一の農業書専門店。一般書店では取り扱いのない珍しい本も多数。わ

『鉄の骨』

池井戸潤

講談社文庫｜2011年｜658ページ｜定価：838円（税別）
ISBN：9784062770972｜装丁：鈴木正道（Suzuki Design）

この小説を学生時代に読めるあなたが妬ましい

大人は汚い。学生の頃はそう強く思い、変わらなく正しく生きる自分を誓ったはずでした。しかし社会に出た後、この作品を読み始めて私が感じたのは、板挟みの中で流される主人公への共感。決意が遠いものになっていることがショックでした。主人公の富島平太は、入社したゼネコンで談合のど真ん中に放り込まれます。社会人として組織に従うか、正義を貫くか。これだけでお腹一杯なのに、彼女と別れそうだわ、両親は高齢で体調に不安があるわの甚《はなは》だしい負荷の数々。どう選択するのかはあなた次第。でもできればこの作品を読んで感じる大人への反感を、なるべく離さず成長してもらいたいです。

次の一冊 『会社四季報業界地図』東洋経済新報社編／東洋経済新報社
将来夢を叶える人は少ないかもしれませんが、どこにいても夢をもつことはできます。世の中を俯瞰《ふかん》するための入り口として。

くまざわ書店大手町店
山本善之さん選

〒100-0005
東京都千代田区丸の内1-3-1先
都営三田線大手町駅B1F改札外コンコース
TEL 03-6213-0440

Memo

大手町地下通路で早朝〜深夜までビジネスマンに寄り添う。コンパクトさが◎わ

『女たちのジハード』

篠田節子

集英社文庫｜2000年｜522ページ｜定価:705円(税別)
ISBN:9784087471489｜装丁:木村典子(Balcony)

明日、一歩 踏み出したくなる ポジティブ小説の 名作!!

20年近く前の作品なので、最近の中高生には時代設定がピンとこないかもしれませんが古臭さは皆《かい》無《む》。登場する5人の女性キャラクター全員がとても魅力的に描かれていて、それぞれのSTORYにぐいぐい引き込まれる秀作です。彼女たちの生きざまを通して、中高生が自分の将来の道を考えるきっかけになればいいなぁと思います。単行本が発売された直後にこの作品を読んだとき、あまりの面白さに直木賞の受賞を確信。……すると本当に直木賞の候補者にノミネートされ、そして受賞したものだからビックリ!!　書店員になってずいぶん経ちますが、こんな経験は後にも先にもコレ1回だけです。

次の一冊　『ガール』奥田英《ひで》朗《お》著／講談社文庫
働く女性のホンネがよくわかります。男性必読。

芳林堂書店関内店
大澤一宏さん選

〒231-0016
神奈川県横浜市中区真砂町3-33
セルテ4F
TEL 045-681-0065

Memo

横浜スタジアム最寄りの書店ということでDeNAベイスターズ関連本が充実!わ

『ダイナー』

平山夢明

ポプラ文庫｜2012年｜533ページ｜定価：740円（税別）
ISBN：9784591131176｜装丁：坂野公一（welle design）

映画「ゴットファーザー」の抗争と食事シーンにおけるミートボールのトマト煮込みを一度でいいから食べてみたいと観るたびに思っていたけれど、『ダイナー』はそれを上回る食欲と活字から受けた衝撃で、真夜中だというのに悶絶《もんぜつ》してしまいました。その正体はけっして教科書では知り得なかった日本語描写の巧みさと斬新な表現！　本作に登場するのは殺し屋が集う、殺し屋のための食堂。主人公オオバカナコはとんだ過ちからウェイトレスにさせられ、今日も一筋縄ではいかない客がやってくる……。目が離せない、手放せない一冊となりました。最後の最後まで！　オオバカナコよ、逞《たくま》しくあれ。

次の一冊　『絞首台からのレポート』ユリウス・フチーク（著）、栗栖継《くりすけい》（訳）／岩波文庫
ナチスに捕らえられた著者による抵抗の記録。裏『アンネの日記』。

あゆみBOOKS仙台一番町店
石岡千裕さん 選

〒980-0811
宮城県仙台市青葉区一番町4-5-13
サンシャインビル1F
TEL 022-211-6961

Memo

アーケードに面した広いお店。店内中央のスペースを囲む棚がとくに魅力的。い

『チェ・ゲバラ伝［増補版］』

三好徹

文春文庫｜2014年｜462ページ｜定価：820円（税別）
ISBN：9784167900830｜装丁：文藝春秋デザイン部

この人の求心力は、本物です。

アイコンとして顔のイラストが有名ですが、「チェ・ゲバラ＝革命家」という以外知らない人も多いはず。この本を読むまでは私もその１人でした。アルゼンチン人のゲバラがどういう経緯で命を懸《か》けてキューバの革命に参加することになったのか。ゲバラの一貫した行動が、ほんとにかっこよくて、すなおに「すごい人なんだな」って思います。そういうところが未だに人気のある所《ゆ》似《えん》なのかと。ぜひ、イメージだけではなくゲバラの人となりを知ってほしい。もう実際には会えないけれど、本書でものすごく身近に感じることはできます。

次の一冊　『オン・ザ・ロード』ジャック・ケルアック（著）、青山南（訳）／河出文庫
お金がなくても、就職していなくても、自由に、ポジティブに生きてゆける。そう思わせてくれる一冊です。

三省堂書店池袋店
濱田晶子さん（選）

〒171-0022
東京都豊島区南池袋1-28-1
西武池袋本店9F 南
TEL 03-3989-1551

Memo

西武百貨店9F。雑貨・楽器売り場も近く、プレゼント選びにぴったりです。

Date
Sep. 8

No. **251**

『シーラという子
――虐待されたある少女の物語』

トリイ・ヘイデン(著)、入江真佐子(訳)

ハヤカワ文庫|2004年|444ページ|定価:780円(税別)
ISBN:9784151102011|装丁:BUFFALO.GYM

この本を読み終えたあの日、自分の中の何かが変わった。

これは本当のお話です。目を背《そむ》けず最後まで読んでください。と、わざわざ言うまでもなく、1ページ開いたら眠るのも忘れて読んでしまうのがこの本の魅力。中学生のときこの本と出会った経験は強烈で、それまで感じたことのない、言葉にできない気持ちになったのを覚えている。たぶん衝撃とか同情とか感動とかそういったものが一気に押し寄せたんだと思う。本を読むことで、私は田舎にいながらにして、世界を知れたような気がした。心が震えるという実体験をこの一冊で。最後は希望に満ちたノンフィクション。誰にだって希望はあるんだよ。

次の一冊
『タイガーと呼ばれた子――愛に飢えたある少女の物語』トリイ・ヘイデン(著)、入江真佐子(訳)/ハヤカワ文庫
『シーラという子』の続編。成長したシーラとの再会。1作目では語られなかった真実が明らかに!

ブックファースト六甲店
足立直美さん選

〒657-0065
兵庫県神戸市灘区宮山町3-1-25
六甲阪急ビル2F
TEL 078-806-2717

Memo

週末は六甲山登山のお客様で込み合う、「日本一リュック率の高い書店」かも?と

『霧の子孫たち』

新田次郎

文春文庫｜2010年｜281ページ｜定価:562円(税別)
ISBN:9784167112394｜装丁:唐仁原教久

「欲望・破壊・保護」自然を守るため文化人たちが立ち上がった。

霧の子孫たちが手をつないで、自然を守る。「この霧は、露となり、或いは雨となって、霧ヶ峰の大地に吸い込まれて行く。(中略) その霧ヶ峰の水を飲んで生きて来た霧の子孫たちですわ。そして、霧の子孫たちが生んだ子は何代経ってもやはり霧の子孫なんですわ」――本文より。「美しい自然を万人に開放してやってこそ初めてその自然の存在価値は現われて来る」。この理念のもと、長野県中部霧ヶ峰に観光目的の有料道路建設計画が持ち上がった。それは、自然と遺跡を破壊する工事であった。自然を守るため、地元文化人たちが立ち上がる。自然と人間の関係を見つめる、事実にもとづく小説です。

次の一冊　『その峰の彼方』笹本稜平《りょうへい》著／文藝春秋
心に響く名言の宝庫。

笠原書店岡谷本店
小口常夫さん選

〒394-0026
長野県岡谷市塚間町2-1-15
TEL 0266-23-5070

Memo

文化・情報の発信スポット。地域一番店を目指されているそうです。ほ

『二十億光年の孤独』

谷川俊太郎（著）、
W・I・エリオット、川村和夫（英訳）

集英社文庫｜2008年｜272ページ｜定価：480円（税別）
ISBN：9784087462685｜装丁：アリヤマデザインストア

宇宙にひとりぼっちな
気持ちになったら

お友だちといても、好きな人といても、家族といても、ふとしたときにぽっかりと感じるこの気持ちってなんだろう。さみしくなったり、不安になったり、言葉にできないもどかしさ。谷川俊太郎の『二十億光年の孤独』はその気持ちの正体をすっぽり包み込み、肯定してくれる。そして言葉ってこんなに自由なんだってはっとする。

次の一冊
『［新装版］君について行こう――女房は宇宙をめざす（上）』向井万起男著／講談社＋α文庫
夢を追いかける妻を応援する夫。色々な生き方があります。（全2巻）

リブロ福岡西新店
栗田朋子さん㊣

〒814-0002
福岡県福岡市早良区西新4-1-1
西新エルモールプラリバ6F
TEL 092-833-8802

Memo

お店を出てサザエさん通りを北へ行くと「サザエさん発案の記念碑」あり！

Date
Sep. 11

No. **254**

『これからの「正義」の話をしよう
——いまを生き延びるための哲学』

マイケル・サンデル（著）、鬼澤忍（訳）

ハヤカワ・ノンフィクション文庫｜2011年｜475ページ
定価：900円（税別）｜ISBN：9784150503765
装丁：水戸部功

与えられた価値観を疑い
自分で考える人になろう。

情報があふれ、世界中の人とツナガルことができる現代。だからこそ、何が正しいのか、どうあるべきか、どうしたらいいのか、判断を下す自分の価値観と倫理観が大事になってきていると感じます。哲学というと堅苦しいけど、日常の中でふと疑問に思う事柄について、考えるキッカケややりかたを提示してくれる入門書。迷ってることについて自分なりの答えが見つかるかも。

次の一冊　『純粋理性批判（上）』カント（著）、篠田英雄（訳）／岩波文庫
この難解な本を読めたらカッコイイと思います。（全3巻）

紀伊國屋書店新潟店
山﨑容子さん 選

〒950-0088
新潟県新潟市中央区万代1-5-1
ラブラ万代6F
TEL 025-241-5281

Memo

読みたい本が見つかり欲しい本を聞けば全力で探してくれる、そんな真っ当なお店。

『自分を嫌うな［新装版］
——もっと自信をもって生きたい人に贈る
「心の処方箋」』

加藤諦三《たいぞう》

三笠書房｜2013年｜253ページ｜定価：1300円（税別）
ISBN：9784837925019｜装丁：三笠書房装幀室

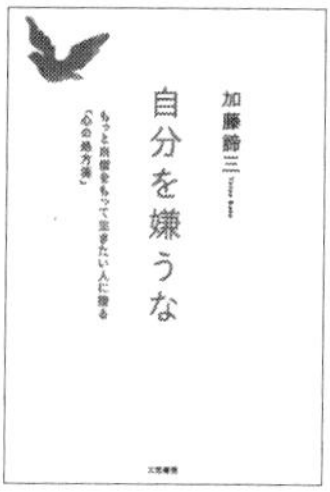

前へ進む元気が無くなったら
良かったら　読んでみて下さい。

この本は、まさしく自分が嫌だと思うときの心境がわかりやすく分類されている。私が20代のときに、仕事でつまずいて前へ進めなくなった。ふと立ち寄った小さな本屋で見つけたのがこの本。もやもやと考えていたことが頭の中で整理できるようになった。どこが悪かったか、こう考えたら良かったと、考えられるようになった。私の浅い経験からしか書くことはできないが、前に進めなくなったと思ったら読んでみてほしい。

次の一冊　『「これ」だけ意識すればきれいになる。——自律神経美人をつくる126の習慣』小林弘幸著／幻冬舎
意識するだけできれいになる！！　ぜひ一読。

リブロ大分わさだ店
田中節子さん選

〒870-1198
大分県大分市大字玉沢字楠本755
トキハわさだタウン2街区3F
TEL 097-588-8859

Memo

お店のあるわさだタウンは全体が大きな街のよう。休日は広場でイベントも。

Date
Sep. 13

No. 256

『子どもは判ってくれない』

内田樹《たつる》

文春文庫｜2006年｜348ページ｜定価：629円（税別）
ISBN：9784167679910｜装丁：坂本志保

いつ読んだっていい本。

私が8年も前に読んだこのエッセイが、今のこのご時勢に読まれてもまったく色褪《あ》せない事実、それこそ私が内田樹を読み続ける理由である。特段変わったことを言っているわけでもなく、奇をてらった壮大なテーマを掲げるでもなく。お茶しながら、世間話でもどうですか？　そんなとてもゆるい（失礼）繋がりであるのに、きちんと「対話」してくれる内田樹のなんと優しいこと！　社会に出たとき、自分がいかに小さく愚かなのかを知らされ、さてどうやってこの難局を乗り越えるのか。それも、今この手持ちの道具だけで。用意周到なおっさんじゃなく、サバイバーなおっさんに私はなりたい。

次の一冊　『愛と幻想のファシズム（上）』村上龍著／講談社文庫
結局のところ、「肉体」が重要なんだと思い知らされます。生物ですからね。（全2巻）

リブロ川越店
小熊基郎さん選

〒350-0043
埼玉県川越市新富町1-22
西武本川越ペペ4F
TEL 049-228-7246

Memo

西武線本川越駅直結。小熊店長は「情緒あふれるお店にしたい」と日々奮闘中。わ

『パンク侍、斬られて候《そうろう》』

町田康《こう》

角川文庫（KADOKAWA）｜2006年｜360ページ
定価：640円（税別）｜ISBN：9784043777037
装丁：富永よしえ

文学って
こんなにも自由なんです！

教科書に載っているお話って、なんか輪郭《りんかく》がボンヤリしていて退屈に感じちゃいますよね？　そうしたら、それはちょっと横に置いておいて、この本です。この小説、とにかく変なんです！試しにちょっとだけ文中の語句を抜き出すと、腹ふり党、超人的剣客、秘剣「受付嬢、すっぴんあぐら」、「アヨーヨーヨー」。ね？　わけがわかんないでしょ？　もうフリーダムです。でも、本書の主題は生きづらい世の中へのアプローチや、自我と他の関係なんかの教材的テーマを扱っていると思うんですよ。これを読んだあとにまた教科書を読むと、きっと振り幅の大きさに驚きます。どっちも同じ文学なんですよ。

次の一冊
『超訳 古事記』鎌田東二著／ミシマ社
日本最古の歴史書も、じつはちょっと変なんですよ。

古本屋ワールドエンズ・ガーデン
小沢悠介さん選

〒657-0836
兵庫県神戸市灘区城内通5-6-8
光栄ビル1F
TEL 078-779-9389

Memo

神戸にひっそりと佇む古本屋さん。看板猫のぶんちゃんが迎えてくれます。い

Date
Sep. 15

No. **258**

『世界を変えた10冊の本』

池上彰

文春文庫｜2014年｜279ページ｜定価：510円（税別）
ISBN：9784167900366｜装丁：文藝春秋デザイン部

『アンネの日記』を読んでいた
中学時代の自分に渡してあげたい本です。

ジャーナリスト・池上彰さんによる、国際情勢を理解するためのブックガイド。紹介されている本の原書は、とても長かったり、難しかったり、読破するのは大変なものばかりです。でも、それぞれのタイトルはもちろん、内容もなんとなく知っているものが多いのではないでしょうか。宗教、経済を中心に選書されていますが、それぞれの本が関連性を持っていて、驚きがあります。そして、これらの本の持つ影響力の大きさに気づかされます。この本を読めば、あなたの現代社会への理解が深まり、きっと世界を見る目が変わるでしょう。

次の一冊
『ペルセポリス（1）――イランの少女マルジ』マルジャン・サトラピ（著）、園田恵子（訳）／バジリコ
イスラム革命、イラン・イラク戦争の時代に、イランで少女時代を過ごした著者の自伝。等身大の少女の率直な意見が満載でおもしろいし、グラフィック・ノベルで読みやすい。（全2巻）

ジュンク堂書店名古屋店
阿部恵子さん選

〒450-0002
愛知県名古屋市中村区名駅3-25-9
堀内ビル1F
TEL 052-589-6321

Memo

オフィス街にありビジネス書を大きく展開。書棚の背が高いので本の森のよう。わ

『スタンフォードの
自分を変える教室』

ケリー・マクゴニガル（著）、神崎朗子《あきこ》（訳）

大和書房｜2012年｜342ページ｜定価：1600円（税別）

ISBN：9784479793632｜装丁：水戸部功

潜在能力を引き出そう！

あなたは意志力が強いですか？　たとえば、ダイエットをする、勉強をすると決めたのに、それらが失敗しそうになると、自分は弱いから、怠《なま》け者だから、意気地なしだからと、自分の性格のせいにしていませんか？　なぜ、失敗してしまったのでしょうか？　いったいどの時点で失敗するような決断を下してしまったのでしょうか？　人は誰でも誘惑や依存症に苦しんだり、気が散ったり、物事を先延ばしにしてしまいがちです。この本には意志力を鍛え、強化させる方法が紹介されています。自分の衝動や感情を上手に操るための方法を見つけ出し、未来の自分を成功へと導きましょう。

次の一冊　『暮らしのならわし十二か月』白井明大《あけひろ》（文）、有賀一広（絵）／飛鳥新社
日本を知れば、世界が広がる。

紀伊國屋書店長崎店
中尾恭子さん選

〒850-0035
長崎県長崎市元船町10-1
ゆめタウン夢彩都4F
TEL 095-811-4919

Memo

近くには長崎港、出島ワーフ、長崎県美術館なども。観光にもピッタリです。

『貧乏人の逆襲！［増補版］
――タダで生きる方法』

松本哉《はじめ》

ちくま文庫｜2011年｜276ページ｜定価：640円（税別）
ISBN：9784480428905｜装丁：倉知亜紀子

金儲けのためだけに
生まれてきたんじゃないんだぜ。

このタイトルが気になったあなたは、この本の中毒になる資格がある。そして、世の中の多数派に飲み込まれてしまわない素質があるでしょう。え？　本なんか難しくて読めない？　大丈夫！　頭の悪い私にでも読めたから！　それに、この本の著者は、小難しい本を読むと1分で寝てしまう（本人談）という人だから、そんな人の書いた本ならきっと読めるような気がしませんか？　大人になってからこの本を読んで自由にのびのび生きている私としては、中高生のみなさんがこの本を読んで大人になったら、どんな自由な大人が増えて、のびのびした社会になるのかと、テンションが上がります。

次の一冊　『はじめてのDIY――何でもお金で買えると思うなよ！』毛利嘉孝《よしたか》著／P-Vine Books
遊びも仕事も自分でつくれちゃいます！

ヴィレッジヴァンガード 熊本パルコ
田代梢さん選

〒860-0808
熊本県熊本市手取本町5-1
熊本パルコ7F
TEL 096-311-7360

Memo

熊本市中心部の遊べる本屋。カウンターカルチャーの棚に力を入れています。

Date
Sep. 18

No. **261**

『学び続ける理由
――99の金言と考えるベンガク論。』

戸田智弘

ディスカヴァー・トゥエンティワン｜2014年｜234ページ
定価：1400円（税別）｜ISBN：9784799315644
装丁：寄藤文平＋鈴木千佳子（文平銀座）

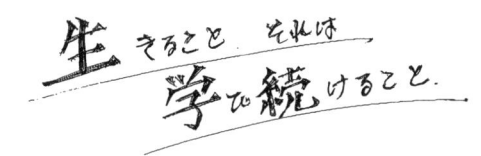

生きること　それは
学び続けること。

いま君たちは、日々勉強に励んでいると思う。それは進学や就職のためだろう。しかし学ぶことはそこで終わってはいけない。社会は刻々と変化し常に新しことで溢れており、その変化に対応していくためには、学び続けることで常に自分自身を向上させていく必要がある。学びの手段の一つに読書がある。本を読むことで著者の経験や知識、考え方を自分の中に取り込むことができる。言い換えれば、人生の先輩に教えを請《こ》うことができるのである。この本にも良書と呼ばれる本からの引用が、解説付きで多数収録されている。ぜひ多くの本に触れ、これから先の学びを得て、そして人生に活かしてほしい。

次の一冊　『働く理由――99の名言に学ぶシゴト論。』戸田智弘著／ディスカヴァー・トゥエンティワン
社会人になったらコレ！

**ハートブックスTSUTAYA
400号西那須野店
藤森啓介さん**（選）

〒329-2735
栃木県那須塩原市太夫塚6-232-8
TEL 0287-37-4646

Memo

旧西那須野町は『二十歳の原点』で知られる高野悦子の生まれ故郷でもある。（わ）

『ビッグ・ファット・キャットの 世界一簡単な英語の本』

向山淳子、向山貴彦

幻冬舎｜2001年｜171ページ｜定価：1300円（税別）
ISBN：9784344001404｜装丁：たかしまてつを

英語を学ぶために本を読むのではなく、本を読むために英語を学ぶ……。そのシンプルなルールを、ブルーベリーパイが大好きな太ったネコ「ビッグ・ファット・キャット」の物語を軸に楽しく教えてくれる一冊。難しい文法用語は一切でてこないので、英語の迷宮に取り残されそうになっても、必ずビッグ・ファット・キャットと一緒に抜け出すことができます！　この一冊をきっかけに、本を読む楽しさ、英語の面白さに触れ、語学書の向こうに広がっている世界や、あなたがもっている秘めた可能性を感じてもらえたら、語学書担当としては本望。シリーズ続編もオススメ！　ぜひ。

次の一冊　『翻訳夜話』村上春樹、柴田元幸著／文春新書
長文読解の授業に意味を見出せず鬱々《うつうつ》としている夜に、そっと開いてみてほしい一冊。

ジュンク堂書店岡島甲府店
小林香織子さん（選）

〒400-8660
山梨県甲府市丸の内1-21-15
岡島百貨店6F
TEL 055-231-0606

Memo

老舗百貨店の6Fにあり県下最大蔵書を誇る。「何か」が見つかる素敵書店。（わ）

『ディズニー そうじの神様が教えてくれたこと』

鎌田洋

SBクリエイティブ｜2011年｜158ページ｜定価：1100円（税別）
ISBN：9784797361933｜装丁：長坂勇司

笑顔にさせる魔法の一冊

この本はディズニーランドで働いているキャストのお話です。どんな仕事でも大変ですが、その中でも一番大変で、とても大切な清掃にまつわるエピソードがつづられています。読んでいくうちに、心を前向きにするディズニーの魔法が散りばめられていることに気づくでしょう。そして、夢を持ち続ける気持ちと人に感動を与える大切さを教えられるでしょう。悩んだり挫折しそうになったとき、この本に書いてある言葉を思い出してください。そして最後のコメント「イノセンスな心があれば、人は誰でも誰かを感動させる仕事ができる。そうじの世界でも、どんな世界でも……」を。

次の一冊 『ディズニー ありがとうの神様が教えてくれたこと』鎌田洋著／SBクリエイティブ　大切な人に「ありがとう」と伝えたくなります。

TSUTAYA北松本店
児玉光司さん選

〒390-0841
長野県松本市渚1-7-1
TEL 0263-24-1258

Memo

広～いお店は24時間営業！　児玉さんはお会いしてもお電話でもほがらかです。ほ

『パパラギ――はじめて文明を見た南海の酋長《しゅうちょう》ツイアビの演説集』

エーリッヒ・ショイルマン（著）、岡崎照男（訳）

SBクリエイティブ｜2009年｜178ページ｜定価：600円（税別）
ISBN：9784797352399｜装丁：和田誠

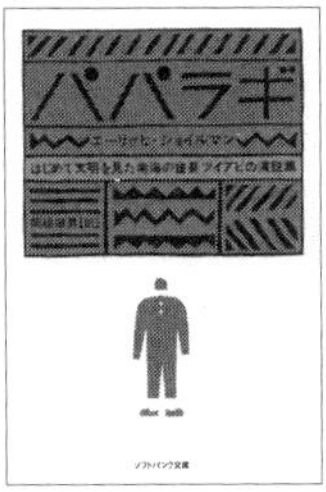

ヤシの木に学ばせて頂きました。反省してます。

南太平洋の島国で酋長ツイアビが仲間たちに語りかけています。モノ、お金、時間、教養、ほしいけれど充分に手に入れることはなかなかできません。いつも悩みの種です。文明社会で苦しんで生きる私たちに、ツイアビが本当の豊かさに気づかせてくれます。この本は悩みごとで頭がいっぱいになる前に、手に取りたい処方薬です。日本とは違う国の考え方にふれ、“価値観がひっくりかえる”貴重な経験が待っています。“ヤシの木のかしこさ”が一番好きな教えです。

次の一冊　『にんげんだもの』相田みつを著／角川文庫（KADOKAWA）
「人の為と書いていつわり」と読みます。

積文館書店有田店
斉藤龍太郎さん（選）

〒844-0000
佐賀県西松浦郡有田町本町乙3032-1
TEL 0955-42-4148

Memo

陶芸の里・有田唯一のお店は、店員さんや町の人の好きな本でいっぱいです。

『賢者の書［新装版］』

喜多川泰

ディスカヴァー・トゥエンティワン｜2009年｜219ページ
定価：1200円（税別）｜ISBN：9784887597334
装丁：鈴木大輔（ソウルデザイン）

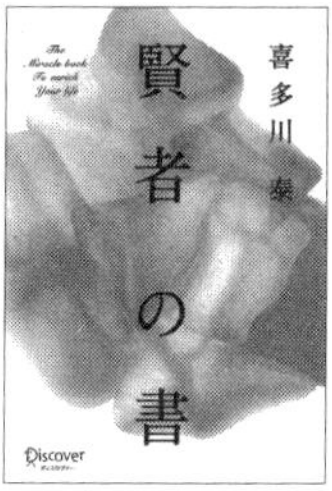

大人と子どもの狭間にいる君たちへ！

勉強ができない、学校がつまらない、将来なにをやりたいかわからない……。もしそんなことを感じたときはこの本を読んでみてほしい。人生という長い旅のなかで、いま自分はどこにいるのか、これからどこに向かえばいいのか、きっと示してくれるはずだ。言ってみればこの本は方位磁石！　そして、この本を読んだ子はみなこう言う、“自分は賢者になる”と。賢者になるのに偏差値は要らない。スポーツができなくてもかまわない。そのかわり、一歩ふみ出す勇気を持とう。14歳の少年サイードが今から旅にでる。観光ではない、最高の賢者になるための旅だ。君もいっしょに行かないか？

次の一冊　『「あの時やっておけばよかった」と、いつまでお前は言うんだ？』武藤良英、荒川祐二著／講談社
好きな自分になれよ！！

ブックランド フレンズ
河田秀人さん選

〒664-0846
兵庫県伊丹市伊丹2丁目5-10
アリオ2
TEL 072-777-1200

Memo

読書会やお店での些細な雑談など、色々な角度から読者を支えてくれるお店。と

『狂喜の読み屋』

都《と》甲《こう》幸治

共和国｜2014年｜288ページ｜定価：2400円（税別）
ISBN：9784907986001｜装丁：宗利淳一

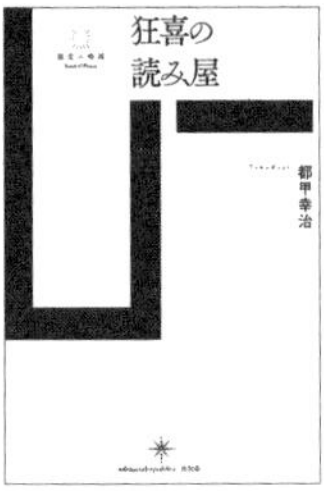

大学進学を考えている
高校生には、ぜひ
P173～を読んでほしい

アメリカ文学者の著者による書評や読書エッセイの集まりです。おそらく、取り上げられている本は中高生のみなさんの知らないものばかりで、文中に出てくる言葉も、「きいたことはあるけど、よくわからない」ものが多いかも。しかし、本とがっつり向き合って、活き活きとその体験を表現する都甲さんの文章を読めば、日々の生活の中で疑問をもったり、将来のことで不安になったり、そんなふうに普通に悩んだり考えたりしている方なら、きっと引っかかる箇所があるはずです。都甲さんの熱に当てられて「よーし、私だって」と、本だらけのこの広い世界へと飛び出してみたくなる。「本から生きる糧《かて》を得るための方法」を教えてもらえるような、そういう本です。

次の一冊　『本は読めないものだから心配するな［新装版］』管《すが》啓次郎著／左右社
タイトルがいいですね。

B&B
寺島さやかさん選

〒155-0031
東京都世田谷区北沢2-12-4
第二マツヤビル2F
TEL 03-6450-8272

Memo

ビールを飲みながら本を選べる、そりゃあ財布のひもも緩《ゆる》んでしまいます。ひ

Date
Sep. 24

No. 267

『きことわ』
朝吹《あさぶき》真理子

新潮文庫｜2013年｜134ページ｜定価：370円（税別）
ISBN：9784101251813｜装丁：新潮社装幀室

およそ350,000,000年前，デボン紀の海にはダンクルオステウスという魚がたくさん泳いでいたそうだ。
想像すら及ばないその日と僕らの今日は確かに繋がっている。

一冊の本を読む時間は、人生において糸屑《いとくず》ほどのものだ。とくにこれから何年、何十年と生きていく若い貴方《あなた》にとっては。ただ、遍《あまね》く物語というのは呼吸をし、糸屑のように思えたものも、時の流れとともに少しずつ解《ほぐ》れ、ふとした瞬間にニュッと顔を出すものなのである（たとえ貴方にそのつもりがなくても）。『きことわ』は誕生年数こそ浅い物語だが、人類の創生を語るように長い時間を生きてきた気もするし、幼子と戯《たわむ》れるような親密さもあって、何歳なのかわからない。それでも、貴方にこの友を紹介したい。不思議なものは人生を深遠なものにしてくれるし、何より僕はこの友人が好きだから。

次の一冊　『時と永遠 他八篇』波多野精一著／岩波文庫
「永遠なんてない」そんなふうに思うつまらない人にはなってほしくない。

紀伊國屋書店西武渋谷店
竹田勇生さん選

〒150-0042
東京都渋谷区宇田川町21-1
西武渋谷店パーキング館1F
TEL 03-5784-3561

Memo

2014年12月オープンの路面店。「リアル書店の新たなかたち」がテーマ。わ

『宇宙飛行士オモン・ラー』

ヴィクトル・ペレーヴィン（著）、尾山慎二（訳）

群像社｜2010年｜194ページ｜定価：1500円（税別）
ISBN：9784903619231｜装丁：佐々木暁

現実を揺さぶられる本。

表紙を目にして、たまには宇宙ものも良いなと軽い気持ちで手に取ったが最後、導入の青春小説的展開が続くと思いきや、随所に盛り込まれる鋭い社会批判に驚き、奇想あふれるエピソードに圧倒され、現実と非現実を行ったり来たりするストーリー展開に頭がクラクラしているうちにいつの間にか読み切っていました。のちに著者がモスクワ航空大学卒の元パイロットという経歴を知るに至り、「作中のあの場面は飛行中に思いついたに違いない」などと勝手に決めつけたりしながら再読しても面白かったです。感性の若いうちに一度体験してみてほしい一冊。

次の一冊　『ユーザーイリュージョン――意識という幻想』トール・ノーレットランダーシュ（著）、柴田裕之（訳）／紀伊國屋書店
より深く「意識」や「現実」について考えたいときに。

紀伊國屋書店川越店
桐生稔也さん選

〒350-0043
埼玉県川越市新富町2-11-1
まるひろアネックスＡ１・2F
TEL 049-224-2573

Memo

小江戸・川越で毎月読み聞かせ会を開催するなど地域の方々に愛されるお店。

No. **269**

『空色勾玉』

荻原規子

徳間文庫｜2010年｜541ページ｜定価:686円(税別)
ISBN:9784198931667
装丁:百足屋ユウコ(ムシカゴグラフィクス)

日本史入門書は児童書《ファンタジー》でした

学生時代何度も読んで、読むたびに面白いと思った荻原規子氏の日本神話×ファンタジー作品『空色勾玉』をオススメします。輝《かぐ》の大御神の御子と闇《くら》の氏族が対立する世で、闇の巫女である水の乙女・挟也《さや》と輝の御子で大蛇の剣の主・稚《ち》羽也《はや》が出会い、お互い歩み寄ろうとする古代ファンタジー。『白鳥異伝』『薄紅天女』と合わせ勾玉三部作と呼ばれ、『古事記』やヤマトタケル伝説、朝廷と蝦夷《えみし》の対立など各時代がモチーフになっていて、好きな時代のものだけ読んでも楽しめ、歴史や神話に興味をもつきっかけにもなる素敵な作品です。

次の一冊
『風神秘抄』荻原規子著／徳間文庫
勾玉三部作の続編的作品なので、面白いと思った人にはオススメです。

紀伊國屋書店鹿児島店
大脇由貴さん選

〒890-0053
鹿児島県鹿児島市中央町1-1
アミュプラザ鹿児島4F
TEL 099-812-7000

Memo

鹿児島中央駅に隣接する大型店。観覧車が目印です！

Date
Sep. 27

No. 270

『ウィリアム・ブレイクのバット［新版］』

平出隆《ひらいで》

幻戯書房｜2012年｜215ページ｜定価：2800円（税別）
ISBN：9784901998970｜装丁：緒方修一

あ、なんかいいかも

ガッ！　とか、ドカンッ！　とかいうような激しい衝撃ではないのだけれど、するすると読まされていくうちに、じんわりとしたものが積み重なって、刺激を受けている。読み終えた後の気分がひたすらよい、そんな本です。自分が好きなものや人を、瞬間瞬間よく見て、味わって、自分なりのテンポで考えたり思いを馳《は》せたり。著者のそういったこだわりが楽しい遊びのように感じられて、そうか、こんなふうに好きなことに丁寧に向き合っていると、いい気分になるのか、と実感。読み終わったとき、本を読むことと生きることに対して、あ、なんかいいかもと思える気がします。

次の一冊　『ファンタジア』ブルーノ・ムナーリ（著）、萱野有美《かやのゆうみ》（訳）／みすず書房
遊び心があって、楽しく読めて、ためになる。

マルノウチリーディングスタイル
松島輝枝さん 選

〒100-7004
東京都千代田区丸の内2-7-2
KITTE 4F
TEL 03-6256-0830

Memo

雑貨も扱うブックカフェ。色々見てしまう。お気に入りが見つかる。面白い。

『雨はコーラがのめない』

江國香織

新潮文庫｜2007年｜165ページ｜定価：430円（税別）
ISBN：9784101339245｜装丁：新潮社装幀室

今宵のBGMは雨。

本を普段読まない人でもスーッと読めてしまうのがエッセイですね。『雨はコーラがのめない』というタイトルで、もう食いついてもいいですよ、学生のみなさん。タイトルの「雨」の謎は後ほど。江國さんと愛犬の愛らしい日常を綴ってて、洋楽を一緒に聴いちゃうあたりがもう愛。犬好きで洋楽に敏感なティーンは今すぐブックマークしてください。読んでくうちにどっぷり浸《つ》かっていく感じ、雨の日に本を読むおもしろさがこの本に備わってます。溢れてます。あー、なんか、もう、好きなんです。書ききれない。あ、タイトルの雨の謎……。

次の一冊　『いくつもの週末』江國香織著／集英社文庫
今度は、ダンナさん!!

ヴィレッジヴァンガード三軒茶屋店
菊地創《そう》さん(選)

〒154-0024
東京都世田谷区三軒茶屋1-34-12
TEL 03-5779-8852

Memo

このお店、間取りがとっても不思議なんです。四次元空間なのかも……。(ひ)

『世界屠畜《とちく》紀行』
内澤旬《じゅん》子《こ》

角川文庫（KADOKAWA）｜2011年｜478ページ
定価：857円（税別）｜ISBN：9784043943951
装丁：寄藤文平

食卓のお肉がどのような過程を
経て並んでいるか
知らないであろう!!

野菜や魚などにくらべて、お肉はどのような経路を経て食卓に並ぶのか。わかっていない人が多いのではなかろうか。著者は日本を含めた、世界各国の屠畜現場をとにかく歩いてまわっている。その行動力とイラストによって、読者は力強いイメージを受けることができるはずである。

次の一冊　『煙か土か食い物』舞城《まいじょう》王太郎著／講談社文庫
小説から強力な右ストレートを受けたいのなら。

MARUZEN松本店
秋山粒志さん選

〒390-0815
長野県松本市深志1-3-11
コングロM B1・2F
TEL 0263-31-8171

Memo

開放感のある店内に充実の品揃え。松本城の近くです！ほ

『山猫の夏』

船戸《ふなど》与一

小学館文庫｜2014年｜757ページ｜定価：910円（税別）
ISBN：9784094060706｜装丁：多田和博

日本冒険小説の金字塔！
少し厚いけど大丈夫。イッキ読み出来ます!!

ブラジルの辺境の地でバーテンダーとして働く“おれ”。その酒場に“山猫《オセロット》”と名のる男が現れ、物語が始まります。粘《ねば》つく暑い空気の中、登場人物すべてが“山猫”のペースに巻き込まれ、ストーリーはエンディングまで急加速していきます。“山猫”の圧倒的な存在感。裏に隠された「壮大な伏線」。極上のエンターテイメント冒険小説であると同時に“おれ”の成長の物語でもあります。強烈な人物、強烈な経験が人を変えていきます。けっしてハッピーエンドではありませんが、読後の爽快感は保証します。とにかく楽しんで読んでみてください。シビレます。

次の一冊　『虹の谷の五月（上）』船戸与一著／集英社文庫
同じ著者の作品で恐縮です。直木賞受賞作。こちらは泣けます。（全2巻）

岡崎書店フォリオ駒形SC店
岡崎圭介さん選

〒379-2152
群馬県前橋市下大島町1151-1
フォリオ駒形SC内
TEL 027-266-0030

Memo

絵本の「おはなし会」を月イチで開催。地域に愛されている、笑顔溢れる本屋。わ

10月

スポーツもので熱くなろう！

October

『武士道シックスティーン』

誉田《ほんだ》哲也

文春文庫｜2010年｜414ページ｜定価：640円（税別）
ISBN：9784167780012｜装丁：池田進吾

メェェェーン!!
心に響く、面打ち1本!

武蔵《むさし》を心の師とする剣道のエリートの香織と、日舞から剣道に転向した無名の早苗。その2人が中学最後の大会で対決し、早苗が勝ってしまうところから2人の関係がスタートする。勝利にこだわらない早苗と敗北の悔しさを片時も忘れない香織。まったく真逆な性格の2人が高校で再会し、青春を剣道に賭けるストーリー。いつも自分が自分らしくいられるのは、周囲の人たちのたくさんの助力があるからこそなんだ――それに気づくことで人は大きく成長するんだ、ということをあらためて思わせてくれた感じです。とにもかくにも読後感がハンパなくすがすがしい一冊です！

次の一冊　『武士道セブンティーン』誉田哲也著／文春文庫
シリーズ2作目となるこの作品は、別々の高校で修行に励む日々が描かれています。

文苑堂書店熊野店
鏡宮《かがみみや》明美さん選

〒933-0903
富山県高岡市熊野町130-1
TEL 0766-28-0078

Memo

店舗壁面の赤いクマ、または隣りの地場産センターに立つ金の観音像が目印！

『超芸術トマソン』

赤瀬川原平

ちくま文庫｜1987年｜495ページ｜定価：1100円（税別）
ISBN：9784480021892｜装丁：平野甲賀

退屈なまちの風景を鮮やかにするもの…
それは恋？夢？　いや、トマソンかも

中高生の頃、なぜだか「ここではないどこかに行かねば」と思っていました。そうかと言って行きたい場所があるわけでもなし。漠然としていました。町なかにひっそりと存在している佇《たたず》まいの好ましい「無用の長物」、それらを「超芸術トマソン」として見出し、名まえを付け、愛《め》でる。そんな愉快なことを赤瀬川さんたちがしていたのは主に1980年代のこと。ずいぶん時を経てきていますが、その魅力は褪《あ》せないと思います。今いる町に、無用で無口な愛すべき存在たちを見つけることができれば、「どこかへ行かなくてもいいか」。そんな心強い気持ちになれると教えてもらいました。

次の一冊　『父が消えた』尾辻克彦著／河出文庫
赤瀬川さんの文学作家としてのペンネームが尾辻克彦さんです。こちらもぜひ。

半月舎
御子柴泰子さん 選

〒522-0063
滋賀県彦根市中央町2-29
TEL 0749-26-1201

Memo

彦根旧城下町の商店街にある古本屋さん。ひこにゃん見物とあわせてぜひ！ と

『風に訊け
――ライフスタイル・アドバイス』

開高健《かいこうたけし》

集英社文庫｜1986年｜381ページ｜定価:686円(税別)
ISBN:9784087491128｜装丁:江島任

こんな男であリたい！

「週刊プレイボーイ」の連載コーナーで、読者の質問に開高健が答えたものを本にしたものです。思わず笑ってしまうような質問でさえも、飄々《ひょうひょう》としながら揺るがない、堂々としたセンス。とんでもない見聞の広さと確固たる哲学で書かれる文章は洒脱《しやだつ》で痛烈で優しく、大人の魅力に溢れたもので、高校生だった僕の憧れでした。「実感を伴わない知識は説得力がない」という開高さんの語りは、僕に、いろんなところに行き、いろんな物を食べ、いろんな人と会い、いろんな経験を積めと、背中を押してくれるのです。世の中にはこんなにカッコいい大人がいるんだと思わせてくれた、かけがえのない一冊です。

次の一冊
『直観を磨くもの――小林秀雄対話集』小林秀雄 他著／新潮文庫
「本質を観る」ってこういうこと！

ヴィレッジヴァンガード山口店
佐々木一雄さん選

〒753-0851
山口県山口市黒川572-4
TEL 083-921-8222

Memo

山口大学の近くで、アカデミックかつマニアックに進化中！い

『階段途中のビッグ・ノイズ』

越谷《こしがや》オサム

幻冬舎文庫｜2010年｜341ページ｜定価:600円(税別)
ISBN:9784344414754｜装丁:松昭教

学生の頃に流れる音楽は♪
ちょっと騒がしいくらいがイイ!!

上級生の逮捕が元で廃部寸前の軽音部。再起をかけて少し優柔不断な啓人が奮闘する物語。彼と仲間が狙うのは学園祭のステージで一発逆転でのライブ！　個性的な仲間や、足りない演奏技術を努力で少しずつ磨いていく様子……そして後半にまさかの展開。どれも青春小説の王道ですが、こんな気持ちのいい小説はなかなかありません。何かに夢中になったとき、待ち構える壁も障害も気合いと勢いで乗り越えてしまうのは、学生の羨《うらや》ましい特権です。高校生らしい心情の描写や臨場感のあるライブシーンも爽快感たっぷりで、読後とても元気をもらえるお気に入りの一冊です。

次の一冊　『ボーナス・トラック』越谷オサム著／創元推理文庫
読んだらきっと誰かにオススメしたくなる、越谷氏のデビュー作。

BOOKS昭和堂
村山智堅《ともたか》さん選

〒275-0016
千葉県習志野市津田沼1-2-13
OKビル3F
TEL 047-479-2377

Memo

棚や平積みが見やすくて手が行き届いている感じがする。夜23時まで営業。わ

『バッテリー(1)』

あさのあつこ

角川文庫(KADOKAWA)|2003年|262ページ
定価:514円(税別)|ISBN:9784043721016
装丁:角川書店ACデザインルーム

、運動部員 部活で悩んでいるなら
この本を読め! 親にも読んでほしい本です。

たぐいまれなピッチャーとしての素質を持った原田巧が主人公。巧は自分の才能を自覚し、高い目標があるがゆえに、ことごとく周囲の親、大人、部活の仲間たちとぶつかっていく。中学高校とサッカーの部活に夢中だった頃に私が感じた達成感、にがい思い出が、原田巧の思いとその周りの人たちのことばでよみがえり、すなおに共鳴できた。ちょっと悩んでいるときに読んでもらいたい本。子どもに読ませたい本を聞かれたとき、親にもすすめています。(全6巻)

次の一冊
『沈黙』遠藤周作著/新潮文庫
西洋と日本の神に対する考え方の違い、違う世界を意識した本です。

リブロつくば店
小山義幸さん選

〒305-0031
茨城県つくば市吾妻1-7-1
西武筑波店5F
TEL 029-863-1248

Memo

併設の「カフェリブロ」会計時に本を買ったレシートを出せば飲物100円引き!わ

Date
Oct. 6

No. 279

『最後まであきらめない人がやっぱり一番強い!』

内海実

KAWADE夢新書｜2012年｜201ページ｜定価:760円(税別)
ISBN:9784309503899｜装丁:印南和磨

継続は力なり

この本を手にして……。著者と読者、それぞれ違う時代背景の中で生活をしていても変わらないもの。それは、“あきらめない心を持つ”ということなのではないでしょうか?　人生の大先輩のこの本を読み、あらためて強く思いました。たくさんある項目の中から数個紹介したいと思います。「生きることはけっしてラクじゃない」「失敗したらやり直せばいい」「自分に合わせてくれる仕事はない」「『もうダメか』『いや、もう一歩』」。この先に得られる計り知れない何かが自分の糧《かて》となる。私自身あきらめずに続けていることがあります。先日ひとつ叶いました。ぜひ、一度は手に取っていただきたい本だと思います。

次の一冊　『続ける技術、続けさせる技術』木場克己著/ベスト新書(KKベストセラーズ)　できるできないにかかわらず、続ける、続けさせる方法を知っておくことは損ではないと思います。

丸善四日市店
萩由美子さん選

〒510-8585
三重県四日市市諏訪栄町7-34
近鉄百貨店四日市店B1F
TEL 059-359-2340

Memo

三重県最大のターミナル。近鉄百貨店地下ワンフロアが全て和書。県下最大級。

Date
Oct. 7

No. **280**

『教室のいじめとたたかう
——大津いじめ事件・女性市長の改革』

越《こし》直美

ワニブックスPLUS新書｜2014年｜207ページ
定価：830円（税別）｜ISBN：9784847065538
装丁：橘田浩志（アティック）＋小栗山雄司

大人が変わり始めたぞ!!

大津市のいじめ事件が大々的にとりあげられたが、いじめは常に今この瞬間も起こっている。いじめという言い方も良くない。万引きと同じで言葉は軽率な行動を誘発してしまう。窃《せつ》盗《とう》や恐喝《きょうかつ》などの犯罪と同じなのだから。絶対になくならないと言われる犯罪を大人たちはどう予防し、対応していくのか？今までどうであり、どこに問題があったのか？　越直美大津市長はそれらを表面化していく。ただ、「いじめ」の原因は一つではないし、人間そのものの問題でもあると思う。

次の一冊
『天才になりたい』山里亮太著／朝日新書
自ら「才能がない」「自分は面白くない」と刻印を押し、その上でどうすればいいのか？　が描かれている。彼が“努力する天才”であることは間違いない。

本のがんこ堂唐崎店
西原健太さん（選）

〒520-0106
滋賀県大津市唐崎1-1-80
TEL 077-577-2414

Memo

何か買わずにいられない、とにかくパワフルな売り場！（と）

Date
Oct. 8

No. 281

『23分間の奇跡』

ジェームズ・クラベル（著）、青島幸男（訳）

集英社文庫｜1988年｜180ページ｜定価：480円（税別）
ISBN：9784087493573｜装丁：後藤市三

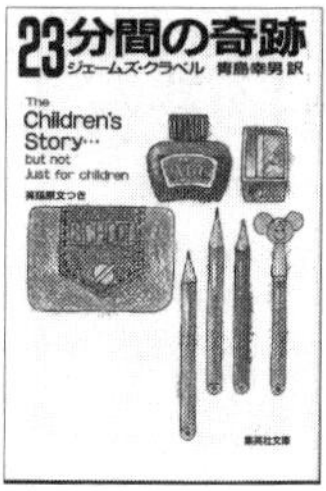

革命の一瞬

教室に、友だちに、先生。いつもと同じはずの学校の景色が、少しずつ歪《ゆが》んでいきます。新しい“先生”は、毎朝の決まりごとを一つまた一つ「なんで？」と問いかけ否定していきます。子どもたちは戸惑いや不安を感じながらも、パパやママやまわりのおとなとは違う、グリーンの目をした“先生”をだんだん好きになっていく。23分間の出来事をそのまま文字に表したような、100ページにも満たない文章。初めて手にして十数年、読み返すたびに考えさせられる作品です。これからたくさんの経験をしていくみなさんにこそ、読んでほしい本です。

次の一冊
『ぼくらの七日間戦争［改版］』宗田《そうだ》理《おさむ》著／角川文庫（KADOKAWA）
自由に憧れる気持ちは、大人になった今でも同じです！

うさぎや宇都宮駅東口店
福田妙子さん㊜

〒321-0954
栃木県宇都宮市元今泉4-19-6
TEL 028-651-3500

Memo

素敵なお店。店内右奥には「analog books」さんとコラボした古書コーナーも。ⓦ

『走ることについて語るときに僕の語ること』
村上春樹

文春文庫｜2010年｜262ページ｜定価：520円（税別）
ISBN：9784167502102｜装丁：渡辺和雄

"継続は力なり"
それが自分の財産に！

この本は、村上春樹さんが"走る"ことを通して、自分自身と正面から向き合った本です。走り続けることと、小説を書くこと。両方とも、村上さんにとっては他人と比べるのでなく、自分の中での基準に達したかどうかが大事だそうです。この本から感じたことは、何か一つのことを続けていくと、そこには自分なりの感覚、コツ、考え方が生まれてくるということです。それが自分自身の財産になる気がします。"継続は力なり"。どんなことでも続けることが大切だと実感した本です。そして、この長いタイトルがいいですね。

次の一冊　『若い読者のための短編小説案内』村上春樹著／文春文庫
村上さん独自の視点で解説。これを読むと短編小説の捉え方が変わってきます。

青と夜ノ空
中村克子さん選

〒180-0003
東京都武蔵野市吉祥寺南町5-6-25
TEL 070-1403-6145

Memo

衣食住を中心とした古本、新刊本を販売。生活が豊かになる本たちと出会える。

『夢を跳ぶ
――パラリンピック・アスリートの挑戦』

佐藤真《ま》海《み》

岩波ジュニア新書｜2008年｜183ページ｜定価：780円（税別）
ISBN：9784005006045

“本当の勇気とは”

この本は実際に店頭で、あるお客様から本嫌いな孫（中学生）に本を読ませたいが、おすすめの本はないか、とご要望されたときに紹介した本であります。岩波ジュニア新書ということで読みやすく、また著者は2020年の東京オリンピック・パラリンピックの招致メンバーとしてスピーチをおこなったことでも有名な方です。現在は表舞台に立つことの多い著者ですが、この本の中では、右足を失うというどん底から、パラリンピック選手になるまでの“本当の勇気”が記されており、読む人に希望を与えてくれます。今の自分に悩んでいる人にはぜひ読んでほしい一冊です。

次の一冊　『一瞬の風になれ 第1部 イチニツイテ』佐藤多佳子著／講談社文庫
高校陸上部を舞台にした青春小説。2007年本屋大賞受賞！（全3巻）

くまざわ書店三《み》ツ《つ》境《きよう》店
大河戸和宏さん選

〒246-0022
神奈川県横浜市瀬谷区三ツ境2-19
三ツ境相鉄ライフ3F
TEL 045-360-7501

Memo

新刊や話題書だけでなく、新聞書評に載った渋い本も追っかける姿勢が嬉しい。わ

『哲学大図鑑』

ウィル・バッキンガム 他（著）、
小《こ》須《す》田《だ》健（訳）

三省堂 | 2012年 | 352ページ | 定価：3800円（税別）
ISBN：9784385162232 | 装丁：岡孝治

広大な哲学の世界を気軽に旅しよう

哲学は難しい、取っ付きにくいというイメージがありますが、この本はそんな哲学をわかりやすく解説した、入門書としてぴったりな一冊です。翻訳も読みやすく、絵画や写真、図表も豊富なのでパラパラめくるだけでも楽しめます。この本を読んで哲学者やその考え方に興味がわいたら、ぜひその人たちの著作にも手を伸ばしてみてください。偉人と呼ばれる哲学者たちの考え方にふれることで、自分や世の中のことに対して、いろいろな見方ができるようになると思います。

次の一冊
『心理学大図鑑』キャサリン・コーリン 他（著）、小須田健（訳）、池田健（用語監修）／三省堂
『哲学大図鑑』ではあまり語られなかったフロイトやユングについてはこちらをどうぞ。

くまざわ書店東京オペラシティ店
東條充さん 選

〒160-0023
東京都新宿区西新宿3-20-2
東京オペラシティ2F
TEL 03-5334-6066

Memo

初台駅からすぐ。コンサートやギャラリーの鑑賞、観劇と合わせてぜひ！ わ

『[新装版]
コインロッカー・ベイビーズ』

村上龍

講談社文庫｜2009年｜567ページ｜定価:890円(税別)
ISBN:9784062764162｜装丁:鈴木成一デザイン室

我慢するな！　考えちゃだめだ！
全て壊せ！

中高生の不満・苛《いら》立ちをぶち壊してくれる一冊。コインロッカーに捨てられていたキクとハシがあなたに代わって世の中を、あるいは自分自身を破壊してくれます。キクは猛毒「ダチュラ」を探し出し、東京を破壊すべく、行動を起こします。ハシは違う自分を演じるうちに狂気の世界に足を踏み入れていきます。けっして明るくも爽やかでもない物語ですが読後、気分はすっきり、元気が出てきます。じつは本屋のくせに本をすすめるのが苦手です。だって感性も価値観もたくさん、本もたくさん。色々な本に出会い本から立ちのぼる色を、音を、熱を、においをぜひ感じてください。

次の一冊　『愛と幻想のファシズム（上）』村上龍著／講談社文庫
キクとハシがトウジとゼロに生まれ変わり（?）より激しく社会に闘いを挑む物語。破壊願望ががっつり満たされます！（全2巻）

くまざわ書店豊洲店
小川慎介さん選

〒135-0061
東京都江東区豊洲3-4-8
スーパービバホーム豊洲2F専門店街
TEL 03-5548-2115

Memo

ホームセンター内だが店長が本に詳しく棚に手が入っていて旬な品揃えがいい。わ

『ボッコちゃん[改版]』

星新一

新潮文庫｜2012年｜351ページ｜定価：550円（税別）
ISBN：9784101098012｜装丁：真鍋博

『SFものはちょっと…』という人も！
このショート・ショートは
のめり込んで読めます!!

星新一のショート・ショートを自分が読んだのは中1の頃。SFには興味がなかったが、とにかく面白くて次から次へと買い求めて読みました。意外なストーリー展開、そちらこちらに散りばめられた毒、それが1作5分くらいで読みきれるのがよいです。NHKで映像化していたのでみなさんが知っている話も入っていると思います。和製オー・ヘンリーを読みたい方はぜひ一読を！

次の一冊　『国語入試問題必勝法』清水義範著／講談社文庫
ショートストーリー集。知的ながら、爆笑するお話の数々。

小川書店
吉川政子さん 選

〒106-0047
東京都港区南麻布2-13-15
TEL 03-3451-2223

Memo

街の本屋さんだが、学習参考書を充実させている。学生の皆さんの強い味方。わ

Date
Oct. 14

No. 287

『ハサミ男』

殊能《しゅのう》将之

講談社文庫｜2002年｜511ページ｜定価:750円(税別)
ISBN:9784062735223｜装丁:北見隆

先ずは一気に!! 2度目はじっくりと

中高生のみなさんが本好きになる一冊ということで、叙述トリック小説の傑作の中の一冊を選んでみました。読み始めから慎重に仕掛けられた罠《わな》によりラストの意外な結末に唸《うな》ること必至です。最初は何も考えずに読んでいただき、結末を知ったうえで再度読み直してみることをオススメします。著者が我々読者をあの手この手で騙《だま》すため、構成や言葉選びなどをいかに細かく丁寧に考えているかがわかると思います。文章だからこそ可能な表現と出会えることも読書の楽しさの一つです。この本のさらに上を行くトリックもまだまだたくさんありますので、他の作品にもぜひ挑戦してみてください。

次の一冊
『天啓の殺意』中町信《しん》著／創元推理文庫
このトリックは流石《さすが》に見抜けん……反則級の傑作です!!

あゆみBOOKS志木店
木村毅さん選

〒352-0001
埼玉県新座市東北2-39-23
高須ビル1F
TEL 048-487-2291

Memo

売場の半分を占めるコミックコーナーがひとつの見どころ。漫画好きな方ぜひ。わ

『オシムの言葉［増補改訂版］』

木村元彦

文春文庫｜2014年｜357ページ｜定価:690円(税別)
ISBN:9784167900205｜装丁:文藝春秋デザイン部

サッカーは
本で読むのも
おもしろい！

元日本代表監督イビツァ・オシム。その軌跡をインタビューを中心に描いた一冊。爺《じい》ちゃん（敬愛をこめて）の代表監督時代を知らない若い世代の人たちも読んでおくべき本だと思います。心が熱くなること間違いなし！

次の一冊　『フットボールの犬――欧羅巴1999－2009』宇都宮徹壱《てついち》著／幻冬舎文庫
サッカー人紀行小説。こちらも面白いですよ？

山下書店新宿西口第一店
丸山毅彦さん選

〒160-0023
東京都新宿区西新宿1-1-2
地下鉄ビルB1F
TEL 03-3342-4081

Memo

新宿駅西口の階段脇にある、屋台のような本屋さんです。

『十二番目の天使』

オグ・マンディーノ（著）、坂本貢一《こういち》（訳）

求龍堂｜2001年｜268ページ｜定価：1200円（税別）
ISBN：9784763001061｜装丁：求龍堂デザイン工房部

迷ったり、挫けそうな時、
大事なことは「あきらめない」気持ち！だと

私がこの本を知ったのは今から8年ほど前。コミック担当だったのですが、コミック以外の書籍のPOPを書くのに選んだのがきっかけでした。読み進むうちに話に引き込まれ、胸が熱くなり、涙が止まりませんでした。著者は「人生哲学書作家」として有名とのことですが、そんなに難しい内容の話ではなく、ある男性とその男性が監督をすることになった少年野球チームにいた少年とのお話。でもその少年の「がんばる」「あきらめない」気持ちに、きっと自分もがんばろうと思える一冊です。

次の一冊

『はげましてはげまされて――93歳正造《まさぞう》じいちゃん56年間のまんが絵日記』竹浪《たけなみ》正造著／廣済堂出版
昔の古き良き日本を感じ、気持ちがホッコリします。

ブックスアルデ近鉄店
吉川佐和子さん 選

〒518-0621
三重県名張市桔梗が丘1番町1街区2
TEL 0595-67-1800

Memo

名張市を支える本屋さん。各ジャンルご担当の、それぞれの色が出たお店です。と

『魔術士オーフェンはぐれ旅（1）［新装版］』

秋田禎信《よしのぶ》

TOブックス｜2011年｜509ページ｜定価：1500円（税別）
ISBN：9784904376737｜装丁：Veia

青春時代から今まで 私を熱中させ続ける作品

子どもの頃の夢は、学校の先生になることだったなぁ。なんで今、書店員やってるんだろう？　……というと、それはまぁ、それなりにいろいろあるわけだけど。少なくとも、本屋に通いつめる人になったのは、この本との出会いがあったから。黒髪黒目で黒づくめの服装、職業はもぐりの金貸し。でも魔術の腕は世界でも指折りで、格上と戦ったって何とか切り抜ける。神も奇跡もない世界だけど、絶望するな。それに近いモノは在るんだ。そんなことを言っていたのを、いまでも覚えてる。オモシロくって何かが残る本。そんな本、なかなかないと思うんだ。だから私は、コレを読んでほしいとオススメするのです。

次の一冊　『魔術士オーフェンはぐれ旅（2）［新装版］』秋田禎信著／TOブックス
より面白くなる2巻をお楽しみください！

丸善八尾アリオ店
清水茂紀さん選

〒581-0803
大阪府八尾市光町2丁目3番
アリオ八尾3F
TEL 072-990-0291

Memo

地域一番店を目指して日々奮闘中のお店。コミック売り場は必見です。と

『陽気なギャングが地球を回す』
伊坂幸太郎

祥伝社文庫｜2006年｜394ページ｜定価:629円(税別)
ISBN:9784396332686｜装丁:松昭教

「ロマンはどこだ」

物語は4人の銀行強盗が起こす「事件」について、視点を変えながら話が展開される群像劇です。詳しくはぜひ、書店で手にとって読んでいただくとして、私がこの本で得たものは爽快感と高揚感でした。散りばめられた伏線が美しく回収されていくときに味わったあの感覚は、恐らく読書でしか体験できないものだと私は思います。この本があなたの成績をあげることはないでしょう。この本があなたの人生観を大きく変えてしまう、といったこともないと思います。しかし、この本はあなたに物語に沈み込む心地良さを、小説の奥深さを、何よりも本を読むことの楽しさを教えてくれるはずです。

次の一冊
『新釈 走れメロス 他四篇』森見登美彦著／祥伝社文庫
教科書に載っている「走れメロス」や「山月記」などを現代風に馬鹿らしく再構築していて、面白いです。

明屋書店松山本店
宮原大典さん選

〒790-0012
愛媛県松山市湊町4-7-2
TEL 089-941-4141

Memo

地域の方々に愛されている、歴史のある店舗です。い

『あさきゆめみし(1)』

大和和《わ》紀《き》

講談社漫画文庫｜2001年｜407ページ｜定価:660円(税別)
ISBN:9784063600506｜装丁:thesedays

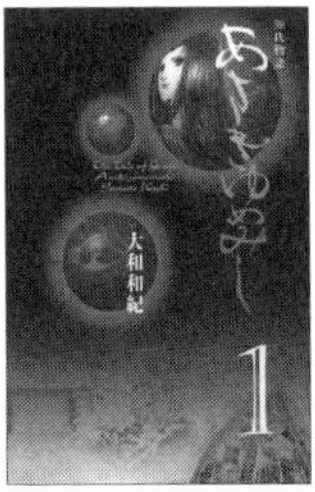

こんなイイ男に現代で
お会いしたいものですわ～

中学に入ると古典でつまづいて、嫌いになる人って多いハズ。「春はあけぼの……」って聞くだけでラ行変格活用とか、古語の活用表にばっかり気を取られて内容なんかわからなくなっちゃうんですよね。でもね、「物語や日記なんだな、昔の人の」って思うと意外と面白く読めるんです。源氏物語がそのいい例で、平安時代のプレイボーイの恋愛遍歴ですよ。簡単に言えばですが。それを漫画でまず読むと、顔も想像しやすいし、ストーリーの流れがわかる。で、試験のときに役立つわけです。『あさきゆめみし』の作者を“現代の紫式部!!”と言ってもいいくらいです。漫画だと感情移入しやすいから不思議です。古典嫌いな人ほど読んでみたほうがいいかも。(全7巻)

次の一冊 『NHK まんがで読む古典(2) 更級《さらしな》日記・蜻蛉《かげろう》日記』羽崎やすみ著／ホーム社漫画文庫　昔も今も女心は変わりませんね。

ヤマト屋書店仙台三越店
鈴木典子さん選

〒980-8543
宮城県仙台市青葉区一番町4丁目8-15
仙台三越定禅寺通り館地下2F
TEL 022-393-8541

Memo

鈴木さんはまさに「本の探偵」。児童書に精通した頼れる書店員さんです。

Date
Oct. 20

No. 293

『天国の本屋』

松久淳《まつひさあつし》、田中渉

かまくら春秋社｜2000年｜119ページ｜定価：1000円（税別）
ISBN：9784774001579｜装丁：高野裕紀

この世に戻って来られるのなら
一度この本屋でアルバイトさせて下さい。

突然、天国の本屋でアルバイトをすることになった就職活動中の大学生さとし。さとしの朗読は、それを聞く人たちみんなが心惹《ひ》かれるものであった。おばあちゃんとの別れ、本屋の店長ヤマキやアルバイトのユイたちとの出会い。幼いころのさとしの気持ちが、天国で出会う人の心を動かし、そして、その体験がさとしの中の何かを変えていく。読むたびにいろいろなことを想像させてくれるこの作品には他にも多くの本が出てきて、それは私たちを懐かしく、そして切ない気持ちへと引き込んでいく。子どもから大人まで幅広い世代の人たちの心に沁《し》みいるこの作品を、多くの方に手に取ってほしいと思います。

次の一冊　『体育座りで、空を見上げて』椰月《やづき》美智子著／幻冬舎文庫
そういえば中学生のときって、女子はこんなだったような気がします。

フタバ図書福岡パルコ新館店
吉木耕一郎さん選

〒810-0001
福岡県福岡市中央区天神2丁目11-1
福岡パルコ新館6F
TEL 092-235-7488

Memo

お店のあるフロアは通称「タマリバ6」。自然光も入る心地の良い空間です。

『関ヶ原（上）［改版］』

司馬遼太郎

新潮文庫｜2003年｜539ページ｜定価：750円（税別）
ISBN：9784101152127｜装丁：新潮社装幀室

大河ドラマの 読み応え

歴史の教科書や参考書では、歴史上の事象一つひとつは数行の簡潔な文章で記されます。しかし、その数行の奥には濃密な人間ドラマがあるのです。たとえば関ヶ原の合戦。著者は膨大な史資料を渉猟《しょうりょう》し、文庫版で1500ページに及ぶ一大群像劇として、この天下分け目の合戦を描きました。野望を抱く者、安寧《あんねい》を望む者、新時代を拓《ひら》かんとする者、旧《ふる》い時代を守ろうとする者、無数の人々の思いが交錯《こうさく》し、やがて日本を真っ二つに割った大合戦へと向かっていくさまは壮大の一言です。私自身、10代のときに読んで、歴史の熱さ、深さ、面白さを知ることができた一冊です。（全3巻）

次の一冊　『城塞（上）［改版］』司馬遼太郎著／新潮文庫
関ヶ原から15年後の大坂の陣を描きます。（全3巻）

くまざわ書店津田沼店
萱野健太郎さん選

〒275-0016
千葉県習志野市津田沼1-1-1
ホテルメッツ津田沼4・5F
TEL 047-475-8311

Memo

常に新しい発見がある変化のある売場作り。コミックにも力が入っています！わ

Date
Oct. 22

No. **295**

『点と線』

松本清張

新潮文庫｜1971年｜228ページ｜定価：490円（税別）
ISBN：9784101109183｜装丁：多田和博

家族の愛読書を借りてみませんか

私がこの本と出会ったのは、小学校6年生です。カッパ・ノベルスが一世を風靡《ふうび》していました。父の愛読書をちょっと拝借したのがきっかけで、推理小説にのめりこみました。単行本はかさばるし、文庫本は字が小さすぎて……。この新書サイズは誠に読みやすく運びやすくと、夢中で何冊も読みました。携帯電話はもちろんコピー機もFAXもなく、新幹線も存在しない1950年代の終わり。地道な捜査とじっくり築く人間関係は、今読むと時間感覚の落差に驚きます。読書の楽しさに目覚めるきっかけはホンの身近なところにありますよ。夢中で活字を追う醍醐味《だいごみ》が待っています。私は家庭でそんな本に出会いました。

次の一冊
『雨にもまけず粗茶一服（上）』松村栄子著／ポプラ文庫ピュアフル
茶道家元の嫡男《ちゃくなん》、大きらいなはずの茶道の本場、京都でどうする！　青春エンターテイメント小説。（全2巻）

落合書店東武ブックセンター
落合ちひろさん選

〒320-0808
栃木県宇都宮市宮園5
東武宇都宮百貨店5F
TEL 028-651-5577

Memo

宇都宮に愛され、育まれた街の本屋。その気概は二代目、三代目に脈々と続く。わ

Date
Oct. 23

No. **296**

『読む時間』

アンドレ・ケルテス（著）、渡辺滋《しげ》人《と》（訳）

創元社｜2013年｜75ページ｜定価：2200円（税別）
ISBN：9784422700601｜装丁：濱崎実幸

あなたは何を読む人ですか？

この本はどこかで誰かが何かを読んでいる姿ばかりを映した写真集です。部屋で電車で道端で屋根の上で、いろいろな人が読むことに没頭しています。その視線の先にあるのは文字だけなので、何を読んでいるのか想像することしかできません。夢中で読んでいるあの紙には何が書かれているのだろう。どんな世界が広がっているのだろう。そう思いつつページをめくって読む私もあなたも、写真の中の読む人と同じ姿になっているのです。

次の一冊　『本は読めないものだから心配するな［新装版］』菅《すが》啓次郎著／左右社
本についての名言・至言が溢れる名著です。

とほん
砂川昌広さん選

〒639-1134
奈良県大和郡山市柳4-28
TEL 080-8344-7676

Memo

4坪の小さな本屋さんですが、ここだけを目指して訪れる価値、あります！あ

『死者の書』

ジョナサン・キャロル（著）、浅羽英子《さやこ》（訳）

創元推理文庫｜1988年｜348ページ｜定価：800円（税別）
ISBN：9784488547011｜装丁：東京創元社装幀室

人生は毒が含まれているから美しい。

ジョナサン・キャロルの小説は注意深く読まなければならない。すばらしく晴れやかに温かいエピソードのすぐそばに、凄まじく残酷で冷たい絶望が待ちかまえているから。おまけに天国と地獄そのどちらも、魔法に満ちた魅力的な筆致《ひつち》で描かれているから。強烈な毒を含む物語を一生あなたの胸の片隅に巣くわせる勇気があるならば、ぜひページを開いてください。この物語を愛せるならば、あなたは死ぬまで活字の虜《とりこ》です。

次の一冊
『火星年代記［年代］』レイ・ブラッドベリ（著）、小笠原豊樹（訳）／ハヤカワ文庫
あなたたちが生まれるずっと前に描かれた、遥か未来遥か彼方の物語。最良のセンス・オブ・ワンダーがここにあります。

明正堂NTT上野店
金杉由美さん㊌

〒110-0005
東京都台東区上野5-24-11
TEL 03-3836-0381

Memo

創業百年の老舗。レトロで可愛いブックカバーと愛のある棚がすごく良いです。ⓦ

『バトル・ロワイアル(上)』

高見広春《こうしゅん》

幻冬舎文庫|2002年|510ページ|定価:600円(税別)
ISBN:9784344402706|装丁:中山泰

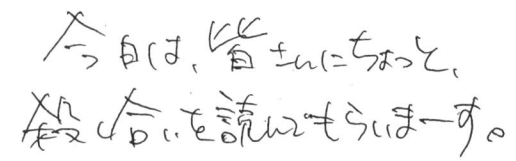

今日は、皆さんにちょっと、
殺し合いを読んでもらいまーす。

僕が高校一年のとき映画化されて、原作がクラスで読み回されていました。同年代はみんな読んだんじゃないかな。とにかく面白かったんだけど、少なくとも親や先生からすすめられた記憶はない。当たり前かもしれないけど。なぜって中3のクラスメイト同士が最後のひとりになるまで「殺さなきゃ殺される」というひどいお話だから。今回これを書くにあたって、じつに15年ぶりに読み返してみたんだけど、やっぱり面白い。死を目前にした中学生たちが、その最期《さいご》に将来の夢や愛を語るのを読んで、自分も後悔しないように生きたいなあとあらためて思いました。どうして殺し合いって読んでる分にはこんなに面白いんでしょうねえ。(全2巻)

次の一冊　『一九八四年［新訳版］』ジョージ・オーウェル（著）、高橋和久（訳）／ハヤカワepi文庫　言わずと知れた名著ですが、こちらもひどいお話です。

六畳書房
武藤拓也さん選

〒057-0034
北海道浦河町堺町西4-4-40

Memo

みんなで育てる、週に一回だけの六畳一間の本屋さん。わ

Date
Oct. 26

No. 299

『キノの旅 the Beautiful World』

時雨沢《しぐさわ》恵一

電撃文庫（KADOKAWA）｜2000年｜238ページ
定価：530円（税別）｜ISBN：9784048668491
装丁：鎌部善彦

the Beautiful World

とらえ方は人それぞれ。

文章を読むのが苦手で、算数の文章題さえ読み違えていた弟が「これは面白い」と読み始めたのが、このシリーズ。一国一国が壁で囲われているような世界で、文明も文化も違う国々を、旅人のキノが訪問していく。一編一編が数ページと短く、恋愛ものでも、戦記ものでもなく、たまに脈略もなく。私はこれで屁理屈《へりくつ》を覚えたが、弟はただたんに銃器が好きだったらしい。このシリーズを読み、弟の感想を聞き、私は漠然と「他人と同じでないことも普通のことで、困らない」ことに気づき、今に至る。他人と、世間と、同調するのに疲れる前にどうぞこの一冊を。

次の一冊
『図書館戦争』有川浩《ひろ》著／角川文庫（KADOKAWA）
銃撃戦あり、LOVEあり、熱い友情もあります。

有隣堂アトレ新浦安店
富澤明子さん選

〒279-0012
千葉県浦安市入船1-1-1
アトレ新浦安2F
TEL 047-305-0511

Memo

新浦安駅の改札から近く文具雑貨もあるので利便性が良い。毎日覗きたくなる。わ

Date
Oct. 27

No. **300**

『秋の花』

北村薫

創元推理文庫｜1997年｜268ページ｜定価：620円（税別）
ISBN：9784488413033｜装丁：小倉敏夫

その"罪"をあなたならどう乗り越えますか？
その"罪"をあなたならどう救いますか？

「円《えん》紫《し》師匠と私」シリーズの第３弾。ある日、主人公の近所に住む女子高生が夜中に学校の屋上から墜落死してしまう。自殺か？　他殺か？　そして何故？　その謎の答えはあまりにも残酷で背筋の凍るようなものだった……。あたり前のことだけれど、人生は１度きりしかない。その答えのない不安な１本の道を、私たちはたとえどんな過ちをおかしても、いつか生を終えるそのときまで、進んでいくしかない。この本はそんなもろく弱い私たちをそっと包みこんでくれるような作品です。

次の一冊
『スキップ』北村薫著／新潮文庫
生きる元気をもらえます！！

文華堂湘南台店
駒野谷愛子さん選

〒252-0804
神奈川県藤沢市湘南台1-12-2
TEL 0466-43-0130

Memo

昔ながらの街の本屋さん。温かくフレンドリーな雰囲気で何だかホッとする。わ

『女子中学生の小さな大発見』

清《せい》邦彦（編著）

新潮文庫｜2002年｜184ページ｜定価：400円（税別）
ISBN：9784101317311｜装丁：新潮社装幀室

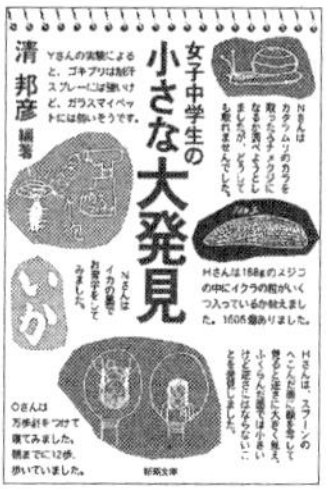

友だちに読んで聞かせて
バカ笑いしてしまう　理科レポート

静岡雙葉《ふたば》中学校1年生の理科の小さな研究レポート集。その一部を紹介しますと……「Oさんは万歩計をつけて寝てみました。朝までに12歩、歩いていました」「Hさんはアリを退治しようと、霧吹きで、しょう油、酢、ビール、バスクリンをかけてみました。酢が1番効き目があり、ビールは逆効果でした」「Nさんは足の裏を針でついて『痛点』を調べました。お母さんのも調べようとしましたが、悲鳴を上げて逃げていきました」。中学生の自由な発想に、思わず笑ってしまいます。

次の一冊

『新潟のおせんべい屋さんが東京の女子中学生にヒット商品づくりを頼んだらとんでもないことが起こった！？』ROCKGIRLS（編著）、澤本嘉光《よしみつ》（ツッコミ役）／かんき出版
菓子メーカーが女子中学生とコラボ！？　彼女たちの自由な発想を商品化し発売したドキュメントです。ビジネス書の構成ですが中高生にも。

文学館伊丹ターミナル店
安東興さん選

〒664-0858
兵庫県伊丹市西台1丁目1-1
阪急伊丹駅ビルリータ3F
TEL 072-772-3708

Memo

阪急伊丹駅の改札前にあるお年寄りにやさしい本屋さんです。と

Date
Oct. 29

No. **302**

『世界がもし100人の村だったら 完結編』

池田香代子

マガジンハウス｜2008年｜111ページ｜定価：1200円（税別）
ISBN：9784838719365
装丁：細山田デザイン事務所（横山朋香・藤井保奈）

いつかあなたも みんな仲間になって
きっと世界は ひとつになるんだ

現在、世界の人口は72億人を超えています。この本は、その人口を100人の村と仮定して物事を考えています。自分たちの住む地域、国、そして世界の現状などを凝縮することで身近な出来事と捉えることができ、理解しやすくなります。宗教、教育、結婚、貧富、人種、産業、戦争、地球環境などいろいろな現状を知ることで、現在自分が置かれている場所が、なんと恵まれているかを知ることができます。自分自身を見つめ直し、「自分にできることはなんだろう？」とあらためて考えることができる1冊です。

次の一冊
『竜馬がゆく（1）［新装版］』司馬遼太郎著／文春文庫
竜馬の生き様は、私の心を揺さぶり、人生の進路が決まりました。きっとあなたの胸にも響きます。（全8巻）

三和書房
中島良太さん（選）

〒660-0882
兵庫県尼崎市昭和南通7-161
TEL 06-6413-1112

Memo

お店のある商店街は、阪神タイガースの聖地！（と）

『ポテト・ブック』

マーナ・デイヴィス（著）、
伊丹十三《じゅうぞう》（訳）

河出書房新社｜2014年｜131ページ
定価：2100円（税別）
ISBN：9784309206646｜装丁：矢吹申彦

じゃがいもはエライ！
伊丹十三はカッコイイ！

1976年に出た名著『ポテト・ブック』が、昨年末に再版された。ふむふむこう食べるとおいしいのかというエッセイから、えっ！　と驚くレシピ、じゃがいもの美容法、芋判の楽しみ方まで、じゃがいも愛にあふれた翻訳本だ。ここに出てくるレシピをすべて作ったというのが訳者の伊丹十三。この人、役者であり、グラフィックデザイナーであり、エッセイストであり、翻訳家であり、CMディレクターであり、雑誌編集長であり、映画監督でもあった。中高生の諸君、この本でじゃがいものエラさを知ったら、次に伊丹十三に触れてほしい。この人、本当にカッコいいんです！

次の一冊
『女たちよ！』伊丹十三著／新潮文庫
1968年初版。50年前に、大人の男が当たり前のように料理を作る。それが、おいしそうなんです。大人の男のカッコよさを、ぜひ味わってほしい。

湘南 蔦屋書店
勝屋なつみさん選

〒251-0043
神奈川県藤沢市辻堂元町6丁目20番1
TEL 0466-31-1510

Memo

蔦屋書店が企画したモールに立地。「スローフード・スローライフ」がコンセプト。わ

『わたしがカフェをはじめた日。』

ホホホ座

小学館 | 2015年 | 88ページ | 定価:1250円(税別)
ISBN:9784093884174 | 装丁:ホホホ座

読むのもいいけれど
作るのも。

この本は僕たちではじめて作った本です。京都にある女性カフェ店主にインタビューをし、「カフェをはじめた日」までの経緯を聞いた、ほぼそれだけの本です。僕たちは今のところインタビューのプロではありませんし、本を作ったのもはじめてです。でも、なんとかなりました。もし、よかったら、あなたも本を作ってみてください。お父さん、お母さん、兄弟、友だち、自分のまわりにいる誰でもいいです。インタビューをして、文字に起こして。ちゃんと製本なんかしなくても、プリントアウトして、コピーして、ホチキスで綴じるだけでいいです。表紙はちょっとかっこよくデザインをしてみてもいいかもしれません。僕らはその本がすごく読みたいです。

次の一冊　『ちいさならくがき』下條ユリ著／たまうさぎBooks（フレックス・ファーム）　読めばいつでも「大丈夫、なんとかなる」と思えます。

ホホホ座
松本伸哉さん選

〒606-8412
京都府京都市左京区浄土寺馬場町71
ハイネストビル1・2F
TEL 075-771-9833

Memo

2015年4月オープン！　本を「作る」「売る」「(古本を) 買う」全部やります。と

11月

芸術の秋、食欲の秋、恋の秋

November

Date
Nov. 1

No. 305

『ラクガキ・マスター
――描くことが楽しくなる絵のキホン』

寄藤文平

美術出版社｜2009年｜175ページ｜定価:1429円(税別)
ISBN:9784568504057｜装丁:寄藤文平

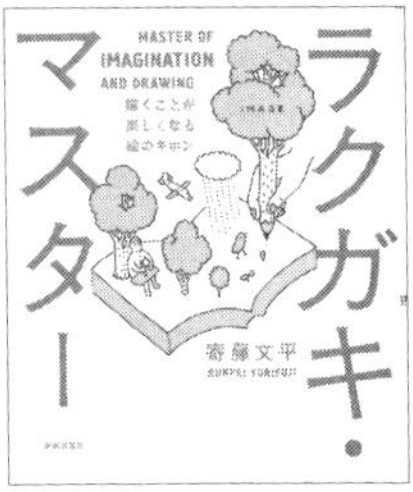

絵は苦手だけどラクガキは得意!
と言えるようになりたい。

この本がでた頃、寄藤さんにサインを描いていただいたことがあります。9ページにある「描く姿勢」で、会話の中で私が好きと言ったものをひょいひょいと描き加えていってくれた寄藤さんの絵は、見ているこちらも楽しくなる感じで、あぁ私も描いてみたいなと思いました。思いたったら紙の隅でもすぐ描けるのがラクガキのいいところ。ヘタな絵でも悪くはないけれど、想像力を広げる方法や、頭の中に浮かんだものにより近いものを描くためのコツを、この本は教えてくれています。めざせ、ラクガキ・マスター!!

次の一冊　『ナンシー関の記憶スケッチアカデミー』ナンシー関著／角川文庫(KADOKAWA)　絵はヘタでも楽しめるというのがわかる一冊。友だちとの「うろ覚え」対決は盛り上がること間違いなし!

KuLaSu season なんばパークス店
鎌田千恵子さん選

〒556-0011
大阪府大阪市浪速区難波中2-10-70
なんばパークス5F
TEL 06-6641-4310

Memo

書籍以外の雑貨や暮らしの道具も超充実。女性必見の書店です。あ

『文字の食卓』

正木香《きょう》子《こ》

本の雑誌社｜2013年｜255ページ｜定価：1800円（税別）
ISBN：9784860112479｜装丁：金子哲郎

文字の食卓
正木香子

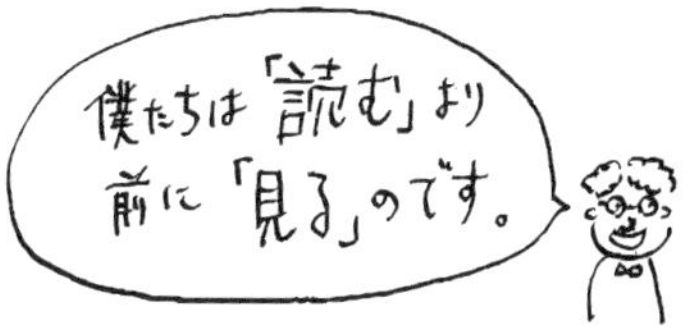
僕たちは「読む」より前に「見る」のです。

紙、製本、判型、装丁、そして文字。これらは（ひょっとしたら本に書かれていることと同じくらい）本を作るために大切な要素です。新聞に書かれた文字が装飾性の高いものだったら、読みにくいですよね？　「内閣総理大臣」という文字が丸っこいと、やっぱりちょっと頼りない。文字が僕たちに与えてくれる印象って、とても大きいんですね。この本の中には、そんな文字に対する色々が書いてあります。みなさんがこれから文字を「読む」前に、ちょっと文字を「見て」みてください。その視点で世界を見ると、とてもおもしろいんですよ。

次の一冊

『20歳の自分に受けさせたい文章講義』古賀史健《ふみたけ》著／星海社新書
「読む」のと同じくらい大切なのは「書く」ということ。「書く」という技術は「考えをまとめる」ための技術でもあります。本書はそんな頭の中の整理をするために読む本でもあるんですよ。

かもめブックス
柳《やな》下《した》恭平さん選

〒162-0805
東京都新宿区矢来町123
第一矢来ビル1F
TEL 03-5228-5490

Memo

ふらりと立ち寄れて、日常から非日常へ。神楽坂にある雑誌のような本屋さん。わ

『'THE SCRAP'
——懐かしの一九八〇年代』

村上春樹

文藝春秋｜1987年｜219ページ｜定価：1200円（税別）
ISBN：9784163412801｜装丁：和田誠

本による一撃

アメリカの主要な雑誌や新聞をめくりながら、政治、音楽、映画、文学、スポーツなど、その時々の話題をスクラップする時代のアルバム。もしかしたら小説よりおもしろいかもしれないエッセイスト村上春樹の文章は、登場する固有名詞がわからなくても充分にたのしい。さらに和田誠の装幀に、安西水丸の文中カットがはいり、シンプルながら凝《こ》った造本。片手におさまる小さい本のなかに、本ならではのよさがつまっています。なによりエッセイ１本ごとの分量もほどよく、時間も場所も選ばない内容で、気楽な暇つぶしにぴったりです。たとえこの本ではなくても、こんな本のストックが何冊かあると、毎日がすこし助かります。

次の一冊　『どちらとも言えません』奥田英《ひで》朗《お》著／文春文庫
同じく『Number』誌上に連載された、作家によるスポーツエッセイ。

**スタンダードブックストアあべの
北村知之さん**㊖

〒545-0052
大阪府大阪市阿倍野区阿倍野筋1-2-30
Hoop 6F
TEL 06-4703-5881

Memo

店内に並ぶ、心地よい本と雑貨たち。買いすぎて破産しそうです。Ⓣ

『最低で最高の本屋』

松浦弥太郎

集英社文庫｜2009年｜267ページ｜定価：533円（税別）
ISBN：9784087464917
カバーデザイン：立花文穂、イラストレーション：松浦弥太郎

就職しないで生きるには

僕がこの本に出会ったのは大学の図書館だったと思う。何気なく手に取り、ろくに読みもせず棚に戻してしまったのを覚えている。大学を卒業後、就職もしないで映画館で働いていたとき、駅の本屋で文庫化されたこの本と再会することとなった。そこには著者の現在に至るまでの道のりが、飾らない言葉で綴られており、心地よいリズムで僕の心の中に入ってきた。この本は目を合わせないようにしていた「これからの自分」ともう一度対話するきっかけをくれたのだ。再会するまでに時間はかかってしまったが、今思えばあのときがこの本と出会うタイミングだったのだと思う。いつの日にか読んでほしい一冊。

次の一冊　『街を変える小さな店――京都のはしっこ、個人店に学ぶこれからの商いのかたち。』堀部篤史著／京阪神エルマガジン社
「小さな店」をやりたくなる一冊。具体的な言葉も勉強になる。

SAKADACHI BOOKS
石黒公平さん選

〒500-8833
岐阜県岐阜市神田町6-16-2-2F
MAIL mail@sakadachibooks.com

Memo

出版社が営む週末限定書店。さかだちしてみたら、きっと世界が変わるかも。と

Date
Nov. 5
いいりんごの日

No. 309

『りんごかもしれない』

ヨシタケシンスケ

ブロンズ新社｜2013年｜32ページ｜定価：1400円（税別）
ISBN：9784893095626
装丁：ヨシタケシンスケ＋伊藤紗欧里（ブロンズ新社）

もっと早く　この本に出会っていたら
私の進路は違っていたかもしれない…

どーんと大きく描かれたりんごの絵。いかにもりんごに見えるのに、タイトルは「りんごかもしれない」……かもしれないって何？　妄想が大暴走したような自由な発想に思わずにんまり。でもこれ、じつは深いのかもしれない……。難しい哲学書よりも、ある意味説得力があるかもしれない。答えに煮詰まったとき、手に取ってほしい絵本です。忘れかけた柔らかな観点に、はっとさせられます。こんなふうに物事を考えられたら、世界はもっと楽しいかもしれない。

次の一冊　『ないもの、あります』クラフト・エヴィング商會著／ちくま文庫
見つけた！！　「目から落ちたうろこ」。

紀伊國屋書店高槻店
笹倉宏美さん選

〒569-1116
大阪府高槻市白梅町4-1
高槻オーロラモール5F
TEL 072-686-1195

Memo

JR高槻駅直結のお店は、幅広い年齢層の方に愛されています。と

『机の上の仙人——机《き》上《じょう》庵《あん》志《し》異《い》』
佐藤さとる

ゴブリン書房｜2014年｜212ページ｜定価：1400円（税別）
ISBN：9784902257298｜装丁：ゴブリン書房

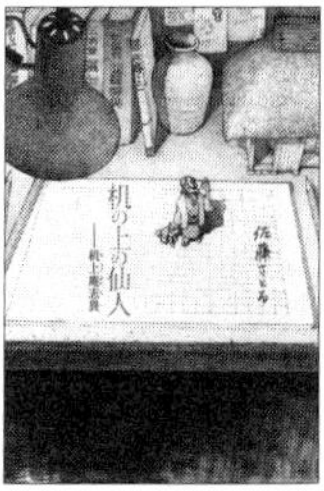

こんな話あるはずがない。と笑いとばしますか？
いいえ、この仙人に出会ったら、そんなことはできません。

身の丈およそ2寸の小さな仙人。この人の語る不思議な話の数々。信じる信じないは、あなたの勝手。この本の作者は、日本を代表するファンタジーの書き手。あの『コロボックル物語（1）だれも知らない小さな国』の作家、佐藤さとるである。子どもは10代の前半に、ファンタジーの世界を体験できるかどうかで、それからの人生が豊かになるかどうかが決まってくる。いそいで大人になってしまっては手遅れになるのだ。この話のほとんどが、ラブストーリーだったんだなぁって、ずっと後で気づくのもなかなかよいんだよなぁ……。

次の一冊　『ゲド戦記（1）——影との戦い』アーシュラ・K.ル＝グウィン（著）、清水真砂子（訳）／岩波書店　僕の知るかぎり、ゲドこそ本物の魔法使い。きっと全巻読みたくなること、うけあいだ。（全6巻）

子どもの本専門店メリーゴーランド
増田喜昭さん選

〒510-0836
三重県四日市市松本3-9-6
TEL 059-351-8226

Memo

品揃えが“わがまま”な本屋さん。月一で作家さんを招いてレクチャーを開催。と

No. 311

『エンデ全集（14）メルヒェン集』

ミヒャエル・エンデ（著）、池内紀《おさむ》 他（訳）

岩波書店｜1998年｜400ページ｜定価：3300円（税別）

ISBN：9784000920544

当店でいちばんわかりやすい
「魔法」の参考書がこちらです。

この本に収録されている短編「魔法の学校」は、ミヒャエル・エンデが最晩年、亡くなる少しまえに書いたものです。これまで私は、自分の夢や役割、仕事について、ずっと考えてきましたが、自分がやりたいことと、実際にできることについてのヒントをこのお話の中に見つけました。それが何であるか、ここに具体的に書くことはしません。エンデはこんな問いも残しています。「おおぜいの人が同じ本を読む時、本当にみんな同じものを読むのでしょうか？」。さて、私にとっての魔法の本を、若いみなさんはどう読み解かれるのでしょうか。

次の一冊
『アルケミスト――夢を旅した少年』パウロ・コエーリョ（著）、山川紘矢、山川亜希子（訳）／角川文庫（KADOKAWA）
探してるものはなんでしょう。「目に映る全てのものはメッセージ」って、有名な歌の歌詞ですけど、本当に！　と思います。

うずまき舎
村上千世さん 選

〒781-4233
高知県香美市香北町中谷254
TEL 0887-59-4016

Memo

山道をのぼった先、標高400mにある小さなお店。下界の喧騒《けんそう》を忘れられます。

『アルケミスト——夢を旅した少年』

パウロ・コエーリョ（著）、
山川紘矢、山川亜希子（訳）

角川文庫（KADOKAWA）｜1997年｜199ページ
定価：552円（税別）｜ISBN：9784042750017
装丁：ミウラナオコ

止まるな、諦めるな。
一番の宝は この予兆の先にある。

羊飼いの少年が自分の見た夢を追って、旅に出るストーリー。苦しみ、諦めそうになるたびに、予兆を感じること・心に耳をすませることを教わって乗り越えていきます。宝探し・広大な砂漠・宇宙・錬金術師と、一気にファンタジーの世界が広がっていき、さらさら流し読みできると思いきや、すぐ自分に当てはめるとどうだろう……という文にぶつかるので読み戻り、理解しようと考え込んでしまいます。今や、気になる物事をすべて“予兆”だ！　と決めつけて思うまま突き進む毎日です。何に向かって歩いているのか？　何がしたいことなのか？　つい生きる理由《わけ》を考えてしまう方にオススメです。

次の一冊　『砂漠』ナショナルジオグラフィック編著／日経ナショナルジオグラフィック社　追い打ちをかけるように眺めてください（笑）。静かで熱い風景が心に沁み込んできます。

蔦屋書店武雄市図書館
櫻井香織さん㊜

〒843-0022
佐賀県武雄市武雄町大字武雄5304-1
TEL 0954-20-0300

Memo

カフェ併設・私語OK。新しい形の公立図書館内にあり。何日でも楽しめそう！

Date
Nov. 9

No. **313**

『夢のなかの夢』

タブッキ（作）、和田忠彦（訳）

岩波文庫｜2013年｜162ページ｜定価：540円（税別）
ISBN：9784003270615

夢の なかに とけこんで みて下さい

誰かの夢を見てみたいと思ったことはあるでしょうか。きっと秘密のポケットにあるような道具を使わないかぎり難しいことのように思います。イタリアを代表する作家タブッキはそんな思いに駆《か》られ、文学という道具を借りて、失われた自分の愛する芸術家たちの夢の軌跡をつくりあげてしまいます。タブッキが描いた夢はただの虚構の夢物語ではなく、彼らが見た夢そのもののようです。本来は不可能に思える遠い過去の夢を見ることも、文学は可能にしてしまう奇跡を感じてほしいと思います。若い人は夢見ることが大切です。これは初夢としてふさわしい夢ではないでしょうか。

次の一冊 『なんたってドーナツ――美味しくて不思議な41の話』早川茉莉編／ちくま文庫
目が覚めたらお腹すくと思うので。

オリオン書房ルミネ立川店
榊原《さかきばら》拓則さん（選）

〒190-0012
東京都立川市曙町2-1-1
ルミネ立川店8F
TEL 042-527-2311

Memo

駅ビル8Fで便利。棚以外にも柱周りのディスプレイに要注目。文具も愉しい。（わ）

『シュレディンガーの哲学する猫』

竹内薫、竹内さなみ

中公文庫｜2008年｜334ページ｜定価:762円(税別)
ISBN:9784122050761｜装丁:中林麻衣子

かわいい猫といっしょに
思想の旅に出よう!

時空を旅する猫とともに古今の哲学・思想家たちをめぐる物語。哲学に興味はあるけれど……という人におすすめです。シュレディンガーの猫（通称シュレ猫）のキャラクターも魅力の1つ。猫なのにおしゃべりでわがまま。時に踊ったりする姿に思わず、「かわいい」と思うことでしょう。本選びはインスピレーションが大事。現に私も表紙とタイトルで手にすることが多いです。そうやって素敵な一冊に出会えるととても幸せな気持ちになれます。

次の一冊　『沈黙の春［改版］』レイチェル・カーソン（著）、青樹簗一《りよういち》（訳）／新潮文庫
人と自然の関わり方を考えさせられる本。

あゆみBOOKS高円寺店
西岡信五さん 選

〒166-0002
東京都杉並区高円寺北2-6-1
高円寺千歳ビル1F
TEL 03-5373-3371

Memo

高円寺駅前徒歩1分で深夜1時まで営業しているので便利。品揃えも面白い。わ

『今日の芸術——時代を創造するものは誰か』

岡本太郎

光文社知恵の森文庫｜1999年｜258ページ｜定価:495円(税別)

ISBN:9784334727895

美術を志す人に読んでほしい
1冊です。

子どもの頃から大学は美術系のところと考えていたのに、17歳のとき、結局そうしなかった。コンクールの結果が理不尽に思えて、落胆したのが理由の1つです。この本に出会ったのは34歳のとき。倍の時間を経て、気持ちがスッキリ！　あの頃感じたモヤモヤした気持ちを、岡本太郎さんが私の代わりに怒ったり、易しい文章で筋を通して解説したりしてくれました……今から60年も前に。印象に残ったのは「美術史は繰り返さない」という言葉。芸術家として生きる人が口にするときの覚悟たるや。美術や芸術が好き。その素直な気持ちだけを大切にすればいいんだと、確信させてくれた一冊です。

次の一冊　『ルリユールおじさん』いせひでこ著／講談社
本を作る職人さんと、少女のお話。

ピクチャーブックギャラリー リール
恒松明美さん選

〒599-8237
大阪府堺市中区深井水池町3125-2
TEL 072-220-9295

Memo

作家によるハンドメイド絵本や、セレクト雑貨も楽しめる小さな絵本屋さん。と

Date
Nov. 12

No. 316

『十一月の扉』

高楼方子《たかどのほうこ》

講談社青い鳥文庫｜2011年｜412ページ｜定価：900円（税別）
ISBN：9784062852166｜装丁：久住和代

心揺さぶる十一月荘での二ヶ月間の物語を、
爽子と共に楽しんで下さい。

森の中にひっそりと身を隠すように佇《たたず》んでいる「十一月荘」と名付けられた洋館には、建物と同じようにどこか現代とは浮世離れした個性的な女性たちが身を寄せ合って住んでいました。そんなときに父の転勤が決まり、爽子は十一月荘で彼女たちと二カ月間を過ごすことになります。そして十一月荘で過ごす中、生活をともにする彼女たちをモデルにして一つの物語を創作し始めるのです。『赤毛のアン』や『若草物語』みたいな少女小説に胸をときめかせながらページを捲《めく》る、そんな女子中高生は少なくなってきているのかもしれませんが、この一冊を手に取り、眠れぬ夜を過ごしてもらえたらなぁと期待を込めて。

次の一冊　『ひなのころ』粕谷知世《かすやちせ》著／中公文庫　少女が成長する過程を通して、心温まる家族との触れ合いを端正に描いた作品です。

文教堂青戸店
青柳将人さん選

〒125-0062
東京都葛飾区青戸3-36-1
TEL 03-3838-5931

Memo

駅隣接の商業施設内にある、商店街の風情が漂う下町らしい賑やかなお店です。わ

『High and dry（はつ恋）』

よしもとばなな

文春文庫｜2007年｜234ページ｜定価：743円（税別）

ISBN：9784167667030｜装丁：大久保明子

生まれて初めて人を
好きになるって奇跡。

14歳の夕子のはつ恋は20代後半の年上の絵の先生……。可愛いふたりが心を通わせていく、優しくキラキラした時間が描かれています。人を好きになるときの、ドキドキしたりワクワクする気持ちや揺れる気持ちが、細やかに表現されています。よしもとばななさんの本はストーリーの文字の間からキラキラした空気が溢れ出てきます。その空気感や雰囲気をぜひ味わってほしい一冊です。夕子の恋を心配しながらもあったかく見守るお母さんも素敵なんです！

次の一冊　『TUGUMI』吉本ばなな著／中公文庫
言わずと知れた吉本ばななさんの代表作！　読んで損はしない！

TSUTAYA梅田堂山店
長野貴子さん選

〒530-0027
大阪府大阪市北区堂山町7-11
ビリーヴ堂山
TEL 06-6360-6666

Memo

本はもちろん、音楽や映画にも触れられる、都会の小さいオアシス。と

『おおきな木』

シェル・シルヴァスタイン(作・絵)、村上春樹(訳)

あすなろ書房｜2010年｜60ページ｜定価：1200円(税別)
ISBN：9784751525401｜装丁：城所潤

自分の心と向き合える そんな時間を作ってくれる1冊

この絵本を読むきっかけとなったのは、大好きな東方神起《とうほうしんき》のライブに行ったとき、メンバーのユノさんが「この絵本を読んだことありますか？」とご自身の大好きな絵本であると紹介したことでした。この絵本が有名なことは知っていましたが、まだ手にとったことがなく読んでみました。読み終わると、心にドシン、と音がした気がしました。なぜそんな音が響いたのか。人はつまづいたり、時々心が折れそうになったり、いろんな悩みを抱えて生きています。そんなとき、この絵本に吹き抜ける無償の愛にふれたら、自分という存在の深さに気づくことができるんじゃないかな、と思います。

次の一冊　『川の光』松浦寿輝《ひさき》著／中央公論新社
動物たちの素晴らしい友情物語に心が動かされます。

アカデミア サンリブ小倉店
河本《かわもと》慶子さん 選

〒800-0288
福岡県北九州市小倉南区上葛原2-14-1
サンリブシティ小倉2F
TEL 093-932-7711

Memo

北九州のソウルフード「資さんうどん」の本店がすぐ目の前に！

『グミ・チョコレート・パイン グミ編』

大槻ケンヂ

角川文庫（KADOKAWA）｜1999年｜315ページ
定価：590円（税別）｜ISBN：9784041847077
装丁：江口寿史

ラブソング100曲より1回の恋愛。
相手がいないならグミチョコを読めばいい！

これから自分はどうなっちゃうんだろう？　って気持ちは、きっと周りの友だちも一緒です。本を読むということは、人生の先輩たちからのアドバイスをもらうってことだと思います。『グミ・チョコレート・パイン』は、自己愛と自己嫌悪、恋心も下心もごちゃ混ぜになって悩む17歳の賢三が、クラスメイトに恋をして、友だちとバンドを組み、悩みに悩み抜いてライブのステージに立つお話です。大丈夫、悩んでいるのは大人だって一緒だし、たいていのことは何とかなる。そして、世の中は面白いことで溢れているのです。（全3部作）

次の一冊　『遊びつかれた朝に――10年代インディ・ミュージックをめぐる対話』磯部涼、九龍《くーろん》ジョー著／ele-king books
ネットやテレビの情報がすべてじゃない。「現場」ではもっと面白いことが起こっています。

BIBLIOPHILIC & book union 新宿
須藤謙一さん選

〒160-0022
東京都新宿区新宿3-17-5
カワセビル3F
TEL 03-5312-2635

Memo

読書用品ブランドBIBLIOPHILICの旗艦店。音楽書が充実！

Date
Nov. 16

No. 320

『天沼メガネ節』

吉野寿《ひさし》

青土社｜2013年｜366ページ｜定価：1600円（税別）
ISBN：9784791766871｜装丁：名久井直子

「お前は間違っている」
なんて、どーでもいいぞ。

人間だもの、と悟るのはじいさんになってからで結構だ。いまは悩む時期よ、とママから言われたら無視だ。必要なのは、強い「俺」だ。それがたとえ、それじゃあ君の人生ポンコツ人生だよ、と言われたっていいじゃないか。あんたの人生だってポンコツ人生だよ、と言い返せばいい。ただ恥じるな。恥じたらおしまいだ。かっこよくない。ブコウスキーをみろよ、かっこいいだろ？　「ポンコツならポンコツのまま歩みを進めるしかないのだ。取り繕《つくろ》ったものに真実の輝きは無い」。自分を見失わないための一冊だ。

次の一冊　『勝手に生きろ！』チャールズ・ブコウスキー（著）、都甲《とこう》幸治（訳）／河出文庫
勝手に生きるんだ！

OLD/NEW SELECT BOOKSHOP百年
樽本《たるもと》樹廣さん選

〒180-0004
東京都武蔵野市吉祥寺本町2-2-10
村田ビル2F
TEL 0422-27-6885

Memo

樽本店主いわく「コミュニケーションするポンコツな本屋です！」。行くべし。わ

『復活の恋人』

西田俊也

幻冬舎｜2008年｜406ページ｜定価:1800円(税別)
ISBN:9784344015722｜装丁:鈴木成一デザイン室

事故で20年間眠っていた中学生が34歳でめざめ高校生になった。

中学3年の男子生徒は、同級生の小夜子とのデートを明日に控えていた。だが親友に借りたレコードを返しに行く途中、ひき逃げ事故にあって、20年間眠っていた。しかし、奇跡的に目覚めてしまった。そして高校へ進学。頭の中は中学生、体は34歳のおじさんだった。もしあなただったらどうします。高校受験をひかえた中学生に読んでほしいです。ちょっと不思議な恋愛小説をどうぞ。

次の一冊　『スリープ』乾《いぬい》くるみ著／ハルキ文庫
14歳の少女が冷凍睡眠から目覚めた30年後の世界とは?

大杉書店市川駅前本店
鈴木康之さん 選

〒272-0034
千葉県市川市市川1丁目4番16号
TEL 047-325-1158

Memo

教科書販売もしていて学参充実。市川の郷土の本も充実。地元に根差したお店。

『そのときは彼によろしく』

市川拓司

小学館文庫｜2007年｜509ページ｜定価:657円(税別)
ISBN:9784094081602｜装丁:山田満明

人に優しく生きることは
間違ってなんかないさ。

幼《おさな》馴《な》染《じ》みだった3人の男女、大人になり再会を果たすも彼らにはある運命が待ち受けていた……。家族、友人、恋人、それぞれの人とのつながりは、生き続けていればずっと、とても強い力で結ばれているのだ。10年後、大人になったときに、あらためてもう一度読み返してみると、読者自身の中にある「誰かを想う」ことの大切さに気づける一冊。

次の一冊
『その日のまえに』重松清著／文春文庫
大人になる前に大切にしててほしい、日常のなかにある本当の幸せ。

ヤマニ書房本店
佐々木拓朗さん㊤

〒970-8026
福島県いわき市平字2-7-2
ヤマニビル
TEL 0246-23-3481

Memo

創業60年超の老舗。その存在は、いわき市民にとって“こころのオアシス”。

『FUTON』

中島京子

講談社文庫｜2007年｜382ページ｜定価：660円（税別）
ISBN：9784062757188｜装丁：藤田知子

男って，ホント，バカだね。
笑ってやって下さい。それで，救われるんです。

妻子ある中年小説家が若い女弟子にうつつをぬかし、さんざん振り回された挙句《あげく》に、彼女の蒲団に顔をうずめて泣いちゃう。そんな『蒲団』という作品を元に描かれているのが、今回ご紹介する『FUTON』という作品です。この作品のポイントはふたつ。ひとつは、花袋研究家デイブ・マッコーリーの恋模様。もうひとつは、デイブが『蒲団』の主人公の妻の視点で書いた『蒲団の打ち直し』という小説内小説。二つの物語がリンクしていくなか、果たしてデイブの恋は花袋の二の舞を演じてしまうのか、それとも……。直木賞作家・中島京子の、初の書下ろし長編にして、文句なしの傑作です。

次の一冊　『蒲団・重右衛門の最後』田山花袋著／新潮文庫
読んだ後、おじさんたちに優しくなれる一冊。中年男がフラれて泣いたって、いいじゃないか。

紀伊國屋書店前橋店
平野高丸さん㊣選

〒371-0801
群馬県前橋市文京町2-1-1
けやきウォーク前橋1F
TEL 027-220-1830

Memo

平野さんはその後異動され、本書発刊時はロサンゼルス店勤務。世界は広い！ ⓦ

『千年鬼《せんねんき》』

西條《さいじょう》奈加

徳間書店｜2012年｜263ページ｜定価：1600円（税別）
ISBN：9784198634155｜装丁：AFTERGLOW

人として大切にしたいことは
この本が教えてくれる。

「愛って、相手に何をしてほしいかじゃなくて、相手に何をしてあげられるかでしょ」。ある人が何気なく言っていた言葉は、いつも相手に求めてばかりの私に深く刺さりました。その言葉をそのまま物語にしたかのような作品が、この『千年鬼』。一見、関係がないと思われる短編が意外な形でつながっていく先で見せつけられるのは、自分を顧《かえり》みることなくただひたすらに相手を思う気持ち。その純粋な気持ちに圧倒され、心洗われ、そして、自分がいかに相手に求めてばかりかを思い知らされます。人が人として生きていくために忘れてはいけないことを教えてくれる一冊です。

次の一冊　『スコットランドヤード・ゲーム』野島伸司著／小学館文庫
読んだ後、あなたの大切な人がもっと大切に思えます。

蔦屋書店イオンモール幕張新都心
後藤美由紀さん 選

〒261-8535
千葉県千葉市美浜区豊砂1-1
イオンモール幕張新都心グランドモール1F
TEL 043-306-7361

Memo

シックな空間でジャンルごとのゾーニングが新しく、知的好奇心を刺激する。わ

Date
Nov. 21

No. **325**

岡西克明／松子
いつも、ふたりで

『いつも、ふたりで
――ばーさんがじーさんに作る食卓』

岡西克明《よしあき》、岡西松子

講談社｜2006年｜127ページ｜定価：1300円（税別）
ISBN：9784062136877｜装丁：森デザイン室

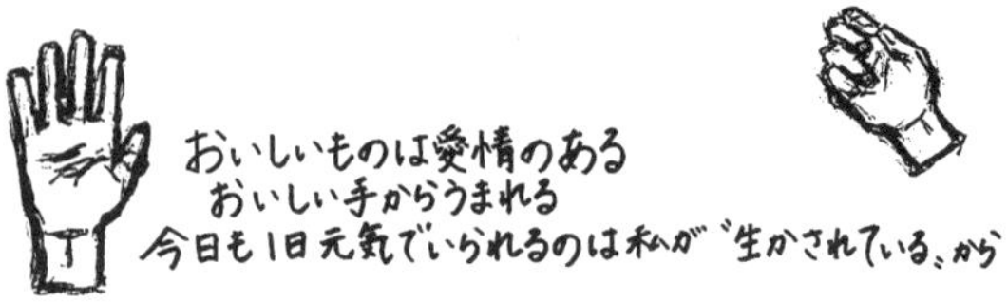
おいしいものは愛情のある
おいしい手からうまれる
今日も1日元気でいられるのは私が"生かされている"から

食べることが大好きで、自分１人しか食べないとしても手を抜きたくない私。高くて新鮮でそのまま食べてもおいしいような材料を使えば、そりゃあおいしいものはできます。できますとも！（何も間違えず完璧に作れたとして、ですよ。笑）でもそうじゃないんですよね。食べさせたい人がいて、身近にある食材から魔法のように料理を作ってしまう。それがまさにこの本に出てくるばーさんです。ページをめくるたびによだれをおさえ、おもわず料理をこすってしまいそうになります。においだけでも！　と……。食べることは生きること。当たり前のことを粗末にしていたら幸せにはなれないような気がしてなりません。ばーさんに乾杯！

次の一冊　『小林カツ代料理の辞典』小林カツ代著／朝日出版社
さぁ、何か作ってみましょう！　Let's try cooking！

紀伊國屋書店ららぽーと横浜店
芦澤真希さん（選）

〒224-0053
神奈川県横浜市都筑区池辺町4035-1
ららぽーと横浜3F 35090
TEL 045-938-4481

Memo

とっても明るいお店。スタッフの皆さんの笑顔あふれる働き方が印象的。（わ）

『歳月』

茨木のり子

花神社《かしんしゃ》｜2007年｜135ページ｜定価：1900円（税別）
ISBN：9784760218677

深愛とは　こういうもの.

詩人茨木のり子さんが最愛の夫に綴った39篇のラブレターです。生前発表されなかったのはちょっと照れくさかったからという可愛い理由。初めて読んだとき、これほど人を深く愛することができるのかと知らず知らずのうちに涙が流れていました。初めて恋をした日、恋がかなった日、恋にくじけそうになった日に読んでもらいたい一冊です。

次の一冊　『茨木のり子詩集』茨木のり子（著）、谷川俊太郎（選）／岩波文庫
谷川俊太郎さんによるベストセレクションでどうぞ！

リブロ久留米店
入江悠子さん選

〒830-0033
福岡県久留米市天神町1-1
久留米岩田屋新館4F
TEL 0942-36-9860

Memo

文庫本の中でもとくに時代小説が充実しているお店です。い

『檀流クッキング[改版]』

檀一雄

中公文庫｜2002年｜248ページ｜定価:667円(税別)
ISBN:9784122040946｜装丁:山影麻奈(EOSCO.,Ltd.)

料理は楽しい。
まずは作ってみよう!

たぶん私がこの本を読んだのは高校生のときだった。読んだ後世界がひろがったような気がした。世界中どこに行っても料理はできるのだ。内臓の料理に偏見がなくなったのもこの本のおかげだ。

次の一冊
『料理歳時記［改版］』辰巳浜子著／中公文庫
鎌倉に住んでいた著者による料理の紹介です。

たらば書房
川瀬由美子さん㊶

〒248-0012
神奈川県鎌倉市御成町11-40
Mビル1F
TEL 0467-22-2492

Memo

「小さい本屋ですができるだけ面白い本を置こうと思ってます。」川瀬店長より。わ

Date
Nov. 24

No. 328

『どくとるマンボウ航海記』
北杜《もり》夫《お》

新潮文庫｜1965年｜231ページ｜定価：430円（税別）
ISBN：9784101131030｜装丁：新潮社装幀室

本の中で繰り広げられる
どくとるマンボウの世界！

北杜夫は、船医として漁業調査船「照洋丸」に乗り込むことになった。医務室にやって来るのは、指をにんじんと間違えて切ってしまった炊事係とか、綿をマッチ棒の先につけて耳をほじくっていたら綿だけ耳の奥に残ってしまったエンジニアなど。患者が来ないときの船上での生活はのんびりしていて、まず珈琲を飲む、次に緑茶を入れ、梅干しを食べる。ただし北杜夫はそれだけでは終わらない。梅干しの種を割り、中の胚珠を食べたら妙チクリンな味がしたと書いている。そんな北杜夫が世界各地の寄港地に降り立ち、その土地の人々に出会うとどういうことになるか……。

次の一冊　『どくとるマンボウ青春記』北杜夫著／新潮文庫
まずは、どくとるマンボウシリーズを全部読んでもらいたい。

古書善行堂
山本善行さん 選

〒606-8417
京都府京都市左京区浄土寺西田町82-2
TEL 075-771-0061

Memo

古本初心者から玄人まで、優しく迎えてくれる京都の名物古書店です。と

Date
Nov. 25
三島事件の日

No. **329**

『不道徳教育講座』

三島由紀夫

角川文庫(KADOKAWA)|1967年|341ページ
定価:629円(税別)|ISBN:9784041212073
装丁:寄藤文平+鈴木千佳子(文平銀座)

章題の過激な言葉とは裏腹に、その眼差しは、あまりに真摯で、この上なく温かい。

三島由紀夫。独特な美意識で芸術性の高い端正な文章を紡ぐ、戦後の日本文学を代表する純文学作家。本書には、そんなイメージに相反するような「教師を内心バカにすべし」「人の恩は忘れるべし」「人の失敗を笑うべし」など、きわめて刺激的で“不道徳な”章題が並びます。ただ。一読すれば、逆説的な見解を機知に富んだ文章で綴っているだけであることが明瞭となると同時に、三島の良識的で真っ直ぐな人間味を感じとれることと思います。半世紀前の文章であることを感じさせない、現代にも通ずる正に真理です!

次の一冊 『谷川俊太郎質問箱』 谷川俊太郎著/ほぼ日ブックス
丁寧な、そして自分に正直な言葉で答える。谷川さんはやっぱり素敵です。

知遊堂亀貝店
山田宏孝さん選

〒950-2033
新潟県新潟市西区亀貝521番地
TEL 025-211-1858

Memo

新潟バイパス亀貝インターそば。知遊堂グループ最大の売場面積を誇るお店。わ

『ヨーロッパ退屈日記』
伊丹十三《じゅうぞう》

新潮文庫｜2005年｜304ページ｜定価：520円（税別）
ISBN：9784101167312｜装丁：伊丹十三

今のうちから「ホンモノ」を
見抜く力をつけようじゃないか。

「アルデンテ」って言葉を最初に日本に紹介したのはこの本らしい。でも、豆知識（大人は「ウンチク」なんていったりする）をひけらかすような本じゃないんだな。食べものからクルマ、音楽、映画、英語の発音まで話題は尽きないけれど、ホンモノを愛してやまない精神をもつ男。それが伊丹十三さんなのだ。すぐにひけらかしたい知識もたくさん詰まっているけれど、感じてほしいのはこの精神なんだ。ホンモノを知ればニセモノが、わかる。なぜニセモノがよくないかも、わかる。なんとも心強い、頼りになるオジサンに、今のうちから知り合いになってほしい。

次の一冊
『伊丹万作エッセイ集』伊丹万作著／ちくま学芸文庫
十三さんのお父さんのエッセイ集。父から子へ受け継がれた精神をたどってみよう。

紀伊國屋書店いよてつ髙島屋店
大籔宏一さん 選

〒790-0012
愛媛県松山市湊町5-1-1
いよてつ髙島屋7F
TEL 089-932-0005

Memo

松山市駅の駅ビル・いよてつ髙島屋7F。ふらりと立ち寄れる便利なお店です。

Date
Nov. 27

No. 331

『永い夜』

ミシェル・レミュー（作）、森絵都（訳）

講談社｜1999年｜236ページ｜定価：1800円（税別）
ISBN：9784062096652｜装丁：こやまたかこ

自分が どうにもならない時、
この本が ぎゅっと抱きしめてくれます。

わたしたちはどこからきたの？　わたしはだれ？　人生って最初から決められているもの？　運命ってなに？　シンプル、それでいて深淵《しんえん》な問いと、くすっと笑ってしまうユーモアあふれるイラストと。読み終える頃、感じるだろう。世界はなんと大きくて、不思議に満ち満ちていることか。そして自分のなんともちっぽけなことよ、と。悩んでいたことなどすっかり忘れ、よし、また歩き出そう！　と思うだろう。絵本は子どものもの、という固定観念を気持ちよく吹っ飛ばしてくれる、大人のための美しい絵本。そばに置いておくといい。人生の折々に、あなたに寄り添ってくれるはずだから。

次の一冊　『ぶらんこ乗り』いしいしんじ著／新潮文庫
いしいしんじ以前と以後では、確実になにかが変わります。

紀伊國屋書店クレド岡山店
小倉みゆきさん選

〒700-0821
岡山県岡山市北区中山下1-8-45
NTTクレド岡山ビル5F
TEL 086-212-2551

Memo

児童書売場では紙芝居も開催！　なんと昔ながらの自転車でやってくるんです！

『短歌の友人』

穂村弘

河出文庫｜2011年｜269ページ｜定価：690円（税別）
ISBN：9784309410654｜装丁：間村俊一

三十一文字のむこうに広がる
見たこともない世界

歌人・穂村弘による歌論集。もし歌論なんてとっつきにくいと感じたら、まずは引用歌を拾い読みしてみましょう。気になる歌があれば（きっとある！）、穂村弘の明快な解説も併せて読んでみます。たった三十一文字に詰め込まれた世界の広く深いことに驚くはず。短歌を読む楽しみを知ったなら、今度は自分で歌を詠んでみよう。日々、学校で塾で部活でLINEでTwitterでたくさんの言葉を交わしていても伝わらない思い、言葉にできない気持ち。そんなモヤモヤを短歌というかたちにすることで、退屈な毎日がまったく違って見えてくるかもしれません。

次の一冊　『ラインマーカーズ——The Best of Homura Hiroshi』穂村弘著／小学館　穂村弘のベスト盤。「終バスにふたりは眠る紫の〈降りますランプ〉に取り囲まれて」。

ブックファースト宝塚店
鵜《う》川《かわ》紗千さん 選

〒665-0845
兵庫県宝塚市栄町2-3-1
G・コレクション阪急宝塚1F
TEL 0797-83-1991

Memo

宝塚大劇場や手塚治虫記念館など、近隣エリアは魅力がいっぱい！ と

『第七官界彷徨《ほうこう》』

尾崎翠

河出文庫｜2009年｜189ページ｜定価：620円（税別）
ISBN：9784309409719｜装丁：名久井直子

その言葉にできない気持ちを、言葉で…

答えのない問いを心に抱き、言葉にできない気持ちを持て余しがちなみなさん。第七官界をさまよっているのですね。第六感を超えた感覚、第七官。主人公の町子はここに響く詩を書きたいと思っているのです。町子も言葉で定義できないこの感覚。その境地とは、まさに町子と二人の兄、従兄の四人で暮らす空間、憂《うれ》いが胞子となって漂っているような世界である気がします。その微妙な世界の存在を自分の中に感じたとき、幼かった自分に別れを告げ、そこに響く何かを求めて歩み始められると思うのです。町子の第七官界、味わってみてください。

次の一冊　『スタンド・バイ・ミー──恐怖の四季 秋冬編［改版］』スティーヴン・キング（著）、山田順子（訳）／新潮文庫
私が幼い自分とさよならした一冊。映画も良いですよ。

ジュンク堂書店松山店
原佑季子さん 選

〒790-0011
愛媛県松山市千舟町5-7-1
エスパス松山ビル内
TEL 089-915-0075

Memo

コミック以外の本が、6フロアにぎっしり！　特に専門書の品揃えは愛媛一。

『人に優しく』

御《お》徒《かち》町《まち》凧《かいと》

ナナロク社｜2009年｜121ページ
定価：1500円（税別）
ISBN：9784904292013
装丁：寄藤文平＋鈴木千佳子（文平銀座）

たまには静かに
自分と向き合う贅沢な時間
過ごしませんか？

森山直太朗さんなどの楽曲の作詞も手がける御徒町凧さんの詩集です。普段詩を読まないという人でも、すんなりと入り込んでくる言葉にグッと心を摑まれること間違いなしの一冊です。中高生のみなさんには自由に柔らかな心で言葉の持つ力を感じてほしいです。心静かにゆっくりと味わってみてください。一篇の詩にハッとさせられたり、助けられたり、優しい気持ちをもらえたりします。読むその時その時の自分の状況によって、感じ方や気になる一篇が違ってくるのも、詩の楽しみ方のひとつだと思います。ぜひ折にふれて繰り返し読み、あなたの大切な言葉を見つけてみてください。

次の一冊　『夏休みの拡大図』小島達矢著／双葉社
青春思い出ミステリ。読後はキラキラとさわやかな気持ちに包まれます。

東京旭屋書店新越谷店
猪股《いのまた》宏美さん 選

〒343-0845
埼玉県越谷市南越谷1-11-4
VARIE3F
TEL 048-985-5501

Memo

JRと東武線の乗り換え駅・駅ビル内にあり便利。コミック充実。文具もある。わ

12月

1年の終わりにじっくり読みたい本

December

『目であるく、かたちをきく、さわってみる。』

マーシャ・ブラウン（文と写真）、
谷川俊太郎（訳）

港の人｜2011年｜111ページ｜定価：1500円（税別）
ISBN：9784896292329
装丁：有山達也＋中島美佳（アリヤマデザインストア）

目であるく、
かたちをきく、
さわってみる。

"あたらしい世界"に気づくヒント

何気ない世界にも美しいものがたくさん潜んでいるということを、この詩は教えてくれます。そのためには、じっくりと見つめること。耳を澄まし、感じること。ときにはひっくり返ったりして、自由に視線を変えてみること。触れて、知ること。そんな少しの好奇心からはじまる小さな体験の繰り返しが、豊かな想像力を与え、あたらしい世界へと導いてくれるのではないでしょうか。本への入り口もまた、少しの好奇心だと思います。そして、本の内容からだけでなく、本が本であること（ページをめくること、その音や匂い、その重さ）も、何かを与えてくれているかもしれません。

次の一冊　『牧野富太郎自叙伝』牧野富太郎著／講談社学術文庫
「植物が何よりも好き」という気持ちから、60万点もの植物標本を採集した"日本の植物分類学の父"、牧野富太郎さんの植物愛にあふれる人生。

uta no tane
森香菜子さん選

〒770-0866
徳島県徳島市末広4-8-32
TEL 088-678-6097

Memo

リトルプレスや小出版社の本の他、紙ものや作家さんのアイテムが並びます。

『どこかにいってしまったものたち』
クラフト・エヴィング商會《しょうかい》

筑摩書房｜1997年｜158ページ｜定価：2600円（税別）
ISBN：9784480872920｜装丁：吉田篤弘

どこかに いってしまった ものたち
BEST MANUALS
クラフト・エヴィング商會

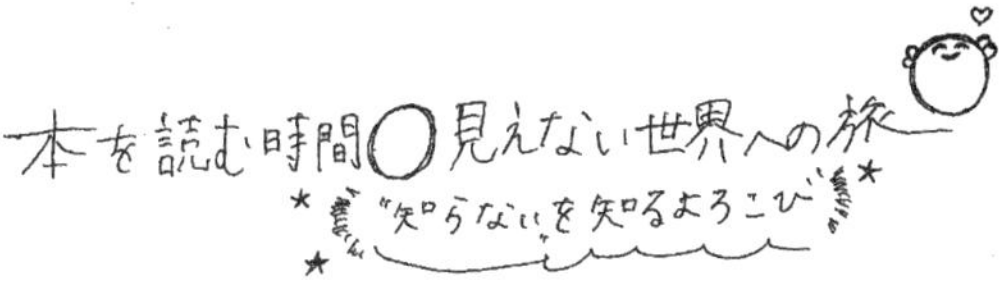
本を読む時間 見えない世界への旅
“知らない”を知るよろこび

『どこかにいってしまったものたち』では、著者であるクラフト・エヴィング商會が紹介する不思議な品の数々が登場します。それらは今は存在していないもの、すなわち「どこかにいってしまったもの」です。この本を開いてくださる方たちの中にもそれぞれの「どこかにいってしまったもの」があると思います。10代の頃の私にとって、本を読む時間は知らない世界を旅する時間でした。綴られた文字の描くものを想像しては頭の中に広がっていく世界に胸をときめかせていました。想像することは心のエネルギーとなって、それぞれの新しい世界がまた生まれていくのだと、私は思います。

次の一冊　『想像ラジオ』いとうせいこう著／河出書房新社
あらゆるものにありがとうと素直に想える一冊です。

ヴィレッジヴァンガード アピタ西大和店
別府深緒さん選

〒639-0200
奈良県北葛城郡上牧町大字3000番地
アピタ西大和1F
TEL 0745-71-4511

Memo

別府さんの本への愛がにじみ出る売り場。ご本人いわく「森のような場所」。ゆ

『地獄の季節［改版］』

ランボオ（著）、小林秀雄（訳）

岩波文庫｜1970年｜123ページ｜定価：480円（税別）
ISBN：9784003255216

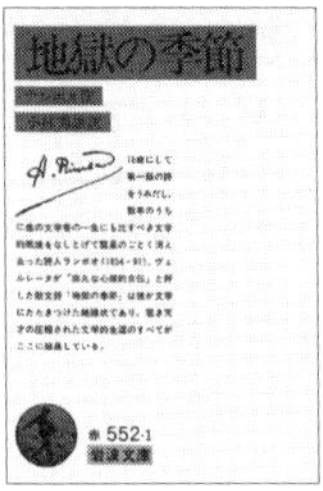

また見つかった、
—何が、—永遠が。

事柄を別の言葉で表現する「表象主義」の詩人ランボオ16歳の詩は、難解だが心の中に広がる風景を表現している……。『フランス文学案内』（岩波文庫）からそんなヒントを得て、当時16歳の私はこの詩集の中に踏み出しました。言葉にならない思いを抱え右往左往している方、ぜひこの本を手に取ってみてください。ひとこと、ひとことをつぶやき味わい、一文、一文が自分の心のいったいどんな部分を象徴しているのか思い巡らせてみると……やがて自分の中に見たことのなかった世界を発見するでしょう。それは大人になっても変わらず心の中に輝き続ける“真実”の風景です。

次の一冊
『中原中也』大岡昇平著／講談社文芸文庫
「日本のランボオ」と呼ばれた中原中也の詩と生涯も面白いですよ。同時代の作家仲間によるリアルな姿が書かれています。

紀伊國屋書店さいたま新都心店
原田真里さん選

〒330-9559
埼玉県さいたま市大宮区吉敷町4-267-2
コクーン新都心1F
TEL 048-600-0830

Memo

天井が高いので明るく広々とした空間が印象的。本の森で良いひとときを。わ

『陰翳礼讃《いんえいらいさん》［改版］』

谷崎潤一郎

中公文庫｜1995年｜213ページ｜定価：476円（税別）
ISBN：9784122024137

全然 堅苦しくは ないのです。

あるところに1人の爺《じい》さまがおりました。「儂《わし》は無口」とか「客嫌い」とか言いながら、訪ねていけば、古今東西さまざまな話を織り交ぜて物の本質について、まぁ語る。時に小難しく気難しく、格調高いかと思えば厠《かわや》の話。自由自在に繰り広げられる爺さまの饒舌《じょうぜつ》に手を引かれてついていけば、なんとも興味深い世界が広がっていくのです。ひっそりと横たわる闇から目が離せなくなってしまうのです。気が向いたときに訪ねてみてください。面倒くさくなったら適当に切り上げてください。でも何度でも顔を覗《のぞ》かせてみてください。そのたびに爺さまは手を引いてくれます。偏屈な爺さまの手は温かいのです。

次の一冊
『三四郎［改版］』夏目漱石著／新潮文庫
爺さま曰く、漱石先生は毎朝便通に行くことを楽しみにしていたんですって！

今井書店アプト店
耳井《みみい》裕恵さん選

〒689-2301
鳥取県東伯郡琴浦町八橋371
アプト内
TEL 0858-53-6333

Memo

小さなスペースにもりもりつめこんだ、地元に愛されるお店です！

Date
Dec. 5

No. 339

『絵のない絵本』

アンデルセン（著）、矢崎源九郎（訳）

新潮文庫｜1952年｜89ページ｜定価：286円（税別）
ISBN：9784102055014｜装丁：新潮社装幀室

時に切なく悲しい現実も
優しく見守る月夜の物語

デンマークの作家アンデルセンの作品。屋根裏部屋に住む孤独で貧しい画家に、月が優しく語りかける物語です。物語は全部で三十三夜分あって、月が世界中で見てきた日常の生活の一場面が語られているのですが、散文詩の文章がとても美しく、透明感のある静謐《せいひつ》な世界を表現しています。楽しい出来事や嬉しい出来事、悲しい出来事や寂しい出来事を月は淡々と語りかけますが、どこか優しげで、世界中の人々を見守ってくれているようでもあります。悲しいことやつらいことがあっても、私たちの人生を優しく包み込んでくれる珠玉《しゅぎょく》の短編集です。

次の一冊
『僕らの人生を変えた世界一周――その旅、夢で終わらせない。』
TABIPPO編／いろは出版
世界を旅して人生を変えた50人のリアルヒストリー。

みどり書房福島南店
岡田州平さん 選

〒960-8153
福島県福島市黒岩浜井場24-1
TEL 024-544-0373

Memo

カフェ併設。地域随一の品揃えで新しいライフスタイルを提案！ い

Date
Dec. 6

No. **340**

『からくり夢時計（上）』

川口雅幸

アルファポリス文庫｜2010年｜280ページ｜定価：570円（税別）
ISBN：9784434150128｜装丁：ansyyqdesign

大切な方へのプレゼントにどうぞ

著者の川口さんが地元・岩手県出身ということもあり、なんとなく手に取った一冊でした。「タイムスリップものかぁ……」「ありがちなパターンかぁ……」なんて思って読んでいたら涙がとまらなくなってしまいました。毎年12月になると大切なお客様へオススメする私の大切な一冊です。（全2巻）

次の一冊
『ららのいた夏』川上健一著／集英社文庫
もう何年も前の本ですが、名作は色褪《あ》せません。

MORIOKA TSUTAYA
土門《どもん》真由美さん選

〒020-0866
青森県盛岡市本宮4-40-20
TEL 019-613-2588

Memo

盛岡駅から車で10分！　広くて綺麗な店内で何時間でも過ごしたくなります。

『雪だるまの雪子ちゃん』

江國香織(著)、**山本容子**(銅版画)

偕成社｜2009年｜233ページ｜定価:1500円(税別)
ISBN:9784036430604｜装丁:渡辺和雄

雪子ちゃんから
元気がもらえます!!

突然空から降ってきた野性の雪だるま、雪子ちゃん。百合子さんの家の小屋に住み始めます。やんちゃで好奇心旺盛《おうせい》で何事にも一生懸命です。人間や動物たちとも仲良しです。本を読んだり、トランプをしたり、ネズミにエサをあげたり、本当に時々気が向くと、学校へ行ってみんなと勉強します。ほのぼのとさせてくれたり、元気をもらったり、心がなごむ一冊です。

次の一冊　『イニシエーション・ラブ』乾くるみ著／文春文庫
静岡が舞台の青春小説の決定版!!　お店の名前(谷島屋)も登場します。

谷島屋呉服町本店
原川清美さん選

〒420-0031
静岡県静岡市葵区呉服町2-5-5
TEL 054-254-1301

Memo

大正期創業で静岡呉服町名店街の中心に位置。店内に谷内六郎の壁画が。わ

『心に残る人になる
たった1つの工夫
「ありがとう」の手書き習慣』

吉戸三貴

心に残る人になる
たった1つの工夫
「ありがとう」の
手書き習慣
吉戸三貴
イースト・プレス

イースト・プレス｜2013年｜213ページ｜定価：1300円（税別）
ISBN：9784781609164
装丁：川田涼＋児島彩（SOUP DESIGN）

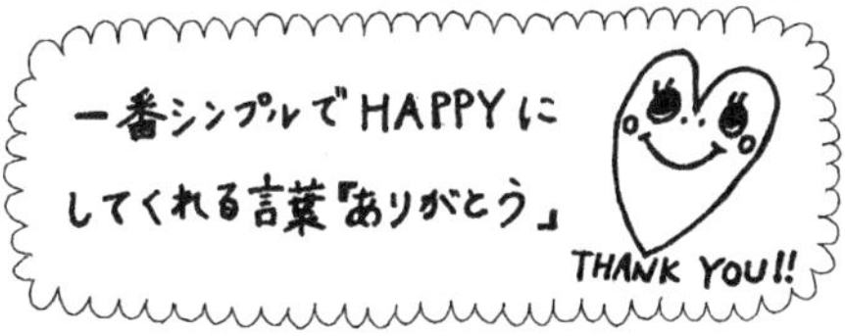
一番シンプルでHAPPYに
してくれる言葉『ありがとう』
THANK YOU!!

カフェで働いていて、お客様に「ありがとう」ってお手紙を何度かいただいたことがあって、とてもうれしくなるし、ステキな人だなぁって思っちゃいます。いろんな人と簡単にコミュニケーションを取れるヒントを教えてくれる一冊です。「ありがとう」と手書きすると感謝の気持ちを再確認できるので、自然と周囲に感謝できるようになりますよ、と著者。本当にそのとおり！！私って色んな人に助けてもらっているなぁって、みんなに「ありがとう」って伝えたくなりました。中高生の皆さん、まずは友だちに教科書を返すとき、「ありがとう」の手紙を添えてみてはいかがですか？

次の一冊　『朝時間のすごしかた』朝時間.jp著／だいわ文庫
朝を楽しく気持ちよくすごすとステキな1日のスタート。

CAFE UNIZON
内山彩さん 選

〒901-2201
沖縄県宜野湾市新城2-39-8
MIX life-style 2F
TEL 098-896-1060

Memo

本も扱う海辺のカフェ。海に沈む夕日を眺めながらゆったり過ごせます。い

Date
Dec. 9

No. 343

『グラスホッパー』

伊坂幸太郎

角川文庫（KADOKAWA）｜2007年｜345ページ
定価：590円（税別）｜ISBN：9784043849017
装丁：高柳雅人

"殺し屋小説"
終始、彼らに魅せられっぱなし…!!

妻を轢《ひ》き殺された鈴木は、復讐のために犯人の父親が裏会社で経営する会社“令嬢”に入社する。鈴木と“令嬢”、そこに3人の殺し屋たちが加わって物語が動き始めます。ナイフ使いの殺し屋“蟬《せみ》”、自殺専門の殺し屋“鯨《くじら》”と“押し屋”と呼ばれる男……。伊坂幸太郎さんが創りだす個性的で魅力的なキャラクターたち、世界観、独特な文章スタイルは読めば読むほどハマること間違いなしです!!　また、2015年には実写映画化、コミック版やスピンオフ作品もあるので、読み終わってからも“伊坂ワールド”をたっぷり楽しめちゃいます!!

次の一冊　『マリアビートル』伊坂幸太郎著／角川文庫（KADOKAWA）
『グラスホッパー』の続編で、前作の登場人物たちに加え、より濃い人物たちが暴れまくっているスピード感ある作品となっています。

紀伊國屋書店熊本はません店
辻﨑茜さん選

〒862-0965
熊本県熊本市田井島1-2-1
ゆめタウンはません3F
TEL 096-377-1330

Memo

広い通路に、子ども向けの読書スペース。家族でくつろげるお店です。い

『神様ゲーム』

麻《ま》耶《や》雄《ゆ》嵩《たか》(著)、原マスミ(イラスト)

講談社ノベルス | 2012年 | 195ページ | 定価:800円(税別)
ISBN:9784061828315 | 装丁:坂野公一(welle design)

驚くどころの話じゃない!

「子どもに読ませる本じゃない!」と言われそうですが、あえて私はこの本をオススメさせていただきます。読みやすく、的確で映像のように頭にどんどんイメージを与えてくる描写、グルグルと変わる展開のスピード感、そして、途中何度も何度も予想が見事に裏切られ、そして最後に迎えるあまりにも××××な結末。こんな衝撃を与えてくれる本を私は数冊しか知らない。ちなみにこの本、普通の生活を続けたいならば読まないほうがいいですよ。読む前と読んだ後ではあなたから見える世界の風景がまるっきり変わってしまいますので……。

次の一冊 『どんどん橋、落ちた』綾辻行人著/講談社文庫
“犯人当て”を楽しめる挑戦的ミステリー短編集。

**TSUTAYA BOOK STORE有楽町マルイ
栗俣力也さん選**

〒100-0006
東京都千代田区有楽町2-7-1
有楽町丸井8F
TEL 03-6738-3838

Memo

文庫復刊など手掛けてきた「仕掛け番長」栗俣さん。※現在は三軒茶屋店ご勤務。

『スマイルズの世界的名著 自助論』

サミュエル・スマイルズ（著）、竹内均（訳）

知的生き方文庫（三笠書房）｜2002年｜269ページ
定価：533円（税別）｜ISBN：9784837972396
装丁：三笠書房装幀室

天は自ら助くる者を助く!!

この本は今から150年以上前にイギリスの著述家サミュエル・スマイルズによって書かれたビジネス書です。欧米著名人の成功談が、どうだどうだ！　これでもか！　と、ぎっしり300例以上集められています。明治四年に中村正直《まさなお》により『西国立志編』として翻訳されて、当時の日本で100万部以上売れました。『学問のすゝめ』とともに明治の青年たちを奮《ふる》い立たせた一冊です。どこから読んでも熱い!!　困難にぶち当たったときはページをめくってください。両の眼から流れ落ちるウロコとともに、あなたの心にふつふつと熱い思いが湧きあがることでしょう！　疲れ果て、挫《くじ》けそうな心に、もう一度立ち上がる勇気をくれる本です!!

次の一冊　『向上心』サミュエル・スマイルズ（著）、竹内均（訳）／知的生きかた文庫　『自助論』とセットでどうぞ!!　人生の傍《かたわ》らにスマイルズを！

今井書店倉吉店
上福《かみふく》崇裕さん 選

〒682-0806
鳥取県倉吉市昭和町2-254
TEL 0858-23-4142

Memo

常連さんが多い地域密着型のお店。町の人たちが育てた書店です。い

『神々の山嶺（上）』

夢枕獏

角川文庫（KADOKAWA）｜2014年｜541ページ
定価：720円（税別）｜ISBN：9784041017760
装丁：須田杏菜

生きているなら
挑め！

エヴェレストに挑戦する男の物語。山を通して人の生き方を考えさせる物語にもなっている。山に挑むとはどういうことか、極限状態で人はどうなるのか、息を詰めて文章を楽しむことができる一冊。山の魅力と恐さ両方が文章によって想像しやすく、文字の魅力も感じられる一冊である。（全2巻）

次の一冊　『全ての装備を知恵に置き換えること』石川直樹著／集英社文庫
山の魅力にとりつかれた方へ。

くまざわ書店池袋店
小池隆允さん選

〒171-0021
東京都豊島区西池袋1-11-1
LUMINE IKEBUKURO 6F
TEL 03-5951-4780

Memo

ルミネ内にある、働く女性に嬉しいお店。レジ前のフェア棚は女性必見です。

『百姓入門記』

小松恒夫

農山漁村文化協会｜1979年｜245ページ｜定価：1143円（税別）
ISBN：9784540790423

土ありき！

この本は殺風景な新居の庭を自家堆肥《たいひ》で土壌改良することから始まり、やがて百姓から教育へと発見を重ね展開していく著者の姿が描かれている身近な冒険本です。読み進めるごとに気持ちが煮えたぎり、土いじりを始めずにはいられぬ自分がありました。中でも手近な物の工夫やひらめきの即実行、機械化、規格化により失われゆく道具を見直し自作する姿勢は何事においても大切なことだと信じております。今の時代はとても便利ですが便利過ぎて時につまらんです。現在は野良《のら》仕事をする余裕もなく本業に没頭していますが、未だ宿るあの熱い気持ちがいつかまた、と自分を奮い立たせてくれるのです。

次の一冊

『男の民俗学（1）職人編』遠藤ケイ著／小学館文庫
男性も女性も知ってほしい職人の世界、イラストと言葉で感じられます。（全３巻）

古本屋ぽらん
奥村悠介さん 選

〒516-0009
三重県伊勢市河崎２丁目13-8
TEL 0596-24-7139

Memo

築200年超の古民家で猫と暮らす古本屋さん。次の読み手に伝えたい本が揃う。 と

『文盲――アゴタ・クリストフ自伝』

アゴタ・クリストフ（著）、堀茂樹（訳）

白水Uブックス｜2014年｜111ページ｜定価：950円（税別）
ISBN：9784560071953｜装丁：田中一光＋片山真佐志

世界への渇望は、
文字を手に入れることでしか癒せない。

日常にあふれているように思える文字や言葉。ジャムの瓶のラベルや、電車の中吊り広告に書かれた字をつい読んでしまう、という人も多いだろう。しかし、そのありふれた文字が突然読めなくなってしまったら？　言葉が話せなくなってしまったら？　あなたの世界は、どんなふうに変わるだろうか。「文字」と「言葉」という人間の根幹なくして、“文化的砂漠”をどのように生きていくだろう？　文字が読めることの喜びや、言葉を渇望することの苦しみをぜひ感じてほしい。歴史や国家に翻弄《ほんろう》されながらも、文字から離れて生きることはできない。

次の一冊　『終わりと始まり』ヴィスワヴァ・シンボルスカ（著）、沼野充義（訳・解説）／未知谷《みちたに》
詩が切り取る窓から見える世界に触れてください！

bookcafe kuju
北村奈七海さん選

〒647-1233
和歌山県新宮市熊野川町九重315
TEL 0735-30-4862

Memo

山奥まで“わざわざ”足を運びたい。見慣れなくて面白い本たちに出会えます。と

『ほんものの魔法使』

ポール・ギャリコ（著）、矢川澄子（訳）

ちくま文庫｜2006年｜315ページ｜定価：780円（税別）
ISBN：9784480421845｜装丁：山田英晴

タネも仕掛けもない、
あたりまえの世界を楽しもう

タネや仕掛けを売る店が立ち並び、往来では挨拶代わりに手品を披《ひ》露《ろう》しあう、魔術師の憧れの街・マジェイア。魔術師名匠組合の選考会のため、腕を磨こうとみな必死です。そんなある日、犬を連れた奇妙な青年が街に現れます。熟練の魔術師たちの目をもってしても見破れない彼の魔術、これはまさか……。いつもあたりまえに見ているものの中に美しさや感動を見出す、これがこの物語の魔法です。こんな簡単なことができずに、毎日をつまらなく生きている大人のなんと多いことか！欲にも見栄にも曇らないまっすぐな目を育てて、私たちも立派な魔法使いになりましょう。

次の一冊
『長くつ下のピッピ［新版］』アストリッド・リンドグレーン（作）、大塚勇三（訳）／岩波少年文庫　さすらいの少女ピッピが隣家のよい子たちにお行儀のわるい遊びを伝授します。嘘もいたずらも最高！

ブックファースト アトレ大森店
宇田雪野さん㊣選

〒143-0016
東京都大田区大森北1-6-16
アトレ大森4F
TEL 03-5767-6831

Memo

「繰り返し来てくださるお客様が多い」とのこと。行くたびに発見のあるお店。わ

『乱れからくり』

泡坂妻夫《あわさかつまお》

創元推理文庫｜1993年｜378ページ｜定価:840円(税別)
ISBN:9784488402129｜装丁:小倉敏夫

色々な からくり が 詰まった 本格推理小説

冒頭からのありえない展開。頭の整理がつかないうちに次々起こる殺人。趣向を凝《こ》らしたトリックと、大掛かりな舞台装置。折々に挿入される膨大な玩具やからくりの知識。犯人捜しも忘れて、いつの間にか物語に引き込まれていることでしょう。そしてラストの謎解きと、意外な犯人。本格推理小説の要素がこれでもかと詰め込まれた一冊です。多少古臭くても、多少強引でも、「小説だからこそこんな物語が読める」面白さを感じてください。

次の一冊

『しあわせの書——迷探偵ヨギガンジーの心霊術』泡坂妻夫著／新潮文庫
こちらも著者の小説ならではのからくりが楽しめます。

八重洲ブックセンター
日比谷シャンテ店
川原敏治さん選

〒100-0006
東京都千代田区有楽町1-2-2
TEL 03-6206-1771

Memo

映画館と小さな広場がある日比谷シャンテ。都会の小さなオアシスです。

Date
Dec. 17

No. 351

『どんでん返し』

笹沢左保

双葉文庫｜2014年｜252ページ｜定価：581円（税別）
ISBN:9784575516517｜装丁：若林繁裕

発行は古く1980年代ですが、訳あって最近復刊されました。すべてが「」だらけの会話のみで構成されているという変わった短編集で、その中にしっかりとしたフリを忍ばせていて最後はタイトル通りのひねりの効いた「どんでん返し」で落としてくれます。こんな制約が多い形式でも極力説明臭さは感じさせず、ミステリーとして成立しています。短編集だけにちょっとした時間でもサクサク読めてしまい、気づけば一気読み続出。なかなかじっくりと本を読む習慣がない方にもピッタリな本です。この本をキッカケに、読書に、ミステリーに、どっぷりハマってください。

次の一冊　『幸福な生活』百田尚樹著／祥伝社文庫
次に読む短編集は、最後の一行で鳥肌級にきっちり落とすコレ！

TSUTAYA四万十店
坂本悟史さん選

〒787-0010
高知県四万十市古津賀1296-1
TEL 0880-35-6100

Memo

広域から訪れるお客さんに愛されて10年余り。大人も子どもも楽しいお店。

『ミシン』

嶽本《たけもと》野ばら

小学館文庫｜2007年｜192ページ｜定価：438円（税別）
ISBN：9784094082258｜装丁：松田行正

どうせ怪我する恋ならば！出血多いほうがいい!!

子どもの頃は「ほんとうの愛とは何か？」「好きな人のために自分は死ねるか？」などとよく自分に問うていた気がする。大人になるにつれて愛はだんだんと丸くやさしく、自然の中にあるもののように扱われることが多くなり、もう誰もそんな問いの話はしなくなっていた。この小説で描かれている愛は命がけ、自分のすべてを賭ける、一生に一度の恋愛だと思う。登場人物たちのあまりにも気高い魂に心が揺さぶられる。賢い大人たちはきっとこんな恋愛を何かと理屈をつけてダメ出しするだろう。でもこんな気持ちで誰かにぶつかれることは、たぶん10代のほんの一瞬の時期、たった一回だけだと思うから。

次の一冊　『ハチ公の最後の恋人』吉本ばなな著／中公文庫
『ミシン』が闇なら、こちらは光。美しくまぶしい一冊。

ヴィレッジヴァンガード トレッサ横浜
花田菜々子さん 選

〒222-0002
神奈川県横浜市港北区師岡町700番地
トレッサ横浜南棟3F
TEL 045-534-2442

Memo

個人的な思い入れがある本を思い入れ度に比例して山積み。なんか、伝わる。わ

『ひまわりの森』
トリイ・ヘイデン（著）、入江真佐子（訳）

早川書房｜1999年｜546ページ｜定価：2300円（税別）
ISBN：9784152082404｜装丁：ハヤカワ・デザイン

やり切れない…

過去の亡霊に囚《とら》われた母親と、惜しみなく愛を注ぐ家族。現実を生きるが故に苦悩する娘。容赦ない悪夢と、心を砕く現実。何度読み返しても、希望を見出す物語なのか絶望に陥る物語なのか、いまだわかりません。が、こんなにもハッピーエンドとほど遠い物語は初めてでした。教師、カウンセラー、児童心理学者として、人々の心に関わってきたトリイだからこそ書ける闇を、味わい、やり切れなさに打ちのめされてください。

次の一冊　『ふたりは屋根裏部屋で』さとうまきこ（著）、牧野鈴子（イラスト）／復刊ドットコム
児童文学を侮《あなど》るべからず。

TSUTAYA香里園店
沼井知帆さん選

〒572-0085
大阪府寝屋川市香里新町31-17
TEL 072-832-5380

Memo

京阪電車・香里園駅すぐ。家族連れから年配の方までくつろげるお店です。と

Date
Dec. 20

No. 354

『わたしが・棄てた・女［新装版］』

遠藤周作

講談社文庫｜2012年｜341ページ｜定価:600円(税別)
ISBN:9784062773027｜装丁:名久井直子

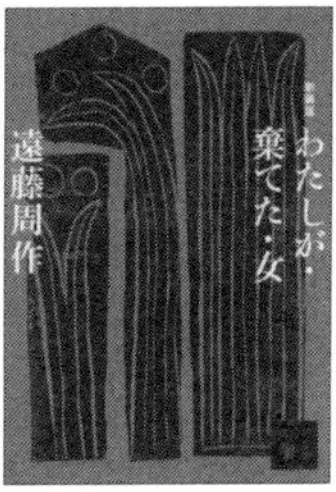

ふとしたときに主人公の人生にあらわれる棄てた女の存在に、人生と罪と愛を思う。

本好きの祖父は、将来私が、向田邦子になると思っていた。事あるごとに向田邦子情報をくれた祖父の本棚からもらったのが、この一冊。貧乏で自堕落《じだらく》な生活を送る主人公と、彼がひっかけて棄てた田舎育ちの娘、森田ミツ。手がたい幸福を得る主人公と、人のよさゆえに“病んだ犬よりももっとみじめ”に堕《お》ちていく森田ミツ。人生は思い通りにはいかないし、誰かの思う通りに生きなくていい。私は結局、向田邦子にはなれなかったし、祖父のいる田舎も離れてしまった。だけど、ほんの小さな関わりが、他人の人生に痕跡《こんせき》を残してしまうことは確かにある。それはどうしようもないことだけれど、違っていたかもしれない他人の人生を思える人は、きっと強いと思う。

次の一冊
『仮縫《かりぬい》』有吉佐和子著／集英社文庫
美しく厳しい世界を生き抜く女性のすがすがしさ。元気が出ます。

マヤルカ古書店
なかむらあきこさん 選

〒602-8278
京都府京都市上京区愛染寺町488-6
TEL 090-1039-5393

Memo

古書と雑貨、郷土玩具のお店。暮らしにそっと寄りそう本や品々に出会えます。と

『冷たい校舎の時は止まる（上）』

辻村深月《みづき》

講談社文庫｜2007年｜591ページ｜定価：850円（税別）
ISBN：9784062758222｜装丁：坂野公一（welle design）

読書の楽しさがこの一冊に。

小説にはさまざまなジャンルがあります。そのなかから自分の好みのジャンルを見つけることができるかは、今後本を読むにあたって、もっとも重要なことかもしれません。その点で本書は読書を始めるのにとても適した作品です。物語のベースは「ミステリ」ですが、舞台が「学園」なので「青春」や「恋愛」もあり、「ホラー」と「ファンタジー」の要素ももっているという読みごたえのありすぎる一冊です。しかも登場人物8人（男女4人ずつ）全員に物語があり、誰かの物語のどこかにあなたの心に響くエピソードがあるはずです。この作品を読んで、自分の好みのジャンルをぜひ見つけてください。（全2巻）

次の一冊
『消失グラデーション』長沢樹《いつき》著／角川文庫（KADOKAWA）
本作も「ミステリ」と「学園」の要素がとても上手く結合した一冊です。

ジュンク堂書店神戸さんちか店
山中信哉さん選

〒650-0021
兵庫県神戸市中央区三宮町1-10-1
地下1F さんちか三番街
TEL 078-335-2877

Memo

三宮駅から地下へすぐ。アクセス抜群。学校帰りにお立ち寄りください。と

『紙コップのオリオン』

市川朔久子《さくこ》

講談社｜2013年｜253ページ｜定価：1400円（税別）
ISBN：9784062184526｜装丁：坂川朱音（坂川事務所）

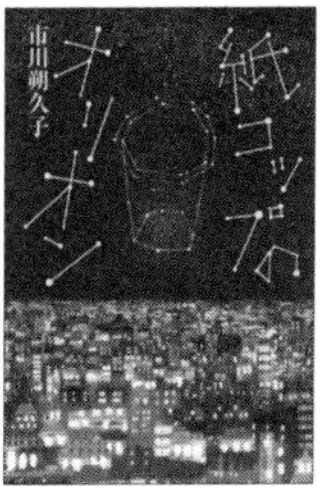

こんな学校生活を送ってみたかった

主人公は中学2年生。学校創立20周年記念行事の実行委員をやることに。4月終わりから12月末まで一気に読ませます。記念行事・キャンドルナイト当日なんかそりゃあもう！　学生時代、どん底気分を味わっているので、あのときに戻りたいとは思わない——と思っていたけれど、この本を読み終わったとき「戻りたいな」と思ってしまった。

次の一冊　『ななつのこ』加納朋子著／創元推理文庫
中学生の次は大学生が主人公。ミステリー小説初心者にもおススメ！

谷島屋イオンモール浜松志都呂店
寺田結美さん㊜

〒432-8066
静岡県浜松市西区志都呂町5605
イオンモール浜松志都呂SC 3F
TEL 053-415-1341

Memo

家族連れが多く通路も児童書売場も広くとってある。月一回読み聞かせ会あり。ⓦ

『ネバーランド』

恩田陸

集英社文庫｜2003年｜277ページ｜定価：520円（税別）
ISBN：9784087475777｜装丁：木村典子（Balcony）

今読めるなんて
うらやましい

先日、昔読んだ漫画を読み直していたら、登場人物がすべて出版社の名前だった。書店員になった今だから気づいたのだ。学生時代に読んだ本を読み返すと、立場の違いから新しい発見があったり、そのときとは違う思いで読んだりすることが多い。残念ながら私が『ネバーランド』と出会ったときは、すでに社会人。登場人物と同世代の中高生のときに読んだらどうだったかは想像するしかない。中高生にはぜひ今読んでもらいたい。

次の一冊　『光の帝国――常野物語』恩田陸著／集英社文庫
読書の幅が広がります。

フタバ図書GIGA防府《ほうふ》店
清水陽子さん(選)

〒747-0823
山口県防府市鐘紡町7番1号
ロックシティ1F
TEL 0835-26-0260

Memo

防府駅から車で約5分、山口県最大級の複合型書店です。(い)

『冬の本』

青山南 他

夏葉社｜2012年｜196ページ｜定価：1700円（税別）
ISBN：9784904816073｜装丁：和田誠

寒い冬に読んだ
84人の「心」温まる冬の本

冬に読んだ本。冬になると思い出す本。冬に夢見る本。「冬の本」と出会ったとき、本屋を35年やっているけれど、こんなステキな編集者がいるのだと思った。だから本屋はおもしろい。きっと新たな読者も生まれると信じている。

次の一冊　『朝はだんだん見えてくる』岩瀬成《じょう》子《こ》（著）、長新《ちょうしん》太《た》（絵）／理論社
岩瀬さんの最初の作品。最初の出会いからず～っと岩瀬さんの作品を読んでいる自分がいる。岩瀬さんの本は僕にとって古典童話になっている。

たつのこ書店
中川基さん 選

〒390-0874
長野県松本市大手4丁目3
TEL 0263-35-4018

Memo

絵本専門店として日本で十本の指に入る歴史を誇り、子供たちを見守り続ける。と

『青い鳥［改版］』

メーテルリンク（著）、堀口大學（訳）

新潮文庫｜2006年｜238ページ｜定価：430円（税別）
ISBN：9784102013014｜装丁：新潮社装幀室

しあわせは、どこにあるのだろう？

チルチルとミチルのもとへ、隣家の妖女が訪ねてくる。娘がひどくわずらっていて、どうしても青い鳥が必要だから探してきてくれ、と。二人は、仲間とともに旅に出る。思い出の国、夜の御殿《ごてん》、森、墓場、未来。そのすべてを体験するも、本物の青い鳥を持ってくることはできなかった。家に帰り、仲間ともお別れ。目覚めると、二人は変わっていた。旅の経験から見えなかったものが見えるようになっていた。本もまた、世界へ通じる扉なのではないでしょうか。読むたびに、自分の青い鳥は元気にはばたく。どうか自分の青い鳥を見つけてください。

次の一冊　『若きウェルテルの悩み［改版］』ゲーテ（著）、高橋義孝（訳）／新潮文庫　本の中で死に、生まれ変わることができると知ってほしい。

リブロ調布店
菊田和弘さん選

〒182-0026
東京都調布市小島町1-38-1
調布パルコ5F
TEL 042-489-5351

Memo

調布といえばゲゲゲの鬼太郎。というわけで名物「ゲゲゲの棚」があります。わ

『ケインとアベル（上）［改版］』

ジェフリー・アーチャー（著）、永井淳（訳）

新潮文庫｜2007年｜507ページ｜定価：790円（税別）
ISBN：9784102161036｜装丁：辰巳四郎

気が付くと、窓の外が明るくなっていた
そんな読書体験を。

この本は、私が中高生の頃に父親からすすめられて読んだもの。ベッドにもぐりこんで、読みだしたら止められず、気がつけば夜が明けようとしていた。今回この本を紹介するにあたって再読してみたら、けっこう難しいかも？　と思いつつも、やっぱり止められない面白さ。ただ、翻訳もの特有の癖《くせ》はあるし、登場人物が多すぎて誰が誰だかわからなくなってしまう……のは、もしかしたら歳を取ったからかも。とにかく、小説の面白さを教えてくれた物語です。ジェフリー・アーチャー作品は何を読んでもハズレなし。今でも新作を心待ちにして読み続けている作家の１人です。（全２巻）

次の一冊　『ロスノフスキ家の娘（上）』ジェフリー・アーチャー（著）、永井淳（訳）／新潮文庫　『ケインとアベル』の続編。残念ながら絶版なので、気になる人は古書を探してでも読んでほしい。（全２巻）

ダイハン書房本店
山ノ上純さん選

〒661-0953
兵庫県尼崎市東園田町9-16-8
TEL 06-6493-7761

Memo

下町情緒ある園田の町を支える本屋さん。学校帰りに気軽にお立ち寄りを。と

『サムライ・ポテト』

片瀬二郎《にろう》

河出書房新社｜2014年｜333ページ｜定価：1700円（税別）
ISBN：9784309622262｜装丁：川名潤（prigraphics）

読みやすいけど、大人向け。
残酷だけど美しい。これがSFだ。
まあ読んでみよう。

人生についての思索を深める読書人必須のSF小説です。文体は平易で読みやすく、本を読み慣れている子どもならさほど苦労せずに咀嚼《そしゃく》できるでしょうが、作中にいくつか大人の読者でさえ読み進むのをためらうような残酷な描写があったり、差別意識の強い人物が登場したりします。もしも、嫌だな、とか怖いな、と感じたら今は頁を閉じてください。5年ほど経ったらまた試してみましょう。面白い！　と思ったあなたは、おめでとうございます。無限の不思議と楽しさがあふれるSFの世界へようこそ!!　この先一生退屈しないし、生きていく目的にさえできますよ。

次の一冊
『ミーチャ・ベリャーエフの子狐たち』仁木《にき》稔著／早川書房
人生や自分について考え込んでしまう性格なら、若いうちにこの本を読んでおくととてもいいと思うよ！

本のがんこ堂アクア店
原口結希子さん 選

〒523-0891
滋賀県近江八幡市鷹飼町179
アクア21 3F
TEL 0748-38-5671

Memo

未開拓のジャンルの本へ進むための、後押しをしてくれる書店です。あ

『始祖鳥記』

飯嶋和一《かずいち》

小学館文庫｜2002年｜509ページ｜定価：695円（税別）
ISBN：9784094033113｜装丁：ミルキィ・イソベ

実に清々しい読後感の残る見事な作品です。
ご一読をおすすめします。

さまざまな時代小説がありますが、飯嶋和一さんの描く主人公にはいつも人としての深い品格を感じます。この作品は江戸時代天明期に大空を飛ぶことにすべてを賭けた稀代の天才、幸吉の生きざまを描いています。この本を読んで人生観が変わったという人もいます。世の中にはいろいろなことがありますが、すべてを消し去るような清々《すがすが》しい風を、本を読んだあとにきっと感じることと思います。

次の一冊
『黄金旅風』飯嶋和一著／小学館文庫
江戸初期、権力に苦しむ長崎の人々に希望を与え続けた二人の傑物を描いた、壮大なスケールの歴史小説です。

TENDO八文字屋
鳥谷部《とりやべ》昭子さん 選

〒994-0024
山形県天童市鎌田2-4-16鍬ノ町23街区-7
TEL 023-658-8811

Memo

将棋の駒と温泉で有名な天童市にあり！　広くて明るく心地良い空間です。

Date
Dec. 29

No. 363

『長い旅の途上』

星野道夫

文春文庫｜2002年｜299ページ｜定価:724円(税別)
ISBN:9784167515034｜装丁:三村淳

悩みが進むべき道標になる。
そんな風に考えられることを教えてくれた一冊。

写真家、星野道夫が残した遺稿集。自然保護といった観点でなく、自分たちが過ごす時間の裏側にある、雄大な自然の中で生きる動物たちや先住民がいるもう一つの時間を教えてくれることで、自然の厳しさや美しさを伝えてくれる一冊です。なかでも「旅の終わり」の章では悩み多き中高生には背中を押してくれる一文がありますので、ぜひ手にとって読んでほしい。そう僕たちはいつだって「長い旅の途上」なのだから……。

次の一冊　『最後の冒険家』石川直樹著／集英社文庫
チャレンジするという生き方を教えてくれる。

大垣書店高野店
和中整さん選

〒606-8107
京都府京都市左京区高野東開町20番地
TEL 075-706-6678

Memo

買った本を横のカフェでぼーっと読む、幸せのフルコースを味わえます。あ

Date
Dec. 30

No. **364**

『恋は底ぢから』
中島らも

集英社文庫｜1992年｜252ページ｜定価：438円（税別）
ISBN：9784087498295｜装丁：山藤章二

大丈夫 大丈夫 大丈夫

心と体の元気なときに読んで頭の片すみに置いておいてほしい本です。中学、高校の間にも人生いろんなことが起こっていると思いますが、卒業してからも本っっっ当にいろんなことが起こります。世界が自分を中心に回ってるんじゃないかと思えるぐらい最高な日もあれば、自分より最低な人間はいないんじゃないかと思う日もあります。追い詰められて、生きる自信がなくなってしまう夜もあります。そんな夜のために、この『恋は底ぢから』に収められた一編「その日の天使」を心のどこかに置いておいてほしいです。生きてさえいれば、必ず救われる瞬間があることを忘れないでいてください。

次の一冊 『中島らもの特選明るい悩み相談室　その1　ニッポンの家庭篇』中島らも著／集英社文庫
読みやすく、おもしろく、笑い飛ばせます。

FOLK old book store
吉村祥さん選

〒541-0046
大阪府大阪市中央区平野町1-2-1
1F・B1F
TEL 06-7172-5980

Memo

ご飯を食べれてイベントもできる、真剣かつ自由な古本屋。圧倒的存在感。あ

『日の名残り』

カズオ・イシグロ（著）、土屋政雄（訳）

ハヤカワepi文庫｜2001年｜365ページ｜定価：760円（税別）
ISBN：9784151200038｜装丁：ハヤカワ・デザイン

老執事が信じたもの。
そしてその代わりに、失ったもの…

英国の老執事スティーブンスが元同僚のミス・ケントンに会いにいく物語。昔の主人のこと、執事の仕事のこと、父のこと、ミス・ケントンのこと、道中たくさんの想い出が語られます。彼が信じたもの、そしてその代わりに、失ったもの。みなさんこれから何度か人生の中の「大きな選択」を迫られると思います。選んだ後で、その選択が正しかったどうか迷うこともあると思います。そんなときに、この本を開いてほしいなと思います。僕もあの本返品しなきゃよかった、この本もっと注文すればよかったなど日々後悔の連続ですが、この本のおかげで（？）、前を向いて本屋をやれています。

次の一冊
『六番目の小夜子』恩田陸著／新潮文庫
青春ホラーミステリーを青春のうちにぜひ。

アカデミアくまざわ書店東急プラザ蒲田店
飯田正人さん選

〒144-0051
東京都大田区西蒲田7-69-1
東急プラザ蒲田6F
TEL 03-5480-7771

Memo

東急プラザ蒲田リニューアルと同時にオープン。心地よい生活スタイルを提案。わ

365書店MAP

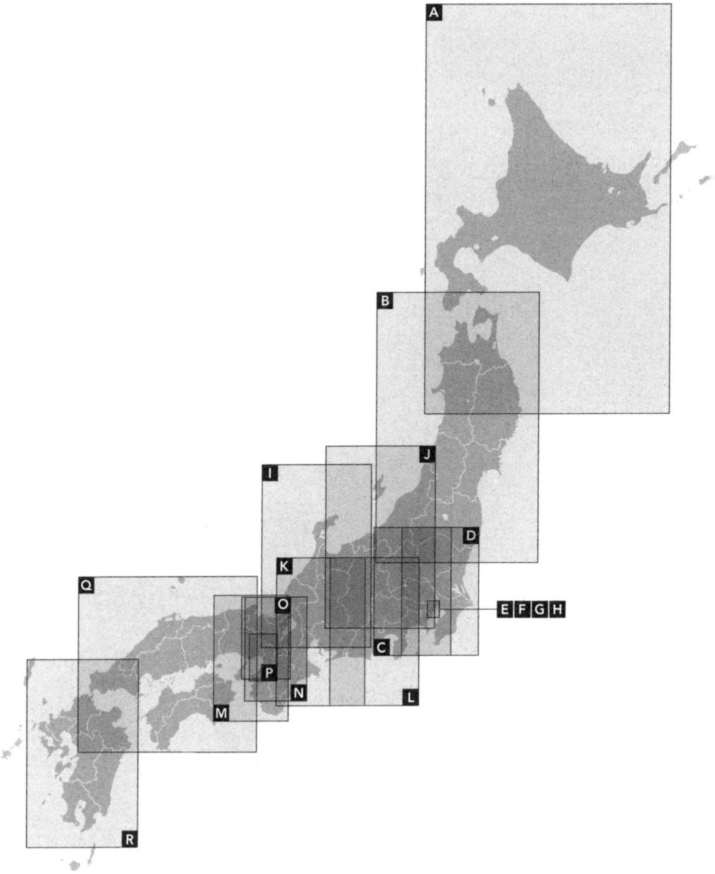

クラーク書店中央店（P177）
稚内
オホーツク海
日本海
北海道
札幌
帯広
帯広喜久屋書店／ザ・本屋さん（P096）
六畳書房（P318）
浦河
函館
［中央区］三省堂書店大丸札幌店（P227）
MARUZEN札幌北一条店（P249）
文教堂札幌大通駅店（P033）
紀伊國屋書店オーロラタウン店（P222）
［南区］BOOKS.あしたや（P245）
［清田区］文教堂北野店（P221）
函館 蔦屋書店（P210）
青森
太平洋
秋田
岩手

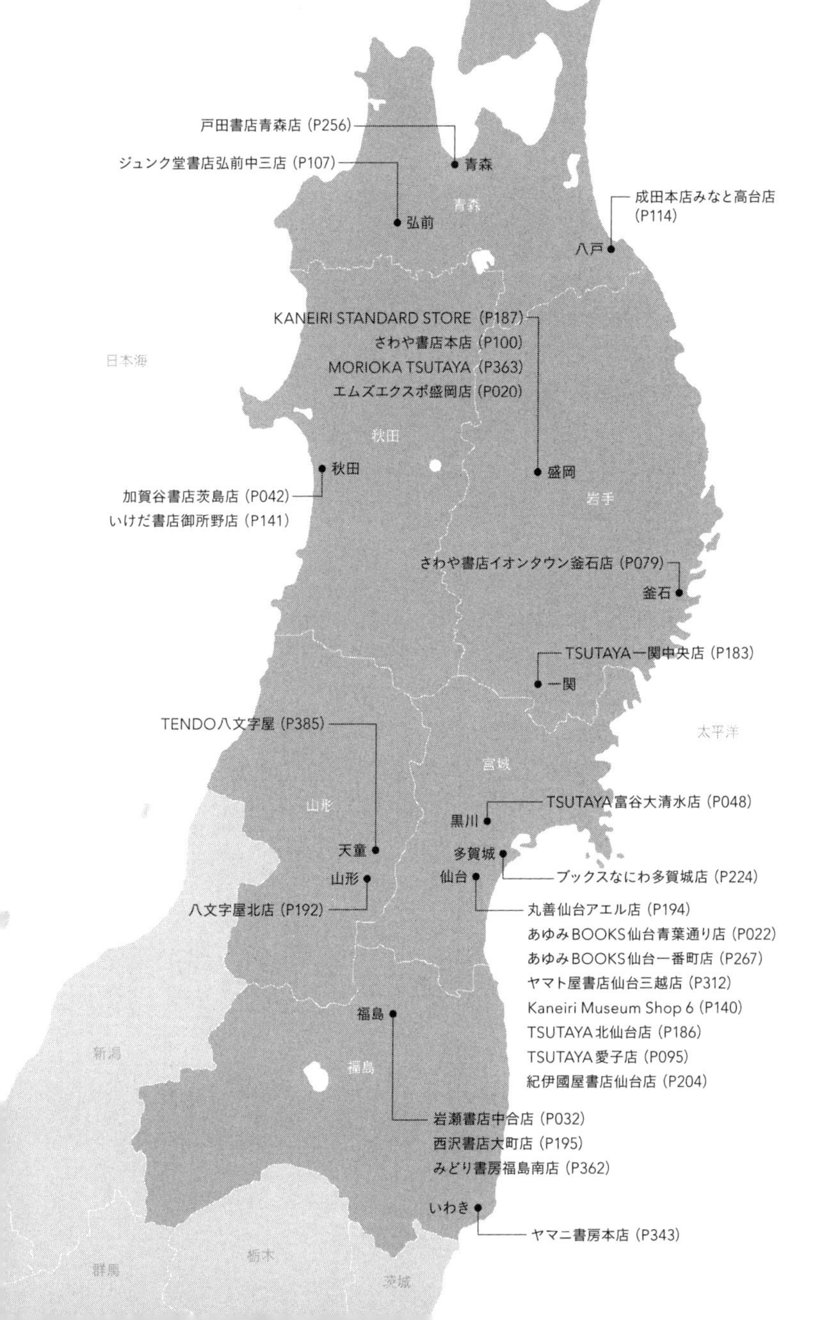
戸田書店青森店（P256）
青森
ジュンク堂書店弘前中三店（P107）
青森
弘前
成田本店みなと高台店（P114）
八戸
KANEIRI STANDARD STORE（P187）
さわや書店本店（P100）
MORIOKA TSUTAYA（P363）
エムズエクスポ盛岡店（P020）
日本海
秋田
秋田
盛岡
加賀谷書店茨島店（P042）
いけだ書店御所野店（P141）
岩手
さわや書店イオンタウン釜石店（P079）
釜石
TSUTAYA一関中央店（P183）
一関
TENDO八文字屋（P385）
太平洋
宮城
山形
TSUTAYA富谷大清水店（P048）
黒川
天童
多賀城
ブックスなにわ多賀城店（P224）
山形
仙台
八文字屋北店（P192）
丸善仙台アエル店（P194）
あゆみBOOKS仙台青葉通り店（P022）
あゆみBOOKS仙台一番町店（P267）
ヤマト屋書店仙台三越店（P312）
Kaneiri Museum Shop 6（P140）
TSUTAYA北仙台店（P186）
TSUTAYA愛子店（P095）
紀伊國屋書店仙台店（P204）
福島
新潟
福島
岩瀬書店中合店（P032）
西沢書店大町店（P195）
みどり書房福島南店（P362）
いわき
ヤマニ書房本店（P343）
栃木
群馬
茨城

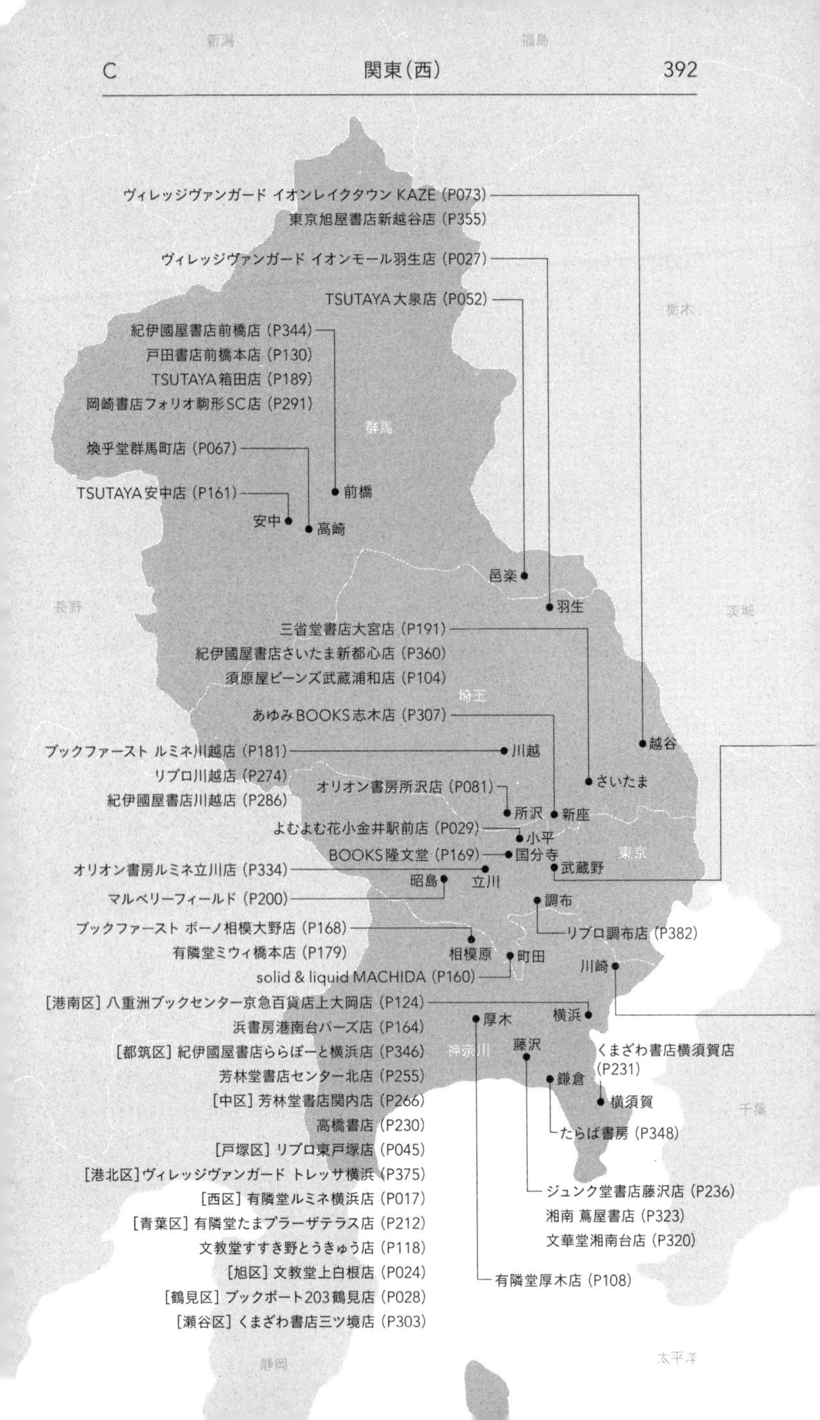
新潟
福島
ヴィレッジヴァンガード イオンレイクタウン KAZE (P073)
東京旭屋書店新越谷店 (P355)
ヴィレッジヴァンガード イオンモール羽生店 (P027)
TSUTAYA 大泉店 (P052)
栃木
紀伊國屋書店前橋店 (P344)
戸田書店前橋本店 (P130)
TSUTAYA 箱田店 (P189)
岡崎書店フォリオ駒形SC店 (P291)
群馬
焕乎堂群馬町店 (P067)
TSUTAYA 安中店 (P161)
前橋
安中
高崎
邑楽
長野
羽生
茨城
三省堂書店大宮店 (P191)
紀伊國屋書店さいたま新都心店 (P360)
須原屋ビーンズ武蔵浦和店 (P104)
埼玉
あゆみBOOKS志木店 (P307)
ブックファースト ルミネ川越店 (P181)
川越
越谷
リブロ川越店 (P274)
紀伊國屋書店川越店 (P286)
オリオン書房所沢店 (P081)
さいたま
所沢
新座
よむよむ花小金井駅前店 (P029)
小平
BOOKS隆文堂 (P169)
国分寺
東京
オリオン書房ルミネ立川店 (P334)
武蔵野
昭島
立川
マルベリーフィールド (P200)
調布
ブックファースト ボーノ相模大野店 (P168)
リブロ調布店 (P382)
有隣堂ミウィ橋本店 (P179)
相模原
町田
solid & liquid MACHIDA (P160)
川崎
[港南区] 八重洲ブックセンター京急百貨店上大岡店 (P124)
浜書房港南台バーズ店 (P164)
厚木
横浜
[都筑区] 紀伊國屋書店ららぽーと横浜店 (P346)
神奈川
藤沢
くまざわ書店横須賀店
(P231)
芳林堂書店センター北店 (P255)
鎌倉
[中区] 芳林堂書店関内店 (P266)
横須賀
高橋書店 (P230)
千葉
[戸塚区] リブロ東戸塚店 (P045)
たらば書房 (P348)
[港北区]ヴィレッジヴァンガード トレッサ横浜 (P375)
ジュンク堂書店藤沢店 (P236)
[西区] 有隣堂ルミネ横浜店 (P017)
湘南 蔦屋書店 (P323)
[青葉区] 有隣堂たまプラーザテラス店 (P212)
文華堂湘南台店 (P320)
文教堂すすき野とうきゅう店 (P118)
[旭区] 文教堂上白根店 (P024)
有隣堂厚木店 (P108)
[鶴見区] ブックポート203鶴見店 (P028)
[瀬谷区] くまざわ書店三ツ境店 (P303)
静岡
太平洋

福島
ハートブックスTSUTAYA400号西那須野店（P279）
那須塩原
栃木
ビッグワンTSUTAYAさくら店（P113）
さくら
群馬
うさぎや宇都宮テクノ店（P035）
うさぎや宇都宮駅東口店（P301）
落合書店東武ブックセンター（P315）
宇都宮
リブロひたちなか店（P190）
ひたちなか
進駸堂イトーヨーカドー店（P199）
小山
茨城
リブロつくば店（P298）
友朋堂書店吾妻店（P145）
つくば
埼玉
OLD/NEW SELECT BOOKSHOP百年（P341）
青と夜ノ空（P302）
ジュンク堂書店松戸伊勢丹店（P258）
松戸
市川
山下書店南行徳店（P143）
南行徳
船橋
佐倉
新浦安
津田沼
ときわ書房志津ステーションビル店（P144）
東京
千葉
有隣堂アトレ新浦安店（P319）
くまざわ書店フェリア店（P153）
大杉書店市川駅前本店（P342）
蔦屋書店イオンモール幕張新都心（P345）
神奈川
［幸区］北野書店本店（P106）
［中原区］紀伊國屋書店武蔵小杉店（P193）
アカデミアくまざわ書店津田沼パルコ店（P034）
くまざわ書店津田沼店（P314）
BOOKS昭和堂（P297）
ときわ書房イトーヨーカドー船橋店（P122）
千葉
太平洋

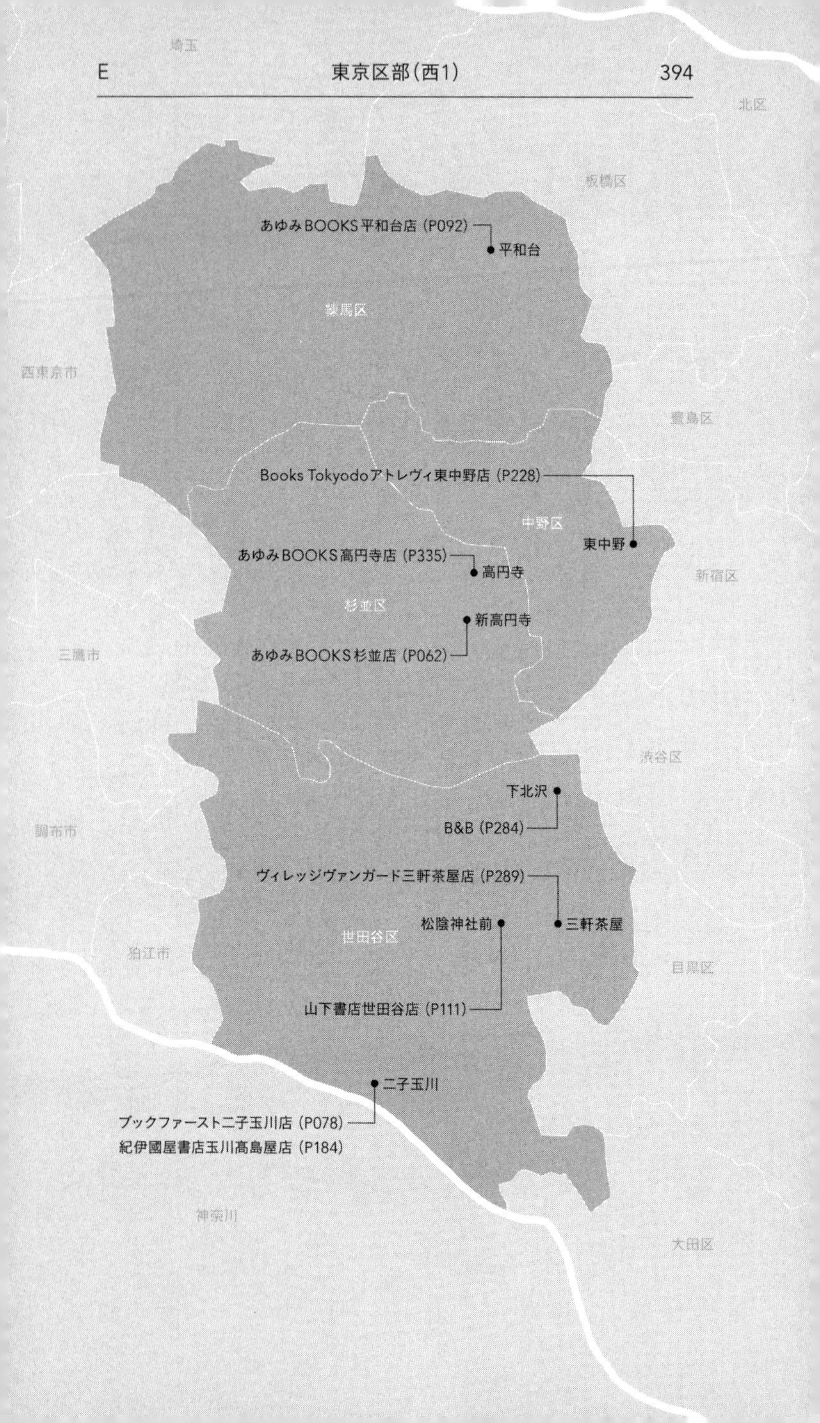
埼玉
北区
板橋区
あゆみBOOKS平和台店 (P092)
平和台
練馬区
西東京市
豊島区
Books Tokyodoアトレヴィ東中野店 (P228)
中野区
東中野
あゆみBOOKS高円寺店 (P335)
高円寺
新宿区
杉並区
新高円寺
あゆみBOOKS杉並店 (P062)
三鷹市
渋谷区
下北沢
B&B (P284)
調布市
ヴィレッジヴァンガード三軒茶屋店 (P289)
松陰神社前
三軒茶屋
世田谷区
狛江市
目黒区
山下書店世田谷店 (P111)
二子玉川
ブックファースト二子玉川店 (P078)
紀伊國屋書店玉川高島屋店 (P184)
神奈川
大田区

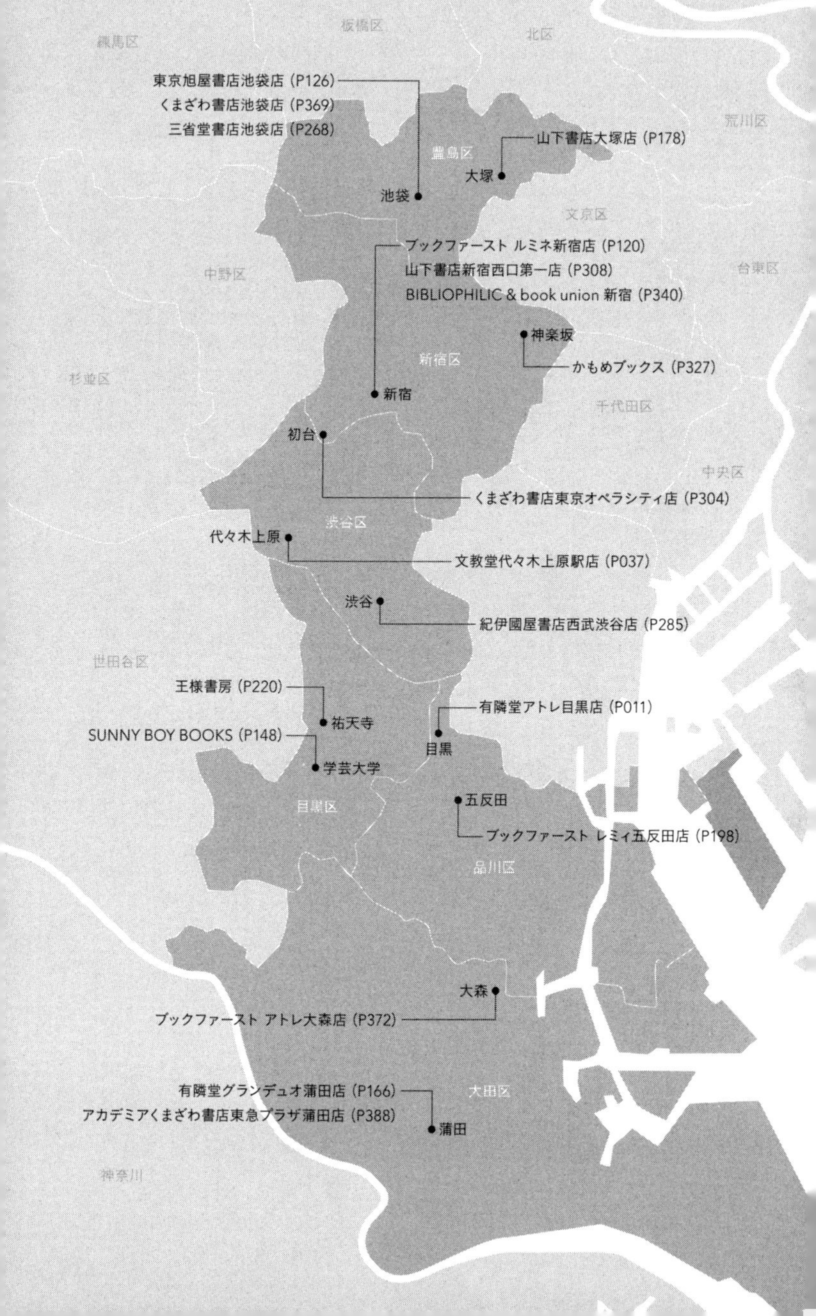
練馬区
板橋区
北区
荒川区
東京旭屋書店池袋店 (P126)
くまざわ書店池袋店 (P369)
三省堂書店池袋店 (P268)
山下書店大塚店 (P178)
豊島区
大塚
池袋
文京区
ブックファースト ルミネ新宿店 (P120)
山下書店新宿西口第一店 (P308)
BIBLIOPHILIC & book union 新宿 (P340)
中野区
台東区
神楽坂
新宿区
かもめブックス (P327)
杉並区
新宿
千代田区
初台
中央区
くまざわ書店東京オペラシティ店 (P304)
渋谷区
代々木上原
文教堂代々木上原駅店 (P037)
渋谷
紀伊國屋書店西武渋谷店 (P285)
世田谷区
王様書房 (P220)
有隣堂アトレ目黒店 (P011)
祐天寺
SUNNY BOY BOOKS (P148)
目黒
学芸大学
五反田
目黒区
ブックファースト レミィ五反田店 (P198)
品川区
大森
ブックファースト アトレ大森店 (P372)
有隣堂グランデュオ蒲田店 (P166)
大田区
アカデミアくまざわ書店東急プラザ蒲田店 (P388)
蒲田
神奈川

足立区
板橋区
北区
北千住
紀伊國屋書店北千住マルイ店 (P056)
荒川区
くまざわ書店南千住店 (P044)
南千住
豊島区
日暮里
リブロ ecute日暮里店 (P008)
文京区
台東区
双子のライオン堂 (P012)
春日
明正堂NTT上野店 (P317)
墨田区
御徒町
農文協・農業書センター (P264)
神保町
新宿区
ふたば書房丸ビル店 (P093)
マルノウチリーディングスタイル (P288)
三省堂書店東京駅一番街店 (P129)
くまざわ書店大手町店 (P265)
千代田区
山下書店半蔵門店 (P134)
半蔵門
大手町
三越前
東京
タロー書房 (P239)
TSUTAYA BOOK STORE 有楽町マルイ (P367)
江東区
中央区
日比谷
有楽町
八重洲ブックセンター日比谷シャンテ店 (P373)
ブックファースト銀座コア店 (P041)
銀座
虎ノ門
小屋BOOKS (P089)
新橋
神谷町
リブロ ウィング新橋店 (P036)
港区
TSUTAYA BOOK STORE 神谷町駅前店 (P098)
小川書店 (P306)
田町
白金高輪
あゆみBOOKS田町店 (P156)
品川
台場
PAPER WALL ecute品川店
(P071)
くまざわ書店アクアシティお台場店 (P125)
品川区

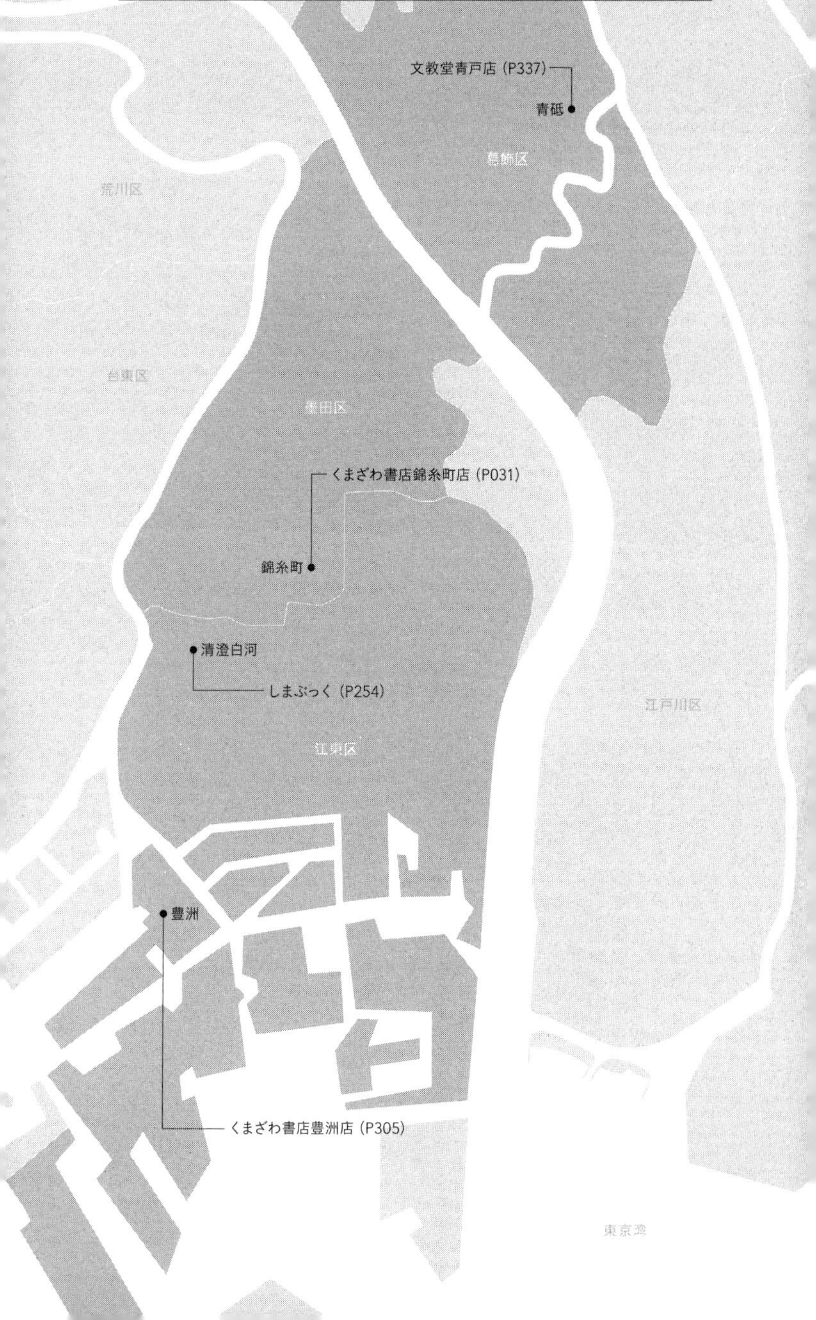
文教堂青戸店（P337）
青砥
葛飾区
荒川区
台東区
墨田区
くまざわ書店錦糸町店（P031）
錦糸町
清澄白河
しまぶっく（P254）
江戸川区
江東区
豊洲
くまざわ書店豊洲店（P305）
東京湾

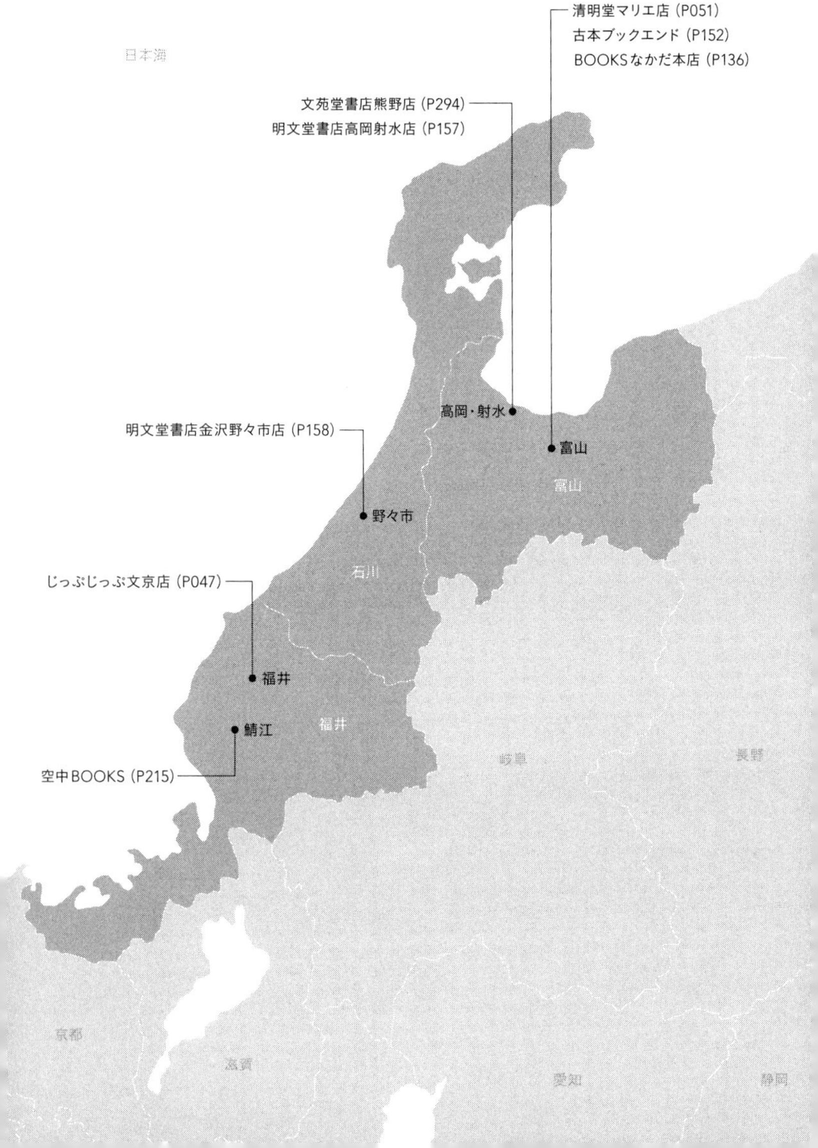
清明堂マリエ店（P051）
古本ブックエンド（P152）
BOOKSなかだ本店（P136）
日本海
文苑堂書店熊野店（P294）
明文堂書店高岡射水店（P157）
高岡・射水
富山
富山
明文堂書店金沢野々市店（P158）
野々市
石川
じっぷじっぷ文京店（P047）
福井
福井
鯖江
空中BOOKS（P215）
岐阜
長野
京都
滋賀
愛知
静岡

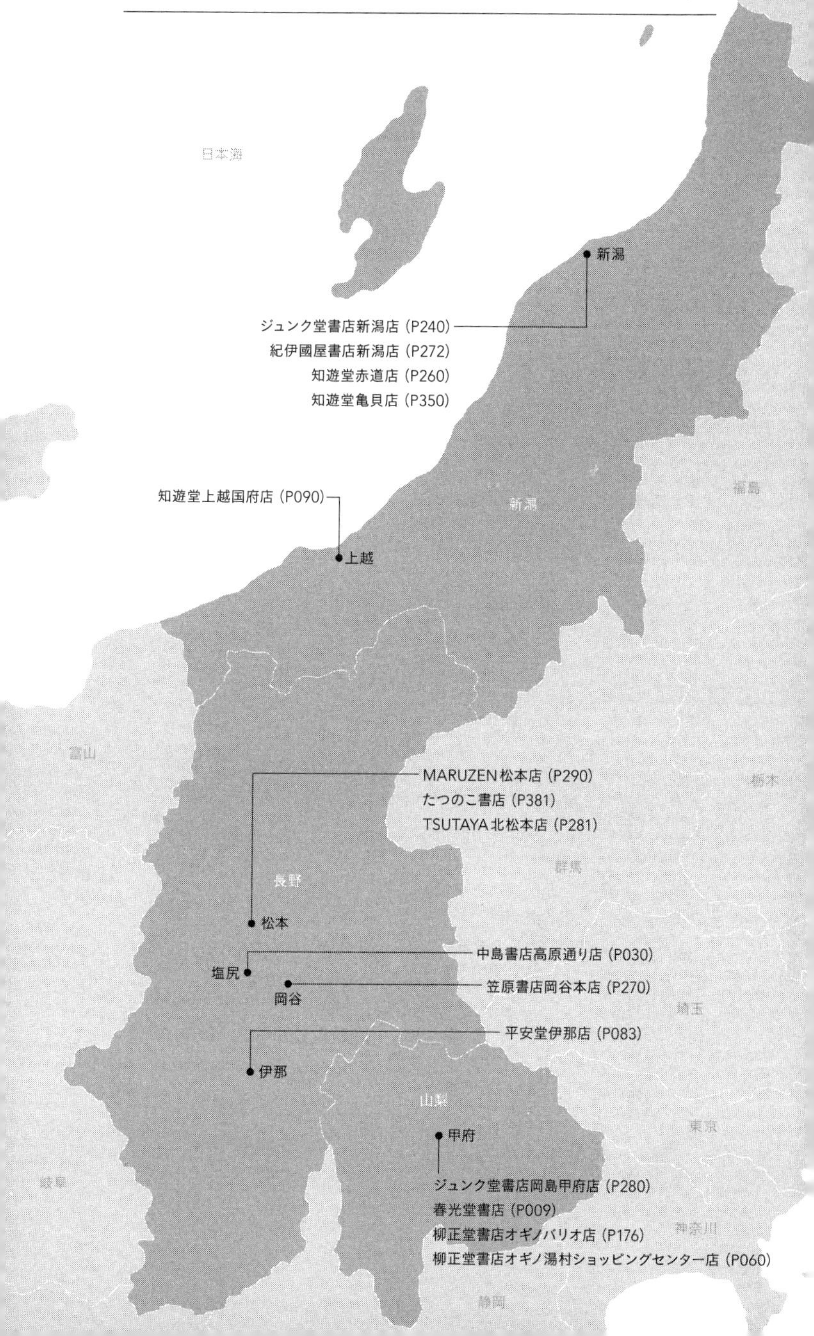
日本海
新潟
ジュンク堂書店新潟店（P240）
紀伊國屋書店新潟店（P272）
知遊堂赤道店（P260）
知遊堂亀貝店（P350）
知遊堂上越国府店（P090）
上越
新潟
福島
富山
MARUZEN松本店（P290）
たつのこ書店（P381）
TSUTAYA北松本店（P281）
栃木
群馬
長野
松本
中島書店高原通り店（P030）
塩尻
笠原書店岡谷本店（P270）
岡谷
埼玉
平安堂伊那店（P083）
伊那
山梨
甲府
東京
ジュンク堂書店岡島甲府店（P280）
春光堂書店（P009）
柳正堂書店オギノバリオ店（P176）
柳正堂書店オギノ湯村ショッピングセンター店（P060）
岐阜
神奈川
静岡

富山
日本海
石川
福井
長野
岐阜
SAKADACHI BOOKS (P329)
古書と古本 徒然舎 (P082)
岐阜
[中村区] ジュンク堂書店名古屋店 (P276)
[中区] 丸善名古屋栄店 (P091)
[中川区] 精文館書店中島新町店 (P218)
[千種区] ON READING (P217)
メルヘンハウス (P064)
名古屋
[瑞穂区] 七五書店 (P247)
[緑区] ブックセンター名豊緑店 (P110)
滋賀
丸善四日市店 (P299)
子どもの本専門店メリーゴーランド (P331)
四日市
愛知
知多
くまざわ書店阿久比店 (P109)
静岡
ブックスアルデ リバーナ店 (P263)
ブックスアルデ近鉄店 (P309)
名張
三重
伊勢
古本屋ぽらん (P370)
奈良
太平洋

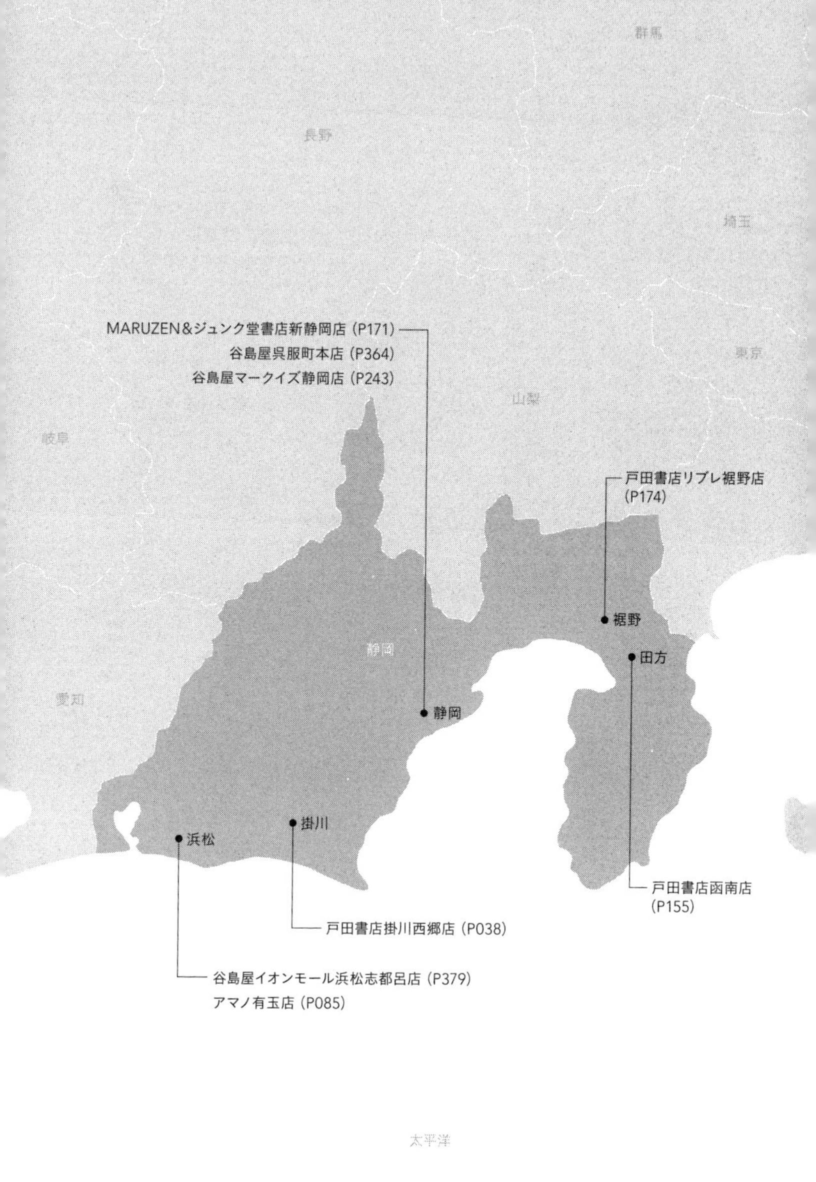

富山
群馬
長野
埼玉
東京
山梨
岐阜
愛知
静岡
MARUZEN＆ジュンク堂書店新静岡店（P171）
谷島屋呉服町本店（P364）
谷島屋マークイズ静岡店（P243）
静岡
戸田書店リブレ裾野店
（P174）
裾野
田方
戸田書店函南店
（P155）
掛川
浜松
戸田書店掛川西郷店（P038）
谷島屋イオンモール浜松志都呂店（P379）
アマノ有玉店（P085）
太平洋

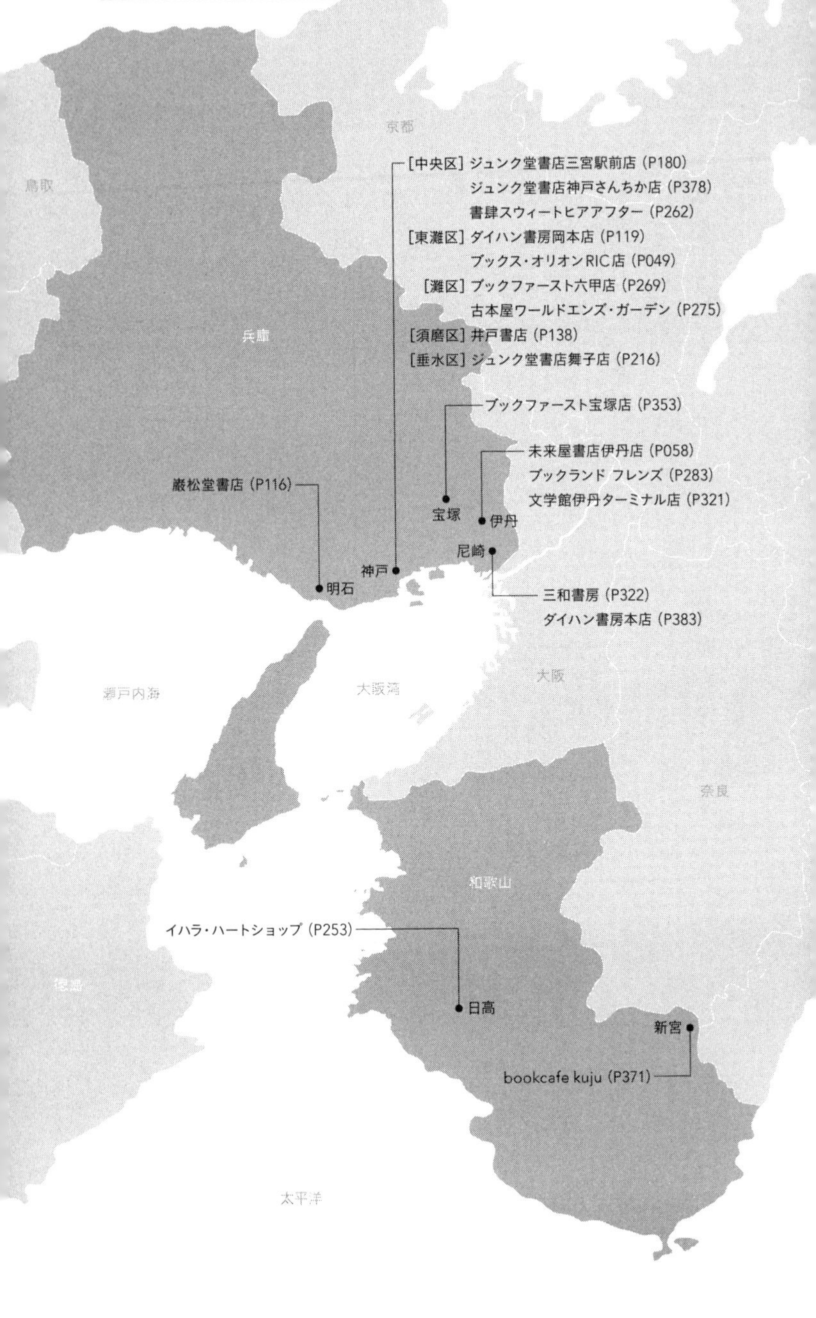

日本海
京都
鳥取
兵庫
[中央区] ジュンク堂書店三宮駅前店 (P180)
ジュンク堂書店神戸さんちか店 (P378)
書肆スウィートヒアアフター (P262)
[東灘区] ダイハン書房岡本店 (P119)
ブックス・オリオンRIC店 (P049)
[灘区] ブックファースト六甲店 (P269)
古本屋ワールドエンズ・ガーデン (P275)
[須磨区] 井戸書店 (P138)
[垂水区] ジュンク堂書店舞子店 (P216)
ブックファースト宝塚店 (P353)
未来屋書店伊丹店 (P058)
ブックランド フレンズ (P283)
文学館伊丹ターミナル店 (P321)
巌松堂書店 (P116)
宝塚
伊丹
尼崎
神戸
明石
三和書房 (P322)
ダイハン書房本店 (P383)
瀬戸内海
大阪湾
大阪
奈良
和歌山
イハラ・ハートショップ (P253)
徳島
日高
新宮
bookcafe kuju (P371)
太平洋

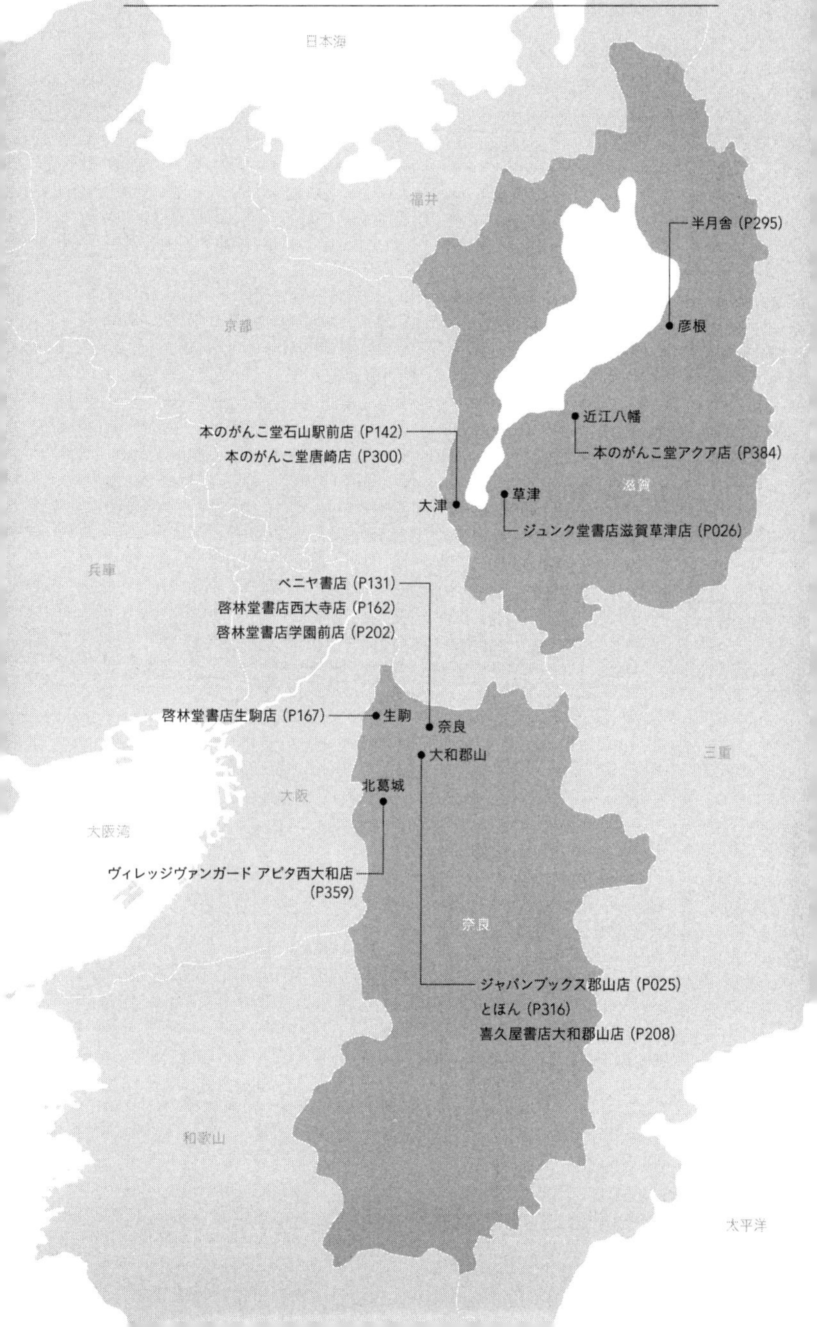
日本海
福井
京都
兵庫
滋賀
三重
大阪
大阪湾
奈良
和歌山
太平洋
半月舎（P295）
彦根
近江八幡
本のがんこ堂アクア店（P384）
本のがんこ堂石山駅前店（P142）
本のがんこ堂唐崎店（P300）
大津
草津
ジュンク堂書店滋賀草津店（P026）
ベニヤ書店（P131）
啓林堂書店西大寺店（P162）
啓林堂書店学園前店（P202）
啓林堂書店生駒店（P167）
生駒
奈良
大和郡山
北葛城
ヴィレッジヴァンガード アピタ西大和店
（P359）
ジャパンブックス郡山店（P025）
とほん（P316）
喜久屋書店大和郡山店（P208）

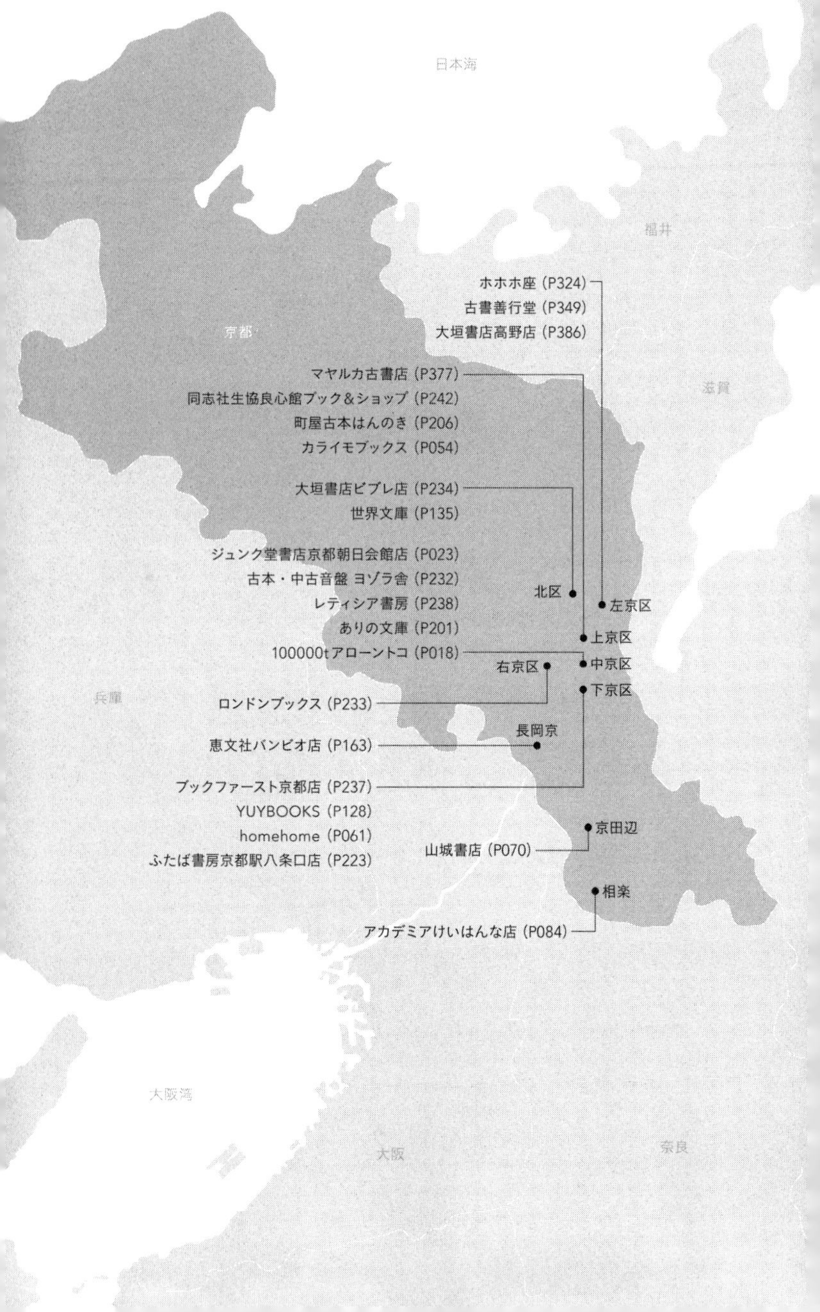

日本海
福井
京都
滋賀
兵庫
大阪湾
大阪
奈良
ホホホ座（P324）
古書善行堂（P349）
大垣書店高野店（P386）
左京区
マヤルカ古書店（P377）
同志社生協良心館ブック&ショップ（P242）
町屋古本はんのき（P206）
カライモブックス（P054）
上京区
大垣書店ビブレ店（P234）
世界文庫（P135）
北区
ジュンク堂書店京都朝日会館店（P023）
古本・中古音盤 ヨゾラ舎（P232）
レティシア書房（P238）
ありの文庫（P201）
100000tアローントコ（P018）
中京区
右京区
ロンドンブックス（P233）
下京区
長岡京
恵文社バンビオ店（P163）
ブックファースト京都店（P237）
YUYBOOKS（P128）
homehome（P061）
ふたば書房京都駅八条口店（P223）
京田辺
山城書店（P070）
相楽
アカデミアけいはんな店（P084）

京都
ブックファースト クリスタ長堀店 (P139)
喜久屋書店心斎橋店 (P013)
文教堂淀屋橋店 (P015)
FOLK old book store (P387)
紀伊國屋書店高槻店 (P330)
ジュンク堂書店高槻店 (P016)
大垣書店高槻店 (P147)
ダイハン書房高槻店 (P117)
治左衛門緑が丘店 (P159)
紀伊國屋書店グランフロント大阪店 (P123)
ブックファースト梅田2階店 (P213)
TSUTAYA梅田堂山店 (P338)
リブロ新大阪店 (P244)
青木書店新大阪店 (P094)
ブックファースト三国店 (P127)
高槻
兵庫
堀廣旭堂 (P014)
茨木
ブックファースト豊中店 (P063)
田村書店セルシー店 (P102)
笹部書店 (P057)
pieni silta (P175)
大垣書店豊中緑丘店 (P248)
豊中
TSUTAYA寝屋川駅前店 (P076)
TSUTAYA香里園店 (P376)
寝屋川
守口
ブックスふかだ守口本店
(P066)
淀川区
北区
東大阪
ヒバリヤ書店 (P251)
西区
中央区
柳々堂 (P203)
浪速区
天王寺区
丸善八尾アリオ店
(P310)
KuLaSu seasonなんばパークス店 (P326)
八尾
阿倍野区
住吉区
大阪市立大学生協杉本店 (P209)
大阪
柏原
堺
パルネット ベルマージュ堺店 (P059)
天牛堺書店三国ヶ丘店 (P065)
ピクチャーブックギャラリー リール (P336)
紀伊國屋書店泉北店 (P259)
宮脇書店大阪柏原店
(P010)
ルーブル1980 (P151)
ジュンク堂書店上本町店 (P146)
ジュンク堂書店近鉄あべのハルカス店 (P137)
スタンダードブックストアあべの (P328)
奈良
大阪湾
和泉
田村書店ららぽーと和泉店 (P099)
和歌山

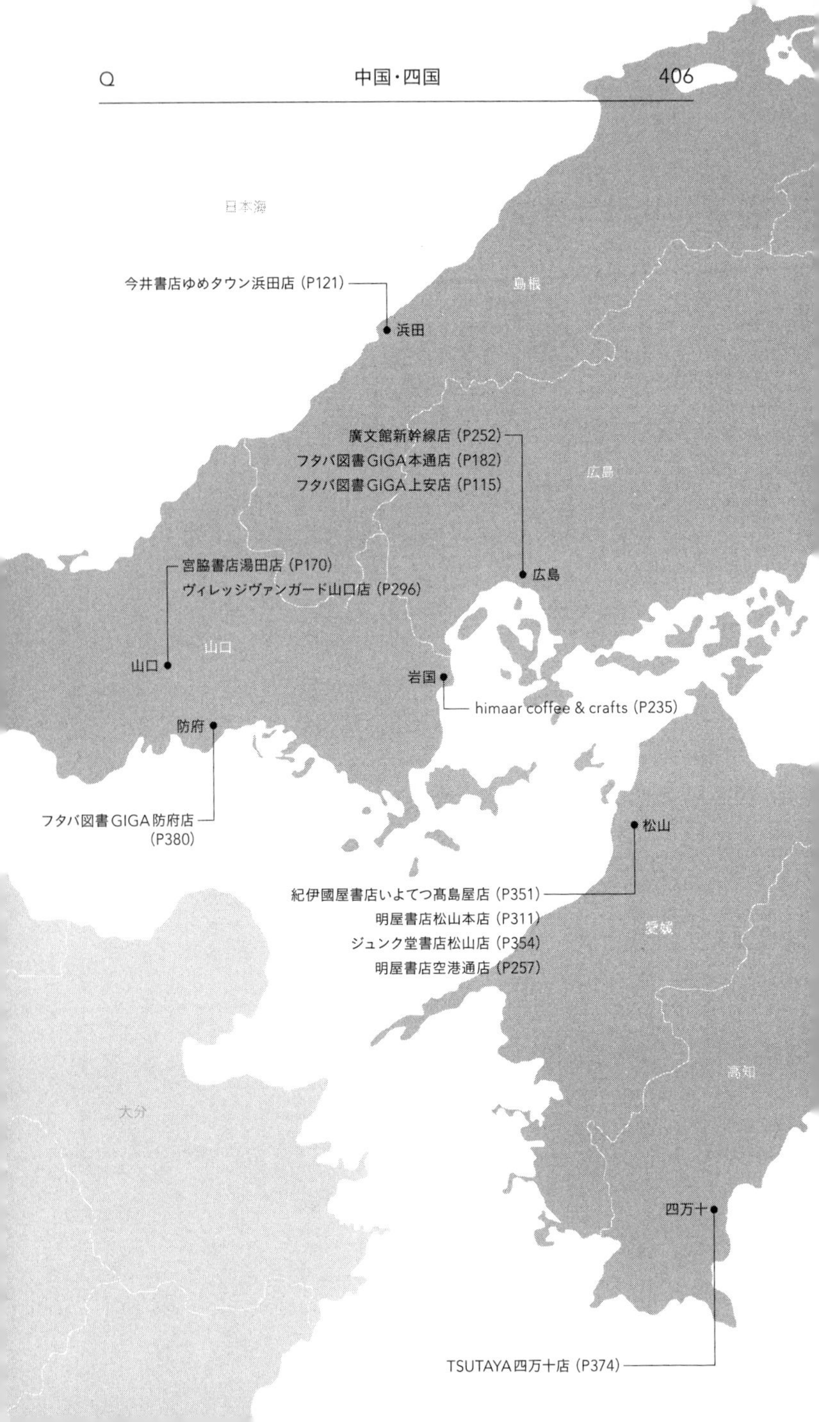
日本海
今井書店ゆめタウン浜田店（P121）
浜田
島根
廣文館新幹線店（P252）
フタバ図書GIGA本通店（P182）
フタバ図書GIGA上安店（P115）
広島
宮脇書店湯田店（P170）
ヴィレッジヴァンガード山口店（P296）
広島
山口
山口
岩国
himaar coffee & crafts（P235）
防府
フタバ図書GIGA防府店
（P380）
松山
紀伊國屋書店いよてつ髙島屋店（P351）
明屋書店松山本店（P311）
ジュンク堂書店松山店（P354）
明屋書店空港通店（P257）
愛媛
高知
大分
四万十
TSUTAYA四万十店（P374）

隠岐
隠岐堂書店（P112）
今井書店アプト店（P361）
今井書店倉吉店（P368）
今井書店田園町店（P211）
今井書店学園通り店
（P207）
松江
東伯
倉吉
鳥取
鳥取
島根
兵庫
紀伊國屋書店クレド岡山店（P352）
啓文社岡山本店（P173）
フタバ図書MEGA岡山青江店（P046）
岡山
岡山
広島
フタバ図書アルティ福山本店
（P050）
福山
くまざわ書店高松店（P103）
高松
紀伊國屋書店丸亀店（P246）
丸亀
香川
瀬戸内海
板野
徳島
紀伊國屋書店ゆめタウン徳島店（P225）
徳島
uta no tane（P358）
愛媛
高知
香美
うずまき舎（P332）
高知
太平洋
かたりあふ書店（P055）

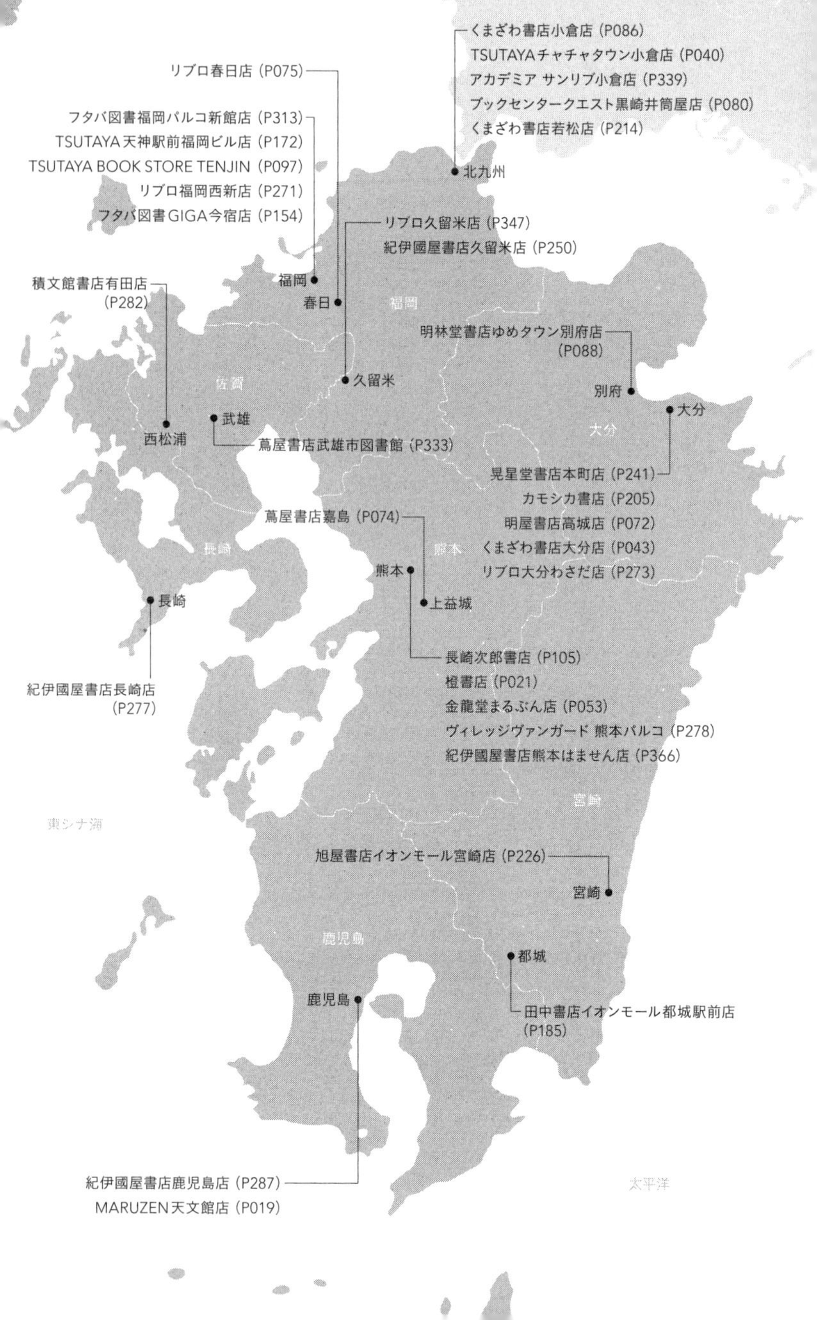
くまざわ書店小倉店（P086）
TSUTAYAチャチャタウン小倉店（P040）
アカデミア サンリブ小倉店（P339）
ブックセンタークエスト黒崎井筒屋店（P080）
くまざわ書店若松店（P214）
北九州
リブロ春日店（P075）
フタバ図書福岡パルコ新館店（P313）
TSUTAYA 天神駅前福岡ビル店（P172）
TSUTAYA BOOK STORE TENJIN（P097）
リブロ福岡西新店（P271）
フタバ図書GIGA今宿店（P154）
リブロ久留米店（P347）
紀伊國屋書店久留米店（P250）
福岡
春日
福岡
積文館書店有田店
（P282）
明林堂書店ゆめタウン別府店
（P088）
佐賀
久留米
別府
大分
西松浦
武雄
蔦屋書店武雄市図書館（P333）
大分
晃星堂書店本町店（P241）
カモシカ書店（P205）
明屋書店高城店（P072）
くまざわ書店大分店（P043）
リブロ大分わさだ店（P273）
蔦屋書店嘉島（P074）
長崎
熊本
熊本
上益城
長崎
長崎次郎書店（P105）
橙書店（P021）
金龍堂まるぶん店（P053）
ヴィレッジヴァンガード 熊本パルコ（P278）
紀伊國屋書店熊本はません店（P366）
紀伊國屋書店長崎店
（P277）
宮崎
東シナ海
旭屋書店イオンモール宮崎店（P226）
宮崎
鹿児島
都城
鹿児島
田中書店イオンモール都城駅前店
（P185）
太平洋
紀伊國屋書店鹿児島店（P287）
MARUZEN天文館店（P019）

東シナ海
沖縄
宮脇書店うるまシティプラザ店（P150）
うるま
宜野湾
CAFE UNIZON（P365）
那覇
くまざわ書店那覇店（P219）
市場の古本屋ウララ（P087）
ちはや書房（P077）
言事堂（P149）
翔く心の広場 学秀館（P188）
太平洋

索引
〈タイトル〉

※ページ数を記載

あ

か

た

な

は

ま

や

ら

わ

索引
〈著者・編者・翻訳者など〉

あ

か

さ

た

な

は

ま

や

ら

わ

Special Thanks to
365人の書店員さん&日本全国の本屋さん

装丁　大原健一郎（NIGN）
編集協力　足立綾子
編集補助　長谷川未央　平田千里　寄谷菜穂　赤穴千恵　清水美砂

・本書に収録している本や書店の情報は2015年2月末現在のもの、書店員情報はご選書依頼時のものです。
・単行本と文庫本がある本は、在庫がある場合は基本的に文庫本を収録しています（ただし、書店員さんの希望により単行本を掲載しているものもあり）。
・本の価格は、重版などにより、変更になることもありますので、ご了承ください。
・書名・著者名・出版社名（シリーズ名）・出版年などの書誌データは、国立国会図書館のデータベースや出版社のホームページなどを参考に作成いたしました。

THE BOOKS green
365人の本屋さんが中高生に心から推す「この一冊」

2015年4月6日　初版第1刷発行

編者　ミシマ社
発行者　三島邦弘
発行所　(株)ミシマ社
郵便番号152-0035
東京都目黒区自由が丘2-6-13
電話　03-3724-5616
FAX　03-3724-5618
e-mail　hatena@mishimasha.com/
URL　http://www.mishimasha.com/
振替　00160-1-372976

印刷・製本　(株)シナノ
組版　(有)エヴリ・シンク

ISBN:978-4-903908-60-1